折口信夫
死と再生、そして常世・他界

小川直之編

やまかわうみ
Yama Kawa Umi
別冊
アーツアンドクラフツ

折口信夫［論考＋小説］

やまかわうみ
Yama Kawa Umi
別冊
アーツアンドクラフツ

装丁／坂田政則
カバー・中扉写真／釋迢空「死者の書」初出誌書込み自装本表紙
（提供＝國學院大學折口博士記念古代研究所）
カバー・目次写真／井上喜代司
（カバー＝沖縄・竹富島、目次＝愛知・蒲郡）

「魂」の死生学——折口信夫の「死と再生」論

小川直之

◉——生と死をめぐる現代的状況

「いのち」の成立と人の死をどのように考えたらいいのか、従来の死生観が揺らいでいる現在、改めて問い直すことが必要になっている。

それはたとえば、生殖医療の発達によって、人の「いのち」の成立は出生であるとは単純に言えなくなってきている。人間の受精卵の冷凍保存によって、体外受精された受精卵にも「いのち」が意識されるようになっているのであり、出生をもって私権を認めるという現行の民法の規定はそぐわない場合も出てくる。一方、「死」をめぐっては臓器移植が行われるようになり、脳死状態から臓器を提供する方の家族は、脳死者の「いのち」が別の人の身体に引き継がれるという、これまでになかった生命観がうまれている。

このような現状を踏まえての民俗事象の再検討はすでに別稿で行った[1]が、生殖医療にしても臓器移植にしても、その技術は今後さらに高度化していくと予測できるのであり、死生観をめぐる議論はますます必要となってくる。議論の必要性は、右のような「いのち」の成立、「死」の再認識ということだけでなく、たとえば葬儀については「家族葬」と呼ばれる、故人がもった社会的連関・連携を遮断しての離別が増え、また、遺骨を粉末状にして自然に戻すことによる無墓、無位牌、さらには無戒名・無法名という生のモニュメントの拒否も少なくない。従来の葬送習俗やその霊魂祭祀が、その根底から変化してきているのである。混沌とした死生観、身体と「たましい」の関係性の変化という現代社会に、宗教はどのように対応することができるのか、その可能性さえもみえていないというのが現状ではなかろうか。

本誌で折口信夫を取り上げるにあたって、「死と再生、そして常世・他界」というテーマを設けたのは、それでは折口は「いのち」や「死」、身体から離れた「たましい」が行き着くとされた「常世」「他界」をどのように考えていたのか、関係する著作を選び出して一本とし、改めて考える手がかりをつくっておきたいと考えたからである。折口著作からは、昭和十八年（一九四三）の小説『死者の書』(2)と、戦後になって改めて自らの理論の再構築を試みた昭和二十七年（一九五二）の「民族史観における他界観念」を除けば、一気に読むことができる短編を選び、都合十五編を取り上げた。

今回のテーマである「死と再生、そして常世・他界」で折口著作を括《くく》るなら、最初の「若水の話」から「水の女」までが死と再生に関する著作、「妣が国へ・常世へ」から「民族史観における他界観念」までが常世や他界に関する著作で、最後の『死者の書』は、論文という形式では表現することができない、奈良時代に成立してくる新たな死生観と浄土の思想を示そうとした作品となる。もちろん死と再生といった死生観は、常世・他界という死と生をめぐる世界観と密接に結びつき、一体的なことである。折口がいう死生観や世界観は、「外来魂」や「たま」と「たましい」などの霊魂論、「たまふり」「みたまのふゆ」「たましずめ」を組み合わせた鎮魂論など、折口独自のいくつもの文化理論を重層的に、あるいは構造的に組み合わせて構築されているので、「死と再生」と「常世・他界」論が必ずしも切り分けて論じられているわけではない。各著作を読みながら、論述の連関性がどのように理論として組み合わさっているのかが捉えられれば、その全体像がわかってくるであろう。

この後に述べるように折口は「死」については、「死は死ではなく、生の為の静止期間であった」（「若水の話」）という。折口が説く日本人の死生観の原点は、この言葉に籠められているといえる。折口理論を捉えるにあたっては、ある考え方を集約的に示す一文や特別な意味を与えている術語を追いかけていくとわかりやすいが、「死」についての右の一文だけを取り出して受け止めるなら、これは学術的な理論を超え、生きる者のこころには宗教的情念としてしみ込んでくる。

本稿では、限られている紙数のなかで本書に収録した折口著作から、折口が「死と再生」をどのように考えていたのか、一部折口論文の読みも含めて判釈し、本誌の解説とする。

◉死は生のための静止期間

「死は死ではなく、生の為の静止期間であった」という死生観は、昭和二年（一九二七）頃に執筆した「若水の話」のなかで示されるが、この論考は『万葉集』巻十三の「天橋も長くもがも　高山も高くもがも　月読の　持てるをち水　い取り来て　君に奉りて　をち得てしかも」（三二四五、小学館『日本古典文学全集　万葉集』）という歌の解釈が発端になっている。

折口は明治四十三年（一九一〇）七月に國學院大學を卒業した後、釈迢空の名で歌を詠むようになり、翌年には大阪府立今宮中学校の嘱託教員となる。満二十六歳となる大正二年（一九一三）には宮武外骨《みやたけがいこつ》が主幹を務める新聞「日刊不二」に

「沼空集―海山のあひだ」を発表し、同年に柳田國男らが創刊した『郷土研究』第一巻一〇号に「三郷巷談」を著わす。折口の民俗学への道はここに始まり、翌大正三年（一九一四）には自らの研究を続けるために再び上京する。民俗学の研究は『郷土研究』に「髯籠《ひげこ》の話」を投稿し、歌壇アララギに加わるなど、研究と作歌は活発になるが、安定した収入はなく経済的には苦しくなる。こうしたなかで天王寺中学校の同級生で、ともに國學院大學で学んだ武田祐吉から『万葉集』の口訳出版を勧められて出版するのが国文口訳叢書『万葉集』（文会堂書店）である。上・中・下の三巻の『万葉集』の口語訳本は初めてのもので、よく売れ、折口はこれに続いて大正八年（一九一九）には『万葉集辞典』（文会堂書店）を出す。

この『万葉集辞典』のなかで、「月読の持てる変若水《をちみず》」というのは、帰化人がもたらした神仙思想に基づく不老不死泉の信仰によると解釈していたが、これについてロシアから来て宮古島方言などの研究を行っていたニコライ・ネフスキーから、この水は宮古島でいう若返りの意味である「しぢゅん」、沖縄諸島の「節の若水」「節のしぢ水」ではないかと教えられる。折口は大正十年（一九二一）七月に初めて沖縄の民俗採訪に出かけ、さらに大正十二年（一九二三）七月末から一ヵ月余、沖縄と八重山の民俗採訪を行う。これら二回の沖縄採訪は折口の学問形成においてはもっとも重要な旅で、この旅での見聞から実像としての「まれびと」、海彼にある常世の存在とここからの神の渡来、「神の嫁」としての女人司祭、さらに「若水の話」に書く再生の水としての若水・すで水など、「折口学」と総称される数々の文化理論を具体的な姿として立ち上げ、大正時代末から昭和初期にこれらを一気に重層化あるいは構造化させる。そしてこれらの研究をまとめたのが昭和四年（一九二九）の『古代研究』民俗学篇1、同国文学篇、昭和五年（一九三〇）の『古代研究』民俗学篇2である。

ネフスキーからの批判、そして自らの沖縄・八重山民俗採訪から改めて「月読の持てる変若水」を考え直し、蘇《よみがえ》りの水として理論構築するのが「若水の話」で、これは事前に研究誌に発表されることなく『古代研究』民俗学篇1に収録される。

この論文は、折口にしてはめずらしく沖縄の島々の情景描写から始まる。書き出しでは「ほうっとするほど長い白浜の先は、また目も届かぬ海が揺れてゐる」なかで目にするのは、時折水平線に姿を現す刳《く》り船とひとかたまりずつある家の屋根だけで、ここでは寂しくなるほど静かで単調な「つれづれ」「さうざうしさ」がすべての暮らしであるという。折口は、こうした生活が、日本人の血の本筋になった、沖縄の島々の生活を経て日本列島に渡ってきた先祖の生活実感であり、これは国家以前の長い邑落生活に続いていたと説く。これが折口の列島文化形成の基本的な認識である。論文は続いて、単調な時間意識でのもとでの生活律は「村には歴史がなかつた。過去を考へぬ人たちが、来年・再来年を予想した筈はない。先祖の村々で、予め考へる事の出来る時間があるとしたら、作事《サクジ》はじめの初春から穫《ト》り納《イ》れに到る一年の間であつた」という。

若水が「すでる」ためのもの――再生の水であることを説くのに際して、折口はまず、稲作に基づく循環的・円環的な時間観念によって形成された生活律を始原に置く。そして「をととし」の「をと」の語釈から、去年と今年の対立を発見し、こうした年意識の対立から「一つ宛隔て丶、同じ状態が来ると言ふ考へ方が、邑落生活に稍歴史観が現れかける時になつて、著しく見えて来る」と時間意識の変化を説く。さらに時間の観念は正月と盆のように「一年を二つに分ける風」、つまり日本の年中行事の基本構造である一年両分制の成立への仮説を提示するのであるが、根底には一年で循環する時間認識があるからこそ毎年「若水」を使って「すでる」ことが必要になるという、若水習俗の根源にある意識を説く。折口の民俗や文学の研究は、このように習俗や「ことば」の根底に存在する原理の追求に特色があり、ここに読者をとらえて離さない魅力があるといえる。

折口は、沖縄本島では末吉安恭《すえよしあんきょう》や川平《かびら》朝令《ちょうれい》から教示を受け、若水については「しぢゆんに二義ある事が知れました。孵る義と、沐浴に関する義とです。此は一つの原義から出たので、やつぱり先から言うてゐる『若がへる』と言ふ事に帰するのでせう」とし、孵《すで》るは、若水を国王に進めるときに言った語《ことば》が一般化したもの、源河節《じんかぶし》に出てくる水浴は『若やぐ（若がへるよりも軽い意で）様に』との水浴びで、唯の『洗ふ』『浄める』ではありますまい」と説く。源河節の「源河女童《ミヤラビ》の御《ウ》すぢどころ」の解釈には、論文「水の女」につながる論理の原点があり、この論文も沖縄民俗採訪の成果といえる。

さらに「しぢ水」や「すでる」ことについての考察は八重山に渡っても進め、岩崎卓爾《いわさきたくじ》や喜舎場《きしゃば》永珣《えいじゅん》らの教えもうけて「しぢゆんの孵るも、実は生れるといふ義から出たのだ」と一歩進める。そして「すでる」の語義を導き出し、「すでるは母胎を経ない誕生であつたのだ。或は死からの誕生（復活）とも言へるであらう。又は、ある容れ物からの出現とも言はれよう」と結論づけ、若水は「すでることのない人間が、此によつてすでる力を享けようとするのである」とする。折口は、若水をこのように理解することでさらに大きな問題へと分け入り、「若水の話」の「四」の冒頭で次のように言う。

なぜ、すでることを願うたか。どうしてまた、此から言ふ様に、すでる能力のある人間が間々あつて、其が人間中の君主・英傑に限つてあることなのか。此説明は若水の起原のみか、日・琉古代霊魂崇拝の説明にもなり、其上、暦法の問題・祝詞の根本精神・日本思想成立の根柢に横《よこたは》つた統一原理の発見にもなるのである。

折口は「すでる」に「ある容れ物からの出現」の意味があることから、その出現の力を授けるのが若水であるという論理を始祖卵生型神話と結びつける。「すでる」能力のある人間は君主・英傑であるとするが、秦《はた》ノ河勝《かわかつ》の壺・桃太郎の桃・瓜子姫子の瓜などを例示して「すでる」前の状態の意味づけへと論を展開させ、「此籠つてゐる、異形身を受ける間の生活の記憶が人間のこもり・いみとなつた。いみやにひたこもりすることが、人から身を受ける道と考へられた。尚厳重なものは、衾に裹まれて、長くゐねばならなかつた」として、大嘗祭の真床覆衾《まどこおふすま》も結びつけていく。

「忌み」「籠もり」を穢れと結びつけるのではなく、再生・復活のための行為であるというのであり、忌み籠もりに独自の見解を示している。それは、「かうした殻皮などの間にゐる間が死であつて、死によつて得るものは、外来のある力である。其威力が殻の中の屍に入ると、すでるといふ誕生形式をとつて、出現することになる」「すでるは『若返る』意に近づく前に『よみがへる』意があり、更に其原義として、外来威力を受けて出現する用語例があつたのである」という。

若水による「死」からの再生復活を考えているのであり、折口の霊魂論や王権論はここを基点にしている。「すでる力」は外来威力、つまり「外来魂」の力で、これが若水によってもたらされて人は再生、蘇りをするというのが折口の「魂」の死生学である。そして、沖縄の「すぢ」と古代日本語の「をつ」「いつ」は同義で、外来魂を意味し、これを身につけることで「先祖以来の一人格と見」たと、王権継承の原理に迫っている。であるから、折口は、

幾代を経ても、死に依つて血族相承することを交替と考へず、同一人の休止・禁遏《きんあつ》生活の状態と考へたのだ。死に対する物忌みは、実は此から出たので、古代信仰では死は穢れではなかつた。死は死でなく、生のための静止期間であつた。

というのである。天皇家の「万世一系」は血のつながりとは考えなかったのであり、現在も芸能などの世界に顕著な名跡や祖名の継承も、これと同じことである。

●―産湯と葬儀の精神

「若水の話」からの死と再生に関する判釈が長くなったが、昭和二年（一九二七）十月に『國學院雑誌』第三十三巻十号に発表した「貴種誕生と産湯の信仰と」では、貴人の誕生を「みあれ」ということなどを論じた後、産湯の「湯」は「斎《ユ》川水《カハミツ》」の略形で、「斎川《ユカワ》」の水を「ゆみず」と言い、略して「ゆ」

というようになったと説く。その「ゆ」は禊《みそ》ぎのためのものだが、これは特定の井に湧く常世からもたらされたものであるという。この考え方は琉球王府が年末に沖縄本島北端の辺《へ》戸《ど》のアフリ嶽などから汲んできて、元日の朝に王に献上する「御水（ウビー）」の儀礼が根拠になっているが、このことは大和朝廷にもあって、壬生部《みぶべ》がこの水を汲む役目を担っていたと推定し、

其水を用ゐて沐浴すると、人はすべて始めに戻るのである。此を古語で変若《ヲツ》と云ふ。其水を変若水《ヲチミツ》と称する。貴人誕生に壬生の汲んでとりあげる水は、即、常世の変若水《ヲチミツ》であつたのだ。中世以後、由来不明ながら、年中行事に若水の式が知られてゐる。此は古代には、特定の井に常世の水が湧き、其を汲んで飲み、禊ぐと若返るものと考へてゐた為の名である。

と言っている。「若水の話」で論じた若水の意味を、さらに産湯と結びつけて貴人の誕生に及んでいるのである。昭和八年（一九三三）十二月に「東京日日新聞」に執筆した「皇子誕生の物語」は、「若水の話」と「貴種誕生と産湯の信仰と」を結び付け、さらに論を進めた論文である。常世からの特定の「斎川（ゆかわ）」の水で禊ぎをすることで、外来魂を獲得できるが、「禊ぎの儀礼は、実は復活の信仰から出てゐる。復活は、同時に若還り――万葉集では変若《ヲチ》といふ――を意味する」「結局、古代人にとつては、事実誕生と復活と、還魂法と回春の呪法との間に、殆区別はなかつたのも理由のあることである。宮廷においても、さうだつたし、これが及んで、貴族・豪族・庶民の上にも、変りはなかつた」と説く。

つづく「上代葬儀の精神」は、昭和九年（一九三四）十二月に『神葬研究』第一輯に掲載されている。折口の講演を編集者が筆録したものである。書名からもうかがえるように神葬祭についての考え方を示した講演で、初めの方で「死」について次のようにいう。

一体、死ぬといふことは神道ではどう扱つて来たか、死は現実にはあることだが、神道の扱ひ方の上では、それはなかつたので、つまり死は、生き返るところの手段と考へられてゐたらしいのです。つまり、日本の古代信仰は、死ぬものは生き返つて来なければならないと考へて居るから、本道の死といふことはない訣です。

そして、「肉体自身が魂を受けて、又出て来ると思つて居るのだから、肉体の非常に弱つてゐる状態がしぬなのです」と、「しぬ」状態になって「もにこもる」ことによって外来魂を獲得して再生復活するという信仰のあったことを説いている。「上代葬儀の精神」では、「万葉その外にある、しぬといふこ

とは、しぬぶ——人を恋ひ慕つたりするしぬぶといふ語の語原になつてゐるしぬと同じ語だと思ひます」、副詞の「しぬに」は「心が撓《シナ》つて居る状態をいふので、くた〳〵になつてしまつて疲れて居る、気力がもうなくなつてしまふ状態が、しぬにです」と、言葉の原義への強い関心から「死」の語原解釈を行ったり、「古代人はお崩れになつても、さうは思はずに、魂が遊離して居るのだと思つて、いゝ魂をおつけ申す為に、長い間一所懸命に魂ふりを行つたのです」と、折口の独自の鎮魂論を加えたりしているが、死と再生をめぐる考え方は「若水の話」の延長線上にあるといえる。

折口の「魂」の死生学の理解は、「外来魂」が一つのキーワードである。その獲得によって人は再生復活する信仰の存在を説くのであるが、これは大正十五年（一九二六）に、「餓鬼阿弥蘇生譚」に続く「小栗外伝（餓鬼阿弥蘇生譚の二）　魂と姿との関係」で示す。この理論は、ドイツの民族心理学者であるウイルヘルム・ヴントからの影響[3]がうかがえるが、「小栗外伝（餓鬼阿弥蘇生譚の二）　魂と姿との関係」では「内在魂」「外来魂」という用語を使いながら、独自の鎮魂論をかためつつあるのがわかる。

本誌ではこれらの前に昭和二十六年（一九五一）の「霊魂」と「産霊の信仰」を収めたが、この二つは戦後になって日本人の神信仰の再構築を試みようとした際の、霊魂信仰と「たまふり」による「むすび」の信仰を説くもので、折口の霊魂論と鎮魂の考え方が簡潔に示されている。「死と再生」に関する著作の最後にあげたのが昭和二年（一九二七）の「水の女」である。これは「若水の話」で論じた再生のための水を誰がつかうのかを扱ったもので、「こもり」によって外来魂を身につけた聖体が、神女の助けで聖なる水で禊ぎを行うことで再生復活する、その神女を「水の女」と名づけた論文である。

◉——常世・他界論の指標論文

「魂」の死生学として折口の「死と再生」をめぐる著作を祖述してきたが、折口学を構成する諸理論を理解するには、その理論構成の指標となる論文を見出すことが重要である。それは、「死と再生」については最初に掲げた「若水の話」であり、ここから重層的に、あるいは構造的に思索を展開させて理論構築を行っている。

「死と再生」と密接に結びついているのが、もう一つのテーマである「常世・他界」であり、このことは大正十四年（一九二五）の「古代生活の研究　常世の国」が指標となる。これに先だって大正九年（一九二〇）には「妣が国へ・常世へ」を発表し、ここでは日本人の世界観には「ひとぐに」である「他国・他郷」と、「何その国・知らぬ国」である「異国・異郷」があることなどを指摘する。現在、何人もの研究者が扱っているいわゆる「異界」論はこれが嚆矢である。「妣が国へ・

常世へ」は古典からの「常世」解釈であるが、二度の沖縄民俗採訪を経てからの「古代生活の研究　常世の国」では、沖縄には「にらいかない」という世界観があって、それは海岸の洞窟からつながる海彼の世界と考えられ、ここから「まれびと」が出現するとともに、ここには人間に害をなすものが存在するという。沖縄のもう一つの世界観である天上界の「おぼつかぐら」との関係を論じているのも重要であるが、この論文では古典の世界と民俗伝承の世界をつなげて「常世・他界」を論じている。

折口の「常世・他界」論についての解説は省くが、「生活の古典」という日本文化研究の視座を提示する「古代生活の研究　常世の国」をもとにして、収録論文を読み進めて頂きたい。

（1）拙稿「生と死の民俗・再考」『民俗学論叢』第三一号、二〇一六年七月。「いのち」の成立は妊娠中の儀礼である「帯祝い」（着帯）、死に関する観念の再構築については死後供養である年忌を取り上げて検討した。

（2）『死者の書』は、昭和十四年（一九三九）一・二・三月に『日本評論』一四巻一・二・三号に「死者の書」として連載し、そのストーリーを組み換えるとともに一部書き直しを行って昭和十八年九月に青磁社から単行本として出版している。『死者の書』といった場合、一般的にはこの単行本をさす。

（3）ウイルヘルム・ヴントは桑田芳藏『霊魂信仰と祖先崇拝』（大正五年十一月、心理学研究会出版部）によれば、「身体魂」とは別に「映像魂（Schattenseele）」という所謂遊離魂信仰の存在を提唱している。

＊折口信夫の著作引用は新版の『折口信夫全集』に拠った。

（おがわ・なおゆき／國學院大學教授）

折口信夫と鎮魂の祭儀

新谷尚紀

はじめに

折口を読む、ということは、ただ折口の論文を読んで自分なりの知識の範囲でコメントすることではない。折口が読み解こうとしたその「対象」に対して、自分なりにその調べと仮の考えとをもってからでないと、折口に対して失礼だと思う。折口の大きさと深さを知るためである。みずからの浅さが反省され、また学び究め続けようという意欲が湧いてくる。そして、研究者としての基本からいえば、折口と自分のちがいも明らかにしていくことになる。知識と見識の消費者であると同時に生産者でもあるという自分の立ち位置を自覚することが大切だと思う。ここでは拙いながら、鎮魂の祭儀という「対象」について、基本的な自分の小さな知識を示してから、折口の解読について、理解できた範囲を記してみる。

鎮魂の祭儀

鎮魂の祭儀とは、古代の天皇王権が創出した儀礼である。毎年十一月仲冬の、「寅日の鎮魂祭―卯日の新嘗祭―辰巳日の豊明節会」、という一連の王権儀礼の一部を構成する儀礼である。ただし、大宝令（七〇〇）（養老令七一八）の神祇令に「仲冬上卯相嘗祭　下卯大嘗祭　寅日鎮魂祭」、職員令に「神祇伯　掌鎮魂」とあるだけで、その内容や意義の説明はない。

遊離魂の鎮安という解釈　九世紀の『令義解』（八三三年完成、八三四年施行）の職員令には、「謂。鎮安也。人陽気曰魂。魂運也。言招離遊之運魂。鎮身體之中府。故曰鎮魂。」とあり、身体から離遊する運魂を招き身体の中府に鎮め安定させる儀礼だと説明されている。『令集解』（八七一年以前成立）の職員令にも、「釈云。鎮殿也。人陽気曰魂。々運。人陰気曰魄。々白也。然則召復離遊之運白。令鎮身體之中府。故曰鎮魂。案神祇令。大嘗鎮魂。既入神祇祭祀之例。然所以別顕者。祭祀之中。此祭尤重。故別顕耳。」とある。この「釈云」というのは、延暦年間（七八二―八〇五）成立の「令釈」という養老令の注釈書の解釈である。これら『令義解』や『令集解』に収められている古代の法曹家たちの解釈ではいずれも、身体から遊離する魂をしっかりと身体の中府に鎮め込み安定化させる儀礼であると規定されていた。

●――律令鎮魂法から石上鎮魂法へ

　では、鎮魂の儀礼構成についてはどうか。それを記すのは、九世紀後半の『貞観儀式』である。それによれば、①神宝、②御衣匣、③宇気槽《うけふね》を桙で十度撞く儀礼、④神祇伯が木綿を結ぶ儀礼、⑤猨女舞《さるめのまい》、という五つの要素から鎮魂の祭儀は構成されていたことがわかる。その②の「内侍令賷御衣匣自大内退出」の記事には「御衣匣」の記事はあるが、その「振動」の記事はない。

　しかし、十世紀後半の『政事要略』所引の『清涼記』には、「衝宇気之間、蔵人開御服箱振動」として「御服箱」の「振動」の記事がある。

御服箱振動　この「振動」の所作の由来として想定されるのは、九世紀後期成立の『先代旧事本紀』の記す物部氏系の「布瑠部由良由良止布瑠部《ふるへゆらゆらとふるへ》」という「振動」の所作である。この「振動」の所作はその後の有職故実書類にも記載され、十世紀後半から十一世紀の鎮魂の祭儀では定着していたものと考えられる。『清涼記』と同じ時代で十世紀後半成立の『西宮記』（源高明〔九一四―九八二〕著）では、この鎮魂祭の記事の中の「神楽」の分注として、

「御琴師哥女奉仕、御巫依例於供神棚下舞、内蔵寮持御服机上、衝宇気之間、蔵人開箱振動」とあり、鎮魂祭には天皇の御服箱が開かれ、それを「振動」するという所作が行なわれていたことが知られる。

　そして、十一世紀末から十二世紀初頭成立の『江家次第』（大江匡房〔一〇四一―一一一一〕編）にも次のような詳しい記事がみえる。

「次神祇雅楽神楽、神琴師弾和琴、衝宇気神遊儀也、神代上巻ウケ舟フミトトロカス義也、次御巫衝宇気、以賢木衝艚上也、結糸自一至十、宇麻志麻治命十種寶振之返死之縁也、用糸自一至十計之也、次神祇・（官歟）一人進結糸於葛筥自一至十、此間女官蔵人開御衣筥振動、畢神祇官着座、」

　この『江家次第』の記事で注目されるのは、女蔵人が天皇の御衣の筥を開けて振動させるという所作がみえる点であるが、それ以外にも、

(a)この『江家次第』の十一世紀末から十二世紀初頭のころには、九世紀中後期の『先代旧事本紀』の伝える宇麻志麻治命の十種の瑞宝を振ることによる返死の法が伝えられていること、

(b)神祇官人による木綿糸結びの儀礼が同じく『先代旧事本紀』の伝える一二三四五六七八九十と数える布瑠部《ふるへ》の法と数え方の上で結びついていること、

というこの二点が注目される。

「猨女」の消滅　この『江家次第』の段階では、鎮魂の祭儀について、九世紀初頭の『古語拾遺』（八〇七）の説く天岩戸神話の天鈿女《あめのうずめ》の伝承の系統の儀礼と、九世紀後期の『先代旧事本紀』の説く宇麻志麻治命《うましまじのみこと》の伝承の系統の儀礼と、この両者が合体してきていたことが知られる。

しかし、この『江家次第』の記事では、かつて歌舞に奉仕していた「猨女」の所役は消えてきている。『西宮記』の段階では、まだ「猨女」の所役は記載されていたが、この『江家次第』の記述の中では、「猨女」はみえない。つまり、『貞観儀式』にみられた、①神宝、②御衣匣、③宇気槽を桙で十度撞く儀礼、④神祇伯が木綿を結ぶ儀礼、⑤猨女舞、という鎮魂の祭儀を構成する五つの要素のうちの、⑤猨女舞は、十二世紀初頭においては失われてきていたのである。

では、「御服箱」の「振動」という儀礼の始まりはいつか、それについて記録の語るところを整理すると、

(1)『貞観儀式』には、「御衣匣」が用いられることは記されているが、「振動」の記事はない。

(2)『先代旧事本紀』は、瑞宝十種を数えて「布瑠部由良由良《ふるへゆらゆら》止布瑠部《とふるへ》」と「振動」をさせる法を記しているが、それは瑞宝の「振動」であって、「御服」の振動ではない。

(3)『清涼記』以降、『西宮記』、『江家次第』いずれも「御服」の「振動」と記している。

そこで、注目されるのが、時代的にこの(2)と(3)との中間の時期にあたる、『延喜式』の鎮魂の祭儀の記述である。

『延喜式』と神勧請　『延喜式』には、『貞観儀式』に共通する記述がみられるが、そのほかに、鎮魂の祭儀で祭祀される神々の記述が登場している。

「神八座　神魂　高御魂　生魂　足魂　魂留魂　大宮女　御膳魂　辞代主　大直日神一座」

という記述である。つまり、律令鎮魂法の中にはなかった、神八座と大直日神《おおなのひのかみ》一座の神勧請が行なわれるようにこの段階で変化したのである。鎮魂が「儀礼」から、神勧請をともなう「祭祀」へと変化したのである。

ただ、『貞観儀式』で内侍が捧持して運ぶとしている「御衣匣」が、『延喜式』では「御服」へとその表記が変わっているだけで、その「振動」の記事はない。つまり、『延喜式』の段階では、まだ「御服振動」の儀礼は成立していなかったと考えられる。

『先代旧事本紀』のいう「振動」は、瑞宝十種の唱え言葉とともになされる瑞宝の「振動」であるが、『清涼記』以降に行なわれた「振動」は、天皇の「御服」の「振動」である。この瑞宝の振動から御服の振動へ、という変化・変奏が、十

世紀の前半期の宮中における鎮魂の祭儀の実践の場で起こったものと推定される。

石上鎮魂法　ここで整理してみると、鎮魂の祭儀には、三段階の変化があったということである。第一段階が、律令鎮魂法の段階である。九世紀の『古語拾遺』や『貞観儀式』が記す、①神宝、②御衣匣、③宇気槽を桙で十度撞く儀礼、④神祇伯が木綿を結ぶ儀礼、⑤猨女舞、という五つの要素から構成されていた段階である。第二段階が、鎮魂の儀礼から鎮魂の祭祀へとなる段階である。十世紀の『延喜式』が記す神八座と大直日神一座の神勧請をともなう鎮魂祭という新たな段階である。そして、第三段階が、石上鎮魂法の段階である。『江家次第』が記す、①神宝、②布留部由良由良云々という唱え事と御服振動、③宇気槽を桙で十度撞く儀礼、④神祇伯が木綿を結ぶ儀礼、という四つの要素からなる段階である。⑤猨女舞が消滅し、②天皇の「御服筥」の「振動」をその特徴とするようになった段階である。

◉――折口信夫の鎮魂論

タマフリとタマシズメ　折口以前の鎮魂祭に関する研究として注目されるのが、伴信友の『鎮魂傳』と『比古婆衣』である。鎮魂の訓読について、『延喜式』四時祭式では、オホムタマフリと、オホムタマシズメと両方の訓がさしてあり、同時に二つの読み方が行なわれていた。その点について、『比古婆衣』では、「タマフリといふは用《はたらき》なり、タマシズメといふは体にて、其の行ふ旨は全く同じ」である、魂が離遊《あくが》れ出るのを身体の中府に鎮坐《しずめお》くのがタマシズメで、その魂の威《いきおひ》の活《はたら》き震《ふる》ふのがタマフリである、という。そして、『日本書紀』に、恩頼、神霊、皇霊之威などとあるのを古くからミタマノフユと訓んでいるのに対して、その「フユはフルフの義にて神の霊の威震《いきほひふる》ひて、ことさらに幸ひ給ふを辱なみ称へてミタマノフユと云へるなり」という。ここで、タマシズメとタマフリ、そしてミタマノフユ、へという関係が初めて論じられたのであった。

外来魂の附着　古代の『令義解』や『令集解』に記されている解釈以来、近世の伴信友まで、一貫してきた「遊離魂」を中心とした解釈に対して、鎮魂祭の研究史上もっとも衝撃的な解釈を提示したのが折口信夫である。

古代の法曹家や有職故実家たちから近世の学者伴信友にいたるまで、鎮魂の意味に、身体から離遊する霊魂をとどめて身体の中府に鎮めおくこと、そしてその霊魂・生命力を活き活きと振るわせ活性化させること、が鎮魂の本義であると考えられていたのに対して、まったく新たに、毎年冬に寄り来る魂＝「外来魂」、を天皇の身体に附着させるための儀礼である、という解釈を示したのである。

その折口は、大正十五年（一九二六）の「小栗外傳」で、次のようにのべている。

「鎮魂祭の儀を見ると、単に主上の魂の游離を防ぐ為、とばかり考へられないことがわかる。年に一度、冬季に寄り来る魂があるのである。御巫《ミカムコ》の「宇気《ウケ》」を桙で衝くのは、魂を呼び出す手段である。いづれ平安朝に入つての替へ唱歌であらうが、鎮魂祭の歌の「……みたまかり、たまかりまし丶神は、今ぞ来ませる」と言ふ文句を見ると、外来魂を信じた時代からのなごりを残したのが訣る。而も、主上の形身なる御衣の匣を其間揺り動すのは、此に迎へ移そうとするのである。魂の緒を十度結ぶことは、魂を固着させる為である。魂の来り触れて一つになる時だから、たまふりと言ふので、鎮魂の字面とは、意義は似てゐて、内容が違ふのだ。「ふるへ／＼。ゆら丶にふるへ」と言ふ呪言は、「触れよ。不可思議霊妙なる宜しき状態に、相触れよ。寄り来る御魂よ」の意であらう。触るは、ふらふ・ふらはふなど再活用を重ねる。ふるふもふらふと一つ形である。荒魂・和魂を以て、外来魂と内在魂との対立を示す様になつてからも、其以前に固定した形の、合理化の及ばない姿を存して居た事は、鎮魂祭の儀礼からも窺はれた」。

また、昭和六年（一九三一）の「原始信仰」では、次のようにいう。

「臣下、或は被征服の種族は、一定の時期に宮廷に参朝して、自家の守霊を奉ることが年々繰り返されて居たので、初春に群臣が参って賀詞《ヨゴト》を奏上したのも、実は、さうした意味があったと見られるのだが、更に適切な例をとって言ふなら、出雲の国造が、その代替わり毎に、その年と翌年と、引き続いて二度まで宮廷に朝し、所謂出雲国造神賀詞《カムヨゴト》なる古詞を奏上してゐるのは、明らかにそれだと言へる。単に賀詞を申すだけでなく、いろいろの貢物を奉って居るので、その品々一つ一つに関連して、祝福の意義を含んだ詞章を連ねて居るのだが、此品々を一括して、負幸物《オヒサチモノ》と称して居る。恐らくこれは、さちの義が転じて、守霊に近いものになって居たのだろう。即、そのさちを持った呪物を奉ることによって、天子に、種々の徳と祝福とを差し上げようとする意を見せたものと受け取られるのである。が、元来、出雲の国造家から守霊の憑依せらるべきものは、それほど沢山にあったとは思はれない。恐らく、後代に赴くに従つて、祝福の箇条を増して来た為に、自然品目が多くなったのであらう。」

また、昭和二十六年（一九五一）稿の「霊魂」では、次のようにいう。

「霊魂は分離し易いものだから、それを鎮める必要があつた。併し鎮魂の儀礼は、必ずしも霊魂を鎮める事ではない。先に述べた外来魂を、身に鎮めて威力を新しく加へるのを、日本の霊魂信仰のうち最重大なものとして来た。此はたまふりと言ふ。魂を密著せしめる意である。威力ある霊魂を密著せしめて、その要る時に新しい威力を発揮せしめようと思ふので、古代において、各の国・氏の持つ威霊を天子の御躰に鎮めようとした。その鎮魂法《タマフリ》は、国・氏に夫々皆固有なものがあって、歌をうたひながら、御躰にうつすものであった。石上鎮魂法は、その由来を伝えた古いものである。天子の聖躬には、氏・国の魂が這入つて、威力を集めてゐる訣だが、それが魂主の魂を減少させる事もなく、又聖躬にも適当に整うて這入つてゐるのである。」

そして、先の「原始信仰」では、また次のような言及もみられる。

「完全にものいみが遂げられた時に、外来魂は来触して、内在魂となる。古語ふるは、此作用をあらはした言葉である。即、ふるは、単なる接触の意義を持ったゞけでなく、衝突・附着の古義を持って居た。さうして、此儀礼を、たまふりと言うた。第一義の鎮魂である。ふるなる語も、発音が変化して、これがふゆとなると共に、意義にも分化を起して、増殖の意味を持つやうになつた。来触・附着から転化して、内在魂の分割と言つた内容を持つ様になつたのである。そして、それから、尊者の分霊を受けて、その威力にあやかる信仰が発した。又、尊者の分霊をうけるといふ事は、一面に於て、恩寵を蒙る事になると信じたので、それから、みたまのふゆなる古い用語例が生じ、それを分け与へられる祭りをみたまのふゆまつりと言ひ、その祭りの行はれる時期を以てふゆと称した事から、後には、ふゆなる語が、冬期を意味する冬に固定して、季節をあらはす言葉となつた。」

つまり、折口の鎮魂論の主要な論点を整理してみると、以下のように読み取ることができる。

(1)鎮魂というのは、単に天皇の魂の游離を防ぐためではなく、新たに寄り来る「外来魂」を身に鎮めて威力を新しく加えることである。外来魂を密著させる意味で、魂が来り触れて一つになることから、たまふりといった。

(2)外来魂は来触して、内在魂となるのであり、威力ある霊魂を天皇に密著させて、必要な時にその新しい威力を発揮させようとした。

(3)古代においては、各々の国や氏のもつ威霊を天子の御躰に鎮めようとした。その鎮魂法は、国や氏によりそれぞれみな固有なものがあった。石上の鎮魂法は、その由来を伝えた古いものの一つである。天子の聖躬には、氏や国の魂が入って、威力を集めているわけである。

⑷臣下、あるいは被征服の種族は、一定の時期に宮廷に参朝して、自家の守霊を奉ることが年々繰り返されていた。出雲の国造が、その代替わりごとに宮廷に参朝し、出雲国造神賀詞を奏上しているのは、その典型例である。

⑸たまふりの、ふるという語がふゆへと、発音が変化し、意義にも分化を起こして、増殖の意味をもつようになった。つまり来触・附著から転化して、内在魂の分割という意味をもつようになった。

⑹尊者の分霊を受けて、その威力にあやかる信仰が発生し、その尊者の分霊をうけるということが恩寵を蒙ることになると信じられ、みたまのふゆ、という古い用語例が生じた。

霊威力の入力と出力の循環構造　ここで、さらにまとめれば、折口の説く鎮魂の祭儀とは、たまふりという、外来魂を来触・密著させる儀礼であり、たましずめといわれるように、内在魂となった威力ある天皇の霊魂が必要に応じてその霊威力を発揮する、そして、みたまのふゆといって増殖した天皇の内在魂は、その分霊が臣下や氏人に分かち与えられ、臣下や氏人はその恩寵を蒙ることとなる、というものである。これにより、外来魂から内在魂へという動態関係、そして、たまふり・たましずめ・みたまのふゆ、という循環関係が整序的に示されたのであり、王権をめぐる霊威力の入力と出力の循環構造の存在が明示されたのであった。そして、その折口に「外来魂」の来触・密著という新解釈を気づかせたのは、記紀の出雲神話であり、出雲国造による「出雲国造神賀詞」の奏上であった。

【付記】紙幅の都合で（注）や情報の詳細は省略するが、論点の典拠については、拙稿「古代王権と鎮魂祭―折口信夫の鎮魂論と文献史学との接点を求めて―」（『国立歴史民俗博物館研究報告』第一五二集、二〇〇九）、拙稿「鎮魂の祭儀―折口信夫の鎮魂論と文献史学との接点を求めて―」（『國學院雜誌』第一一四巻一〇号、二〇一三）を参照いただきたい。

（しんたに・たかのり／國學院大學教授）

山のわざおぎ——湯立て神楽の常世観

金子　遊

◉——天龍川の水分山

海沿いの浜松の地で一泊してから、国道一五二号線を車で北上していった。両側に広がる田畑やあぜ、農家の集落が点在する風景をながめながら、天龍川に沿って奥地へとさかのぼっていく。午後になって東栄町や豊根村のある奥三河に着いた。天龍川に限られたことではないが、山をわけ入って遡行すれば、どんな川でも段々と細い流れになる。やがては尾根を越えて、反対に流れくだる細い支流に出会い、それが寄り集まって海にでる。山の尾根のことを分水嶺、もしくは古語で水分《みくまり》というが、むかしの人たちはそのような場所に水の神が棲んでいると信じた。古くは『万葉集』にこんな歌がある。

　神さぶる　磐根こごしき　み芳野の
　水分《みくまり》山を　見れば悲しも

奈良の吉野にある水分山をおとずれた作者不詳の旅人が、山上の光景に心細さをおぼえている歌だ。「みくまり」とは、天から降ってくる雨と地を流れる水を分配する神のことである。そこから転じて雨乞いの聖地になった。古来から人はこうした「神さぶる」、つまりは神々しい深山の分水嶺に精霊の息吹を感じたのだろう。二〇〇キロ以上も蛇行しながら海までそそぐ天龍川の流域には水害が多かった。そのため竜神に関する伝承が多く残されている。たとえば「赤蛇神」の口碑では、この地をおとずれた坂上田村麻呂と、美しい女性の姿をした蛇のあいだに子どもが産まれる。田村麻呂は妻に禁じられていたにもかかわらず産屋をのぞき、とぐろを巻いた赤い大蛇が赤子を育てている姿を見てしまう。それで蛇の精霊は海に帰り、生まれた子はやがて将軍になるという話である。

　この列島のアニミズムが息づく山々では、山の神や精霊がキツネや蛇など動物の姿をとって、あるいは鬼や天狗といった姿であらわれて盛んに人と接触した。分水嶺になるような山奥は神域であり、さまざまな異族や精霊が跋扈する世界だった。それゆえ「赤蛇神」のように人と動物が結ばれる異類婚姻譚や、女性が天狗や鬼にさらわれて結婚させられる神隠しの口碑が無数にある。人間と動物とのあいだの混血、人間と精霊のあいだの交合が頻繁に想像されたことは、みずからが動物の祖先をもっているという考えにもつながった。折口信夫は「信太妻の話」のなかで、日本列島において動物が祖先神になっているケースをトーテミズムと呼べるかどうかを慎重に検討した。折口はそのひとつの説明として、村と村とのあいだの族外結婚における妻の秘密生活をあげている。

村々の生活を規定する原理なる庶物は、てんでんに違っていた。少なくともお互いに異なる原動力の下にあるものと考えていた。こう言う時代の村と村の間に、族外結婚が行われるとすれば、男の村へ連れて来られた女は、かわった生活様式を、男の家庭へ持ちこむことになる。ほかの点では妥協しても、信仰がかった側の生活は、容易に調子をあわせるわけにはいかなかったであろう。それに、神とも精霊とも、名をつけることは出来ないでも、根本調子となっている信仰が、一つ家に並び行われている場合、妻の信仰生活は、いつも亭主側からは問題として眺められたわけであろう。(1)

妻が「物忌み」に入る期間に夫がのぞき見をしたり、夫と妻のあいだにある信仰のちがいによって家庭が破局したりしたことを、神や精霊との交渉の物語のうらに見たわけだ。これも折口信夫によるひとつの仮説にすぎないわけだが、ここではひとまず、死者が入っていく常世の国、神や精霊たちがいる異界というものが、山の生活においては人びとの身近に感じられていたことを確認しておけばいいだろう。

さて、わたしが天龍川をさかのぼってたどり着いたのは、信州、遠州、三河の国境に接し、古くから霜月神楽がおこなわれてきた奥三河の一帯である。現在の地名では、愛知県の北設楽郡と呼ばれる地域だ。交通の便を考えれば、北にある信州の飯田にでるにしても極端に不便な土地であるから、それだけに長いこと世に忘れられてきた地であった。しかし一度足を踏みこめば、いくつもの支流が集まり、それらの谷に沿って多くの集落が点在し、その数も多ければ歴史も驚くほど深い。一九二六(大正十五)年にはじめて奥三河をおとずれた折口信夫によると、当時の村々の印象はこんなふうであった。

明ければ、去年の正月である。初春の月半ばは、信濃・三河の境山のひどい寒村のあちこちに、過ごしたことであった。幾すじかの谿《たに》を行きつめた山の入りからさらに、うなじを反らして見あげるような、岨《そば》の鼻などに、そういう村々はあった。ことに山陽《かげとも》の丘根《おね》の裾を占めて散らばった、三河側の山家は淋しかった。峠などからふり顧《かえ》ると、かならず、うしろの枯れ芝山に、ひなたと陰とをくっきり照らしわける、早春の日があたっていた。花に縁遠い日ざしも、時としては、二、三の茅屋根に陽炎《かげろう》をひらつかせることもあった。気疎い顔に、まじまじと日を暮らす、日なたぼこりの年よりの姿が、目の先に来る。それは譬喩《たとえ》ではなかった。豊橋や岡崎から十四、五里も奥には、もう、こうした今川も徳川も長沢・大久保も知らずに、長い日なたのまどろみを続けて来た村があるのだ。(2)

一九二一（大正十）年の夏に沖縄や壱岐に採訪旅行にでかけた折口信夫が、海の彼方からおとずれる「まれびと」論を深化させており、今度はそれを山人論に展開しようとしていた時期のことである。一九二六年一月の初春に、新野の雪祭りと奥三河の花祭を見て歩いた折口は、翌年三月に豊根村を再訪する前に、その印象を「山のことぶれ」という文章に書いた。右はその冒頭部分にあたり、いまもむかしも大きくは変わらない、寒村の鄙びた景観を伝えている。そういうわたしも「花ぐるい」とまではいかないが、新野の盆踊りと雪祭り、坂部の冬祭り、東栄町の御園や古戸、豊根村の上黒川や下黒川の集落でおこなわれる花祭といった湯立て神楽に通っていた時期がある。雪がちらつくなか、夜を徹して百人近い人びとが竈のまわりに集まる姿には不変のものがある。その神楽の庭にあらわれる常世観や他界観を、折口の言葉とともに少し掘りさげてみたい。

◉――山の精霊と常世神

花祭の祭場には内花と外花がある。内花は祭を民家で行なうことで、村内の家が抽選で順番に引き受け、花宿に屋敷を提供した家族にはその年の無病息災が約束される。近年では民家のつくりが変わってきて、内花のできる屋敷が減少してきた。そこで神社や公民館など気兼ねなく開催できる外花に移行してきた。ひとつの特徴は、花祭の儀礼や神楽が女人禁制のもとにおこなわれてきたことだ。その理由は、ただ単に山の神や精霊を迎え入れるときに、女性の穢れを嫌ったというだけでは説明がつかない。早川孝太郎の著書『花祭』によれば、むかしは集落で神楽の笛や太鼓の音がはじまると、反対の峰で無数の鬼火が動きだしたという。それを天狗がうらやましがる様だと口伝したのだ。

山の生活においては、女人が山に入るときに不意に眠気を催したり、ふっと入眠することがあり、そのときに異族の夢を見れば必ず身ごもるといわれた。そのような悪さをするのは、たいてい山の精霊である天狗だった。柳田國男の『山の人生』には、天狗たちの嫉妬深さのありようが豊富な事例で報告されている。柳田の定義では、西欧で発達した「踊り」や国内の盆踊りは人びとの行動が主となる技芸であるのに対して、あくまでも「舞」というものは神の祭りにおける信仰上の現象である。人間の世界よりも大きな神や精霊の力を想像して、その尊い啓示をたまわりたいという気持を歌や詞や舞にこめたものだ。祭りでは、人は祭文を唱えているうちに、あるいは舞をくり返すうちに恍惚としてきて、人とも神ともつかぬ境域に入っていく。その能力を「みょうど」なる村内の一部の血統に求めた理由ははっきりしないが、花祭にも最初には神を招くための言葉の力があった。舞では「寄《よ》り坐《ま》し」となる人物が確実に神に憑依されるために、その効果を引きあげる工夫がなされてきた。折口信夫は、天狗のような山や土地の精霊が村人を悩ませる一方で、常世の国から初春にやってくる神とその一行が村人をそれらから救ってくれるのだと考えた。いわば、山における「まれびと」である。

この常世神の一行が、春ごとの遠世《とこよ》浪《なみ》に揺られて、村々に訪れて村を囲む庶物の精霊を圧え、村の平安の誓約《うけい》をさせて行った記憶が、山国に移ると変わって来た。常世神に圧え鎮められる精霊は、多くは野の精霊《すだま》・山の精霊《すだま》であった。その代表者として山の精霊が考えられ、後に、山の神と称せられた。山の神と常世神とが行き値《お》うての争いや誓いの神事演劇《わざおぎ》が、初春ごとに行われた。村の守り神がその時することは、呪言を唱えることであり、村の土地・家々の屋敷を踏み鎮めることであった。[3]

どうして常世神のおとずれは、雪の降る真冬でなくてはならないのか。奥三河の地元の人たちは、花祭のことをただ「はな」と呼ぶこともある。折口信夫によれば「はな」という語は、「ほ（稲の穂）」や「うら（植物の末）」に近いものであり、前兆や先触れくらいの意味である。むかしは「はな」という言葉ひとつで、新しい年（春）のことぶれを表していたのだ。そして雪は、土地の精霊が翌年の豊穣を知らせるために降らせるのだと考えた。つまり、雪は「稲に咲く花」を象徴するものであり、春が近づいてくる前兆である。常世神は冬の寒い時期にやってきて、山の精霊たちを抑え鎮めるわけだが、花祭では修験道の山伏がその役割をつとめてきた。彼らは移動する山人であり、神人であって、地面を突いて土地の精霊にいうことを聞かせる。そして彼らが突いて歩くその杖に、やがてやってくる春の農作に関する先触れが現れると考えたのである。

花祭の前半部分にあたる儀礼的な行事は、「鍵取り」と呼ばれる禰宜《ねぎ》（神職）が中心になって執りおこなう。鍵取りという名の原義は、神社やその宝庫の鍵を預かり保管する役目のことだ。これは神道用語であり、一見、仏教の影響が少ないようにも思われる。だが実際には、室町時代に奥三河へ花祭を伝えたのは山伏や修験者などの神人芸能集団であり、特に真言密教の流れを汲んでいることが手印の研究などから判明している。厳格に世襲制で何百年も伝えてきた「鍵」と呼ばれるものはいったい何なのか。それを氏神神社に祀られる御玉であるとする説や、川の上流から拾ってきた天然の平たい丸石だとする向きもあるが、それは神勧請《かみかんじょう》における呪術的な秘儀のことではないだろうか。神事において楽を奏でて、うたぐらを唱えて神々を勧請し、神舞を舞うことで神の託宣を受けようとするのが花祭の本来の目的であった。であるなら、舞処でおきる現象や舞人が口走った言葉を取りあげて、それを吉とするか凶とするか卜したり、何を兆しているのかを読みこんだりする占者のような仕事が鍵取りの本来の役目だったのかもしれない。

鍵取り（禰宜）屋敷に向かう一行の列も、ずいぶん先へと進んですっかり姿が見えなくなった。わたしが慌てふためいて田舎道を急いで駆けていくと、面形の入った箱や舞人の衣裳を受けとった人びとが、それぞれ自分の役の荷物を背負って屋敷からでてきた。いつ誰からとなく笛太鼓の楽がはじまり、榊の枝をもった男を先頭に氏神の御輿をかつぐ男たちもでてきた。彼らは榊の葉を口にくわえていた。村人の手製による地笛の高い音色のうえに、土地の精霊をかどわかすような歌が重なってくる。

ひと足先に花宿にいって待っていると、参列者たちは笛太鼓の拍子に合わせて神妙な面持ちで、あらかじめ設えた神部屋（一種の支度部屋）に渡ってきた。鍵取りが酒の供物を奉げてから九字護身法をおこなった。つづく神下《おろ》しの儀礼では、天地の神々、五方位の神々、産土の神々をはじめ全国各地から奥三河の地元の氏神まで、ことごとくを勧じ入れる。神の数は二二五柱と決まっている。鍵取りが「今日の日の参内参客神とは」と祭文を唱えはじめて、諸国の神社の名とその祭神の名を順にあげていく。これは全国の神々を花祭の祭場へ来臨させる行為であり、これによってその場にいる人びとが神の霊力を体内に受けたことにもなる。柳田國男も指摘するように、本来の「まつり」には何ら華美なものはなく、酒や食べ物を用意して神々をもてなし、その座に集まった人々が静粛に控えることを意味したのだが、この儀礼ではその古来の姿が見えてくる気がした。

山奥では日が暮れるのも早い。うす暗い舞処では、ちょうど森厳な湯立ての儀の最中だった。中央に据えられた大きな竈のなかに湯がたぎり、立ちのぼる湯気が天井に吊り下げられたびゃっけを揺らす。真冬の澄んだ冷たい空気によって白く浮かびあがった蒸気のむこうに、五印を切る鍵取りの姿とそれを神座から見つめる「みょうど衆」の姿が霞んで見えて、いつの時代に紛れこんでしまったのかと幻惑された。びゃっけは白蓋《びゃっかい》が長年の言語使用によってくずれた呼称であり、祭りの中心となる祭具である。わたしがおとずれた集落では、五色に色わけした形代と、同じく五色の「かいだれ」という幣《へい》（神前に供えるもの）から成る天蓋であった。東西南北の四方位の柱から天井中央のびゃっけにむけて百綱が張り渡されており、これが神道《かみみち》と呼ばれている。神々は榊の枝を立てた四方位から来臨し、祭が行なわれている村の花宿に求心され、神道を通って五番目の方位である中央のびゃっけへといたる。びゃっけは、いわば形代と幣によってつくられた、祭の日における神々の仮住まいである。全国の津々浦々から勧請した神々の多様さを、むかしの人は変化に富む色彩で感じようとしたのか。

●——舞と神がかり

舞処では神々の名を読みあげる総神迎えが行なわれて、それを白い浄衣を着た「みょうど衆」の神楽が引きつぎ、いちの舞に入った。これには評判どおり独特の妙味があった。それまでの儀式と舞は神人によるものと限られていたが、ここからは一般の村人の舞となったのである。少し前から、舞処より一段高い神座に置いた大太鼓のまわりに、村人や一般の見物人がでてきて、それぞれ正月の挨拶をしたり、酒を飲んだり、雑煮を食ったり、舞がはじまるのを待ち受けていた。時刻でいえば晩の八時か九時頃であった。

みょうど衆が何人かでてきて、竈の前に菰《こも》といわれる藁で編んだむしろを地面に敷いた。それから、頭に白い鉢巻をまいた血気盛んな青年が神部屋から登場した。衣裳は上半身にゆはぎを着て、膝と足首のところをひもで縛った袴という出で立ち。右手には鈴を、左手には榊の枝を持っている。太鼓と笛がゆったりとした楽を奏でると、舞人の青年は竈にむかって榊の枝を奉げ、礼拝の型をした。それから舞人は片足立ちになり、ゆはぎの袖褄を手先でつかんで鷹のように大きく袖を広げた。ふっと体が地面から浮きあがったかと思うと、両腕を左右に振りまわしながら舞いだした。

舞人が東、西、南、北、中央の五方へむかって鴉のように飛びながら自在に舞をこなしていると、拍子が変わって太鼓が激しく早くなっていく。すると両手で榊の枝をもって体を縮こませていた舞人が、榊に引っぱられるようにして高く高く跳躍した。ほとんど天井を払うほどに続けざまに跳ねあがるたびに、見物人のなかから歓声ともとれぬどよめき声が起きた。舞人も次第に高揚した状態になり、肉体を極限までつから跳躍は見事な美しさを帯びてくる。彼がもとの位置にもどったと思ったら、今度は跳躍から前後左右に跳ねまわる激しい踊りに変わった。二人目の舞では、舞人が疲労のために転んだが、かえってそれで見物衆は盛りあがりを見せ、その舞人は人気を博したようだった。こうして人も神も渾然一体とした渦となった。舞人の踊り狂う緊張した身体を通じて、人びとはこの世のものならぬ靄に深く浸されていく。そのような意味では、いちの舞が元来は巫女舞であったという説にもうなずけるところがあり、それは奇妙な艶かしさをもっていた。

舞人や見物衆の熱狂をよそに、わたしの脳裏にはひとつの疑問がめぐっていた。それは舞人と地面のあいだに敷かれた菰についてだった。いちの舞がはじまる前に地面に敷かれた菰から思いだしたのは、花祭における「へんべ（反閇）」と呼ばれる所作のことだ。へんべは菰の上で七字に足を踏み、上半身は何の振りつけもせずにおこなう。左足から一歩踏みだしておいて踵を地からはなさず、つま先だけで縦に三度踏み、それから左右に踏んで、最後に中央に大きく踏む。それからドンという太鼓の音で両足で飛びあがり、次は右足で同じようにくり返す。これを五方位において順番に踏む。口伝によれば、へんべはあまりに森厳な儀式であり、大地のうえで直接することが冒瀆とされている。それで編んだばかりの真新しい菰を敷くのだという。「地面を踏む」反閇から連想されるのは、舞の後半に入る「花育て」という行事だ。折口信夫はこれが花祭の核心部分だと見ていた。

花祭りの行事は「花育て」という行事が演芸種目の中心になっている。竹を割いて、先を幾つにも分けて、その先へ花をつけた花の杖をついて、花祭りを行う場所、それは普通舞屋《まいや》という家の土間、すなわち、まいとを廻るのである。その中央に、大きな釜があって、湯がたぎっている。昂奮して来ると、見物人までも参加して、その周囲をまわる。その人々の中心に、山伏姿のみょうどという者がおって、花の壮厳（唱言、あるいは所によって、唱文とも言うている）という文句を唱える。この花の唱言は、場合によっては、非常に戯曲的になっていることもある。こうした儀式は、かならずしも花祭りでなくとも、行われていたように思われることであるが、なぜ、こうした行事をしたかは、大きな問題になる。(4)

ここで折口信夫がいう「花をつけた花の杖」は、「花の御串」と呼ばれる白紙の切り紙をつけている、ということか。花育ての儀では、禰宜、みょうど衆、舞子、見物人までもが輪に加わって、この御串を杖につけ、地面を突きながら竈のまわりをめぐる。そのときに祭文を唱える。終わったあとは希望者が御串をもらって思い思いの神仏に奉納したり、畑の虫除けのまじないに使ったりしていた。(5) 折口にいわせれば「花育て」の中心をになう「みょうど衆」とは、すなわち「山人」のことである。村のある血統の男性が、行事のなかでは神と人のあいだに位置する存在とされ、山から多くの眷属を連れてきた常世神と見なされるのだ。山人は稲の花を象徴する「はな」のついた杖を大地に突いて、今年の五穀豊穣を祈りながら祭文を唱える。「花育て」は古来のまじないであったらしく、「人は杖をついて来て、去る時には、その山人のしるしなる杖を、地面に突き挿して帰る。その杖から根が生えると、この祭りの唱言が効果を奏して、村の農業生活が幸福になる。根が生えない時は効力がないことになると信じた」と折口は書く。[6] この祝福の兆しが現れることを「ほ」が現れる、または「うら」が現れるといったのだ。

呪術的な側面は「花育て」のみにあるのではない。奥三河の花祭では、湯立てをする竈に「問湯」という呼び名をあてる集落もある。祭りの庭で人を神がかりの状態にして、神意をうかがうことを目的としていた時代の名残りであろう。それから、どの集落でも共通する行事に、笹や榊の枝（花祭では湯たぶさ）を手にもち、釜の湯を四方にまき散らす「湯ばやしの舞」がある。一般の見物人の服も、祭事にたずさわる人々の衣も、濡れるまでこれを続ける。湯をかけられた者は身が清まるのだが、以前は湯をかけられた衆のなかに異常な状態に入る者がおり、この神の憑いた者を通じてお告げをきいたという。

近代に近づくにつれて、手つづきを踏んでも託宣が下らないことが多くなってきた。花祭では、舞人が竈の周囲をまわる舞が多い。見物の衆はそれに対して「テーロレ、テロレ」、または「へーホへ、へホへ」とはやし立てる。「手をふれ、手をふれ」の意だとされているが、柳田國男の見立てによれば、これは「たぁふれ、たふれ」が崩れたものであり、物狂いを意味する「たふる」や「たふらう」という動詞の命令形ではないかと指摘している。長いあいだ、特にみょうど系《すじ》と呼ばれる血統によって物狂いの発現を保証してきたが、技芸としての舞における並々ならぬ運動量は、それをおのずと発生させるための手助けをしてきたのだろう。

これまで「みょうど」に関するくわしい説明をはぶいてきた。彼らは神人とも呼ばれて、花祭において特別な役割を果たす、世襲制で受け継がれてきた地位である。ふだんは何でもないように見えても、一度舞いだしたらみょうど系の者が他を圧倒することは、長いこと常識として受け入れられてきた。みょうどの本筋に生まれなかった者でも、その血統を引いてさえいれば、その者は地の踏み方（反閇）から、舞における身のこなしひとつをとっても、他より優れていると信じられた。これにはみょうどが「宮人」を語源とする説からも推察されるように、彼らの祖先が鎌倉時代に隠遁してきた公卿であったとか、はるばる流れてきた平家の落ち武者の末裔だという謂れが背景にはある。あるいは、人と動物が混血する動物祖先の文脈においては、鎌倉幕府から逃亡していた源義経が、雌の竹馬にはらませた子どもの子孫だとする伝説さえあったのだ。[7]

◉――山の精霊の登場

さて舞処では稚児舞が終わり、いよいよ面形による舞がはじまった。花祭の中心的な神であり精霊である「さかき」と「やまみ」という、もっとも里人から怖れられ、かつ敬われている役鬼の登場と相成るのだ。奥の神部屋から松明を持った舞装束の男たちが、見物人の群れを押しわけて花道からでてきた。ひとりのつき添い人が横にいて、役鬼の鉞《まさかり》の柄をとって前方へと導いている。舞処の前まできて、さかき鬼はその場に仁王立ちになり、周囲をぐるりと見まわして見得を切った。それから、静かに湯気の立ちのぼる竈の前にでた。舞処で人にきいた話によれば、このさかき鬼の面形は大の男にとっても大きすぎるサイズなので、かぶっている人は鼻の穴から外を見るのだが、かなり視界が限られている。それでつき添う人が必要になるのだという。

さかき鬼は、土間に敷いた菰の上でへんべ（反閇）を踏みだした。さかきは「榊」や「栄木」の意で、椿のように葉が一年じゅう青々としていることから、神域に属する樹木と目されたものらしい。花祭において榊の木はとても重要な役割をもつ。まず、花祭の舞処では、榊の木の枝を四方と中央の位置に立てるということをする。それから、榊が手に入らない場合は代用品である笹を使ったり、集落によっては笹と榊を重ねて使う場合もあるのだが、舞人が榊の枝を手にもって舞をするのだ。どうして榊の木がこれほどまでに重用されるのか、折口信夫はこんなふうに考えている。

榊は、神と精霊と、神と人との問答の木である。さか木の語原はわからぬが、一種の通弁の機関である。謡曲の「百万」を見ると、狂女の背を榊で打つと、ものを言い出す科《しぐさ》がある。これは一つの例である。榊と称する木にも、たくさんの種類がある。小山田与清の「三樹考」を見れば、榊に属する木の名は皆、挙げられている。三河の花祭りの鬼も、榊で打つと物を語り出し、それから榊を中心として、問答をする。榊によって、語が伝わって来るのである。換言すれば、榊はもどきの木、説明役の木である。[8]

さかき鬼がひと通り五方舞を終えると、鉞を構えて楽をきく体勢になった。そこへ、ゆはぎという装束を着た「もどき」の男が、手に榊の木をもって神座からおりてきて、さかき鬼の肩をその枝で叩いた。すると、もどきとさかき鬼のあいだで問答がはじまった。「お前は何者だ」ともどきが問いただす。「山々獄々をわたる荒霊《あらみさき》荒天狗《あらてんぐ》とは　吾等が事に候」とさかき鬼は答える。鬼に年齢をきいたあとで、山へ帰れというもどきに対して、さかき鬼は「此榊と申するは　山の神は三千宮一本は千本千本は万本　七枝《ななえだ》二十《はた》枝《えだ》までも惜みきしませ給

うこの榊　誰《た》が御許にてこれまで伐り迎へ取ったるぞ」と、今度は神聖な木の枝を手折ったもどきのことをとがめる。(9) つまり、榊は神が宿る木だと考えられてきたのであり、折口信夫のいうように神と人との境界を橋渡しして、両者のあいだで問答が可能になるようにするメディウム（媒体）であったのにちがいない。ここで、さかき鬼が「吾等」と複数形で名乗ったことの理由は、すぐあとで判明することになった。

　時計の針が午前二時をまわった頃から、全身が凍える寒さになってきた。神座にひとつあるきりの石油ストーブではどうにもならない。自然に人びとは竈のまわりに集まり、それでも寒いから大声をだして舞人とともに踊ることになる。わたしは酒を買ってきて、それをすすりながら舞処を見まわした。中心でゆっくりと鉞を振りまわしながら舞をしている鬼のほかに、いつの間にか五、六の小ぶりな鬼がでていた。これら伴鬼は、さかきより小さな面形をかぶっている。それらが、いちいち鬼の舞を真似てみせるので、見物衆からは笑いの声があがる。芸能において滑稽に真似てみせることを「擬《もど》く」というが、この伴鬼たちにも「もどき」の性質があるように思えた。

　伴鬼たちは同じような動作をくり返していたが、次第に舞拍子のピッチがあがってきた。あらゆる場所で伴鬼が小さな鉞を振りまわし、舞処全体が目まぐるしい騒ぎになってくる。このとき、祭場の熱狂は最高潮を迎えていた。足もとがおぼつかなくなって倒れそうになっている伴鬼は、機を見て男たちが前後から抱えて、舞の輪から引きずりだしてやる。そして、またどこからともなく代わりの伴鬼が現れて鬼の舞に加わる。拍子に乗らないと互いにぶつかりあったりして危険極まりないが、いったん拍子に乗ってしまえば誰でも憑かれたように乱舞する。自分の力でこれを中断することのほうが難しい。まことに拍子のもつ呪力としかいいようがない。人びとはいにしえより、この楽の音のもつ力こそが精霊や神を誘惑し、祭場へと来臨をうながすものだと考えてきたのだ。

> この祭りに、舞場に宛てられた屋敷は一村の代表で、祭りの効果は、村全体に及ぶと考えているのです。が、その中に「鬼舞」と、「翁の言い立て」とが、田楽の古い姿を残しているようでした。春祭りの鬼は、節分の追儺《ついな》・修正会《しゅうしょうえ》と一つ形式に見られていますが、明らかに、祝福に来る山の神です。だから、鬼は退散させられないで、反閇を踏むことになっていて、この辺の演出は正しいものなのです。すなわち、春祭りに、山人の祝福に来る形です。(10)

花祭にでてくる鬼は、悪さをする鬼ではない。山に棲む精霊である。ここでいう春祭りというのは、季節的には真冬におこなわれる年越しや新春の祭のことであって、折口信夫は、これらの鬼たちは毎年山からやってくる「歳神《としがみ》」に近いという。その年の暮れに村人は歳神を迎えにいき、歳神は天空か山からやってくる。そのときに村人は松や榊のような常緑樹を神の宿る木として使うことが多く、それを依り代にして神をのせて家にもって帰るのだ。蛇足だが、いまでは「依代」はふつうに使われる言葉になっているが、もとをただせば折口が案出した言葉である。古来、門松はただの正月の飾りものではなく、歳神が臨時に滞在する場所だった。花祭の鬼が伴鬼をともなってくるように、歳神は大勢の眷属を率いてくると考えられていた。

花祭「さかき鬼」の舞（写真・井上喜代司）

　アニミズムが息づく列島における神や精霊を、人びとはどのように迎え入れてきたのか。これこそが、折口信夫が最初期に「髯籠の話」を書いたころからのテーマである。それは「依代」という言葉によって説明されることになった。祭りのときに人は祭文を読み、笛や太鼓で音楽を演奏することで神を勧請し、樹木や御幣や石などの依り代に神を招きよせる。神にとっては、依り代こそが降臨するための目印である。花祭においてはそれが榊や笹の木であり、竈のうえに吊り下げられたびゃっけであり、幣であり神座である。そこが神が一時的に宿る場所であり、時代を経ていくうちに、それが神そのものになっていった。依り代にいろいろな形態があるのは、八百万《やおよろず》の神々というように、氏神から山の神まで神や精霊にもさまざまな種類があるからだ。そして舞処を中心とする祭場において、多くの神を酒やご馳走でもてなし、音楽の演奏や舞で喜んでもらう。そのかわりに、これからくる春の恩寵を請い願い、病気や不作をもたらす悪い精霊たちを封じてもらう。ときには人間に憑依した神から、託宣として直接言葉をもらったのである。

　夜を徹した祭りも、どうやら終わりに近づいた。暗い影となって浮かぶ山のむこうが白んできて、谷間に積もった雪が徐々に明るさを増してきた。舞処のなかを怒鳴りちらしながら暴れまわっていた「せいと」の客たちも、竈の前で翁ともどきの問答と身の上語りが長々と続いているあいだに、さすがに疲労したのか人影がまばらになった。わたしが神座でうつらうつらとしていたとき、「湯ばやしの舞」のはじまりを告げる壮快な拍子が起こった。それまで隅でぼんやりしていた者や、自宅にもどっていた集落の女性や子どもたちが急ぎ足に集まってきた。ひと晩じゅう火を絶やさずにいた竈に新たな水がはられて、老翁や世話人がしきりと焚火にガソリンをひたした薪を足していく。

白い鉢巻をして、ゆはぎを襷がけにした少年が四人飛びだしてきて、両手の湯たぶさを高く振りまわしながら舞いはじめた。舞処に残っていた衆も息を吹き返したようになって、最後の気力をふりしぼるように唱和する。しばらくして笛と太鼓が急調子になったと思ったら、突然、少年四人が湯たぶさを湯気のあがる竈の湯に突っこみ、素早く祭場のあちこちに四散して周囲の人たちに湯しぶきをかけてまわる。ワッとあがる叫び声。見物衆は慌てて逃げだした。冷気に一瞬のうちにのぼる真っ白い湯けむり。わたしの顔にも生温かいしぶきがかかる。これで、この年の無病息災は約束されたのである。こうしてひと通り騒いだ果てに、今度こそ誰もが疲れた顔をして花宿から退散していった。

雪が深く降りつもる山間の村における、新年の寒い寒い夜のことを想像していただきたい。このみじかい一夜の華やかな舞処での光景が、四方を山に閉ざされていた人びとの生活にとって、いかに印象的に映っていたか理解できるだろう。かつての里人は、季節のめぐる一年をこの夜を中心にして考えていた。若い衆にとっては、祭りの日は忘れがたく、毎年待ち焦がれる夜でもあった。この夜だけは男であれ女であれ、家柄や田畑の広さなど社会生活における面倒な垣根をなくして自由に出会い、会話し、楽しむことが許されるという共通了解があったからだ。花祭の夜が人びとの心的な根であったというのなら、一年の残りの日々は地表にあらわれた作物だったのである。

(1)「信太妻の話」『古代研究Ⅱ民俗学篇2』折口信夫著、角川ソフィア文庫、二〇一七年改版、三八―三九頁
(2)「山のことぶれ」『古代研究Ⅱ民俗学篇2』二二三―二二四頁
(3) 同前、二二八―二二九頁
(4)「花の話」『古代研究Ⅱ民俗学篇2』二三四―二三五頁
(5)『花祭』早川孝太郎著、講談社学術文庫、二〇〇九年、一五二―一五三
(6)「花の話」『古代研究Ⅱ民俗学篇2』二三五頁
(7)『花祭』三三九頁
(8)「花の話」『古代研究Ⅱ民俗学篇2』二五四―二五五頁
(9)『花祭』二〇七―二〇八頁
(10)「翁の発生」『古代研究Ⅱ民俗学篇2』一五四頁

（かねこ・ゆう／映像作家・批評家）

第一部

死と再生

第一部　死と再生

若水の話

一

ほうっとするほど長い白浜の先は、また目も届かぬ海が揺れている。その波の青色の末が、自《おの》ずと伸《の》し上るようになって、頭の上まで拡がって来ている空だ。それがまたふり顧《かえ》ると、地平をくぎる山の外線の、立ち塞っている所まで続いている。四顧《しこ》俯仰《ふぎょう》して目に入るものは、これだけである。日が照るほど風の吹くほど、寂しい天地であった。そうした無聊《ぶりょう》な目を睜《みは》らせるものは、忘れた時分にひょっくりと、波と空との間から生まれて来る――誇張なしに――島と紛れそうな刳《く》り舟の姿である。遠目には磯の岩かと思われる家の屋根が、ひとかたまりずつ、ぽっつりと置き忘れられている。琉球の島々には、行っても行っても、こんな島ばかりが多かった。

　我々の血の本筋になった先祖は、たぶんこうした島の生活を経て来たものと思われる。だから、この国土の上の生活が始まっても、まだ万葉びとまでは、生の空虚を叫ばなかった。「つれづれ」「そうぞうしさ」それが全内容になっていた、祖先の生活であったのだ。こんなのが、人間の一生だと思いつめて疑わなかった。またそうした考えで、ちょっと見当の立たないほど長い国家以前の、先祖の邑落《ゆうらく》の生活が続けられて来たのには、大きにいわれがある。去年も今年も、また来年も、おそらくは死ぬる日まで繰り返される生活が、これだと考え出した日には、たまるまい。

　郵便船さえ月に一度来ぬがちであり、島の木精《こだま》がまだ一度も、巡査のさあべるの音を口まねたようなことのない所、巫女《のろ》や郷巫《つかさ》などが依然、女君《じょくん》の権力を持っている離島《はなれ》では、どうかすればまだ、そうした古代が遺《のこ》っている。まれには、那覇の都にいたため、生き詮《かい》なさを知って、青い顔して戻って来る若者なども、波と空と砂原との故郷に、寝返りを打っていると、いつか屈托などという贅沢な語は、けろりと忘れてしまう。我々の先祖の村住いも、まさにそのとおりであった。

村には歴史がなかった。過去を考えぬ人たちが、来年・再来年を予想したはずはない。先祖の村々で、あらかじめ考えることのできる時間があるとしたら、作事《さくじ》はじめの初春から穫《と》り納《い》れに到る一年の間であった。昨年以前を意味する「こそ」という語は、昨日以前を示す「きそ」から、後代分化して来たのであった。後年《あととし》だから、仮字遣いはおととしと、合理論者がきめた一昨年も、ほんとうはそうでない。をととしの「をと」には、中に介在するものを越した彼方を意味する「をち」という語が含まれているのだ。去年の向こうになっている前年の義で「彼年《をちとし》」である。一つずつ隔てて、同じ状態が来るという考え方が、邑落生活にやや歴史観が現れかける時になって、著しく見えて来る。祖父と子が同じ者であり、父と孫との生活は繰り返しであるという信仰のあったことは、疑うことのできぬ事実だ。ひょっとすると、そのころになって、暦の考えがこのように進んで来たのかもしれぬ。

去年《こそ》と今年《ことし》とを対立させていたのである。その違った条件で進む二つの年が、つねに交替するものとしていたと言うても、よさそうである。これ暦法の型で行けば、ことしはをととしの、こそのとしはをととし先の年（万葉集巻四）のくり返しである。完全に来年・再来年を表す古語の、できずじまいにすんだ古代にも、だんだん、今年のくり返しは再来年、来年は去年の状態が反覆せられるものとの考えが、出て来ていたかと思う。

それがまた、一年の中にも、二つの年の型を入れて来た。国家以後の考え方と思うが、一年を二つに分ける風ができた。これは帰化外人・先住漢人などの信仰伝承が、そうした傾向を助長させたらしい。つまり中元の時期を界《さかい》にして、年を二つに分ける考えである。第一に「大祓え」が、六月と十二月の晦日《つごもり》に行われるようになったのに目をつけてほしい。遠い海の彼方なる常世《とこよ》の国に鎮《しず》まる村の元祖以来の霊の、村へ戻って来るのが、年改まる春のしるしであった。

それが後には、仏説を習合して、七月の盂蘭盆を主とするようになった。だが、その以前からすでに、秋の御霊迎《みたまむか》えは、本来の春の霊祭《たままつ》りに対照して、考え出されていたのであった。常世神の来訪を忘れてしまうようになると、春来る御霊《みたま》は歳《とし》神《がみ》・歳徳様《としとくさま》などいう、日本陰陽道特有の廻り神になってしもうた。そうして肝腎の霊祭りは秋が本式らしくなった。坊様に、棚経を読んで貰わねば納らぬ、といった仏法式の姿をとっていった。

極《ごく》の近代まであった、不景気の世なおしに、秋にふたたび門松を立てたり、餅を搗いたりした二度正月の風習は、笑い切れない人間苦の現れである。が、これとて由来は古いのである。ことし型の暦はわるかったから、こそ型の暦で行こうというのである。

だが、その一つ前の暦はことしだけであった。そういう一年より外に、回顧も予期もなかった邑落生活の記念が、国家時代まで、またさらに近代までどういうありさまに残っていたかを話したい。

二

鹿島の言触《ことぶ》れも春の予言に歩かなくなり、三島暦の板木も、博物館物になりそうになってしもうた世の中である。神宮司庁の大麻暦《たいまれき》さえ忘れたような古暦のくり言《ごと》も、地震の年をゆり返したような寂しい春のつれづれを、も一つ翻《かえ》して、常世の国の初だよりの吉兆を言い立てることになるかもしれない。

洋中の孤島に渡らずとも、同じ「つれづれ」は、沖縄本島にも充ち満ちている。首里王朝盛時なら、生きながら髯長嬌《ひじながゆな》風大主《ほしのうふぬし》とでも、今ごろは神名を島人から受けていそうな、島のわが親友は、島の朋党《ほうとう》からけぶたがられて、東京へ出て来た。あんな恩知らずの人々のために、それでも懲りずに、まだ書いている。先年出版した『孤島苦の琉球』なども、千何百年を所在なく暮らした島人の吐息を、一人で一返《いっぺん》に吐き出したような、勝ち方の国の我々をさえ、寂しがらせる書物である。首里宮廷の勢力の強く及んだ島尻・中頭はそれでもよかった。君主の根じろであった島の北部国頭《くにがみ》郡には、やはり伝来の「そうぞうしさ」が充ちていて、今ではそろそろはけ口を探し出している。そうした海岸の村々を歩いて、ぞっとさせられた。孤島苦が人間の姿を仮《か》りて出たような、いぶせくいたましい老人の惓《ものう》い眦《まなじり》に遭うた時の気持ちである。山多きがゆえに山原《やんばる》で通っている国頭郡の山中には、新暦の正月に赤い桜が咲くそうである。私は二度まで国頭の地を踏んだが、いつも東京でさえ暑い盛りの時ばかりであった。一度は、緋桜の花の、熱帯性の濶葉《ひろば》の緑の木の間から、あわれに匂うているさまが見たいとは、思うたばかりで縁がない。その桜は日本旅《やまとたび》の家づとに、昔誰かが持ち還ったものか。もともと島の根生いであったか。その側の学者には、すでにわかっていることかもしれぬ。

加納諸平の「鰒玉《ふくぎょく》集」には、島の貴族の作ったやまと歌が載っている。薩摩の八田氏などから供給せられた材料であろう。そのころからもう、伊勢物語をなぞったような、島の貴族の自叙伝もできていた。源氏や古今や万葉も、手に触れた人は少なくなかった。国の古蹟・家の由緒を語る碑文《ひのむん》の平仮名が、正確で弾力のない御家《おいえ》流であるごとく、島人の倭文・倭歌は、つれづれの結晶かと思われるほど、類型の重くるしさを湛《たた》えている。島の孤島苦の目醒めには、島津氏などのやり方が、だいぶ原因になっている。やまと人と言えば薩摩者。こわらしい人ばかりのように想像せられても、やっぱり何か心惹くものがあったろう。

おもろ草紙の古語にも、生きた首里の内裏語《だいりことば》にも、やまとの古い語が、到るところに交りこんでいた。首里宮廷の巫女の伝えた古詞には、島渡りして来た山城の都の御曹司《おんぞうし》の俤《おもかげ》が語られた。島々は島々で、遠い海を越えて来たという何もりの神なる平家の公達《きんだち》を思わせる名の神が多かった。弓張月《ゆみはりづき》以前にも、舜天王《しゅんてんおう》の父を、この山城の都から来た貴公子にする考えの動いていたことは察せられる。古く岐《わか》れた一つ流れの民族であったことは忘れても、またこうした新しい因縁を考えねばならぬほど、深い血筋の自覚があったのである。もっとも、孤島苦が生み出したいぶせい事大主義からも、そうはなったであろうが。問題はそれよりも根本的のものであった。

島の木立ちに、たとい忘れたようにでも、桜の花がまじり咲いた。こうした現実が、歌や物語や、江戸貢進使の上り・下りの海道談に、夢想を走《は》せ勝ちのやまとの、これも血を承けた、強い証拠らしい気を起こさせたであろう。問いつめれば、理にもならぬはかない花の姿が、気持ちの上には実証的な力をもって迫ったでもあろう。歌に詠まれたましらの影は見られずとも、妻恋うる鹿は、現にいた。西の海中《となか》の離島《はなれ》の一つには「かひよかひよ」の声も聞かれる。島にも、優美な歌枕がある。こうしたことが、なんぼう張り合いになったことか。やまとの人の誇り書きにする「ものゝあわれ」は島人も知っている。こうしたことから、こみあげて来る親しみ心は、島人のいわゆる「他府県人」なるわれわれにも、およそ想像はつく。

この頃になって、また一つの島人の誇りが殖《ふ》えて来た。鮎という魚は、日本の版図以外には棲まぬのである。その南部だけに、この魚の溯る川ある樺太も、だから日本の領土になった。こういう噂が伝って来たところが、沖縄にもただ一か所ながら鮎の棲む川があった。宿命的にいや、血族的にやまと人たる証拠に違いない。こうした考えが起こるにつれて、支那と薩摩を両天秤にかけたころのくすんだ気持ちは、だんだんとり払われていくようである。

その鮎の獲れる場所というのは、国頭《くにがみ》海道の難所、源河の里の水辺である。里の処女の姿や、情《なさけ》を謡うことが命の琉球の民謡には、村の若者のとりとめぬやるせなさの沁み出たものが多い。

三

東京へ引き出しても、不覚《おくれ》はとらなかったはずの琉球学者末吉安恭《あんきょう》さんは、島の旧伝承の生きた大きな庫《くら》であった。そうして、私たちが、幾らもその知識を惹き出さない間に、那覇の入り江から、彼岸浄土《にらいかない》の大主《うふぬし》神が呼びとってしもうた。

源河《じんか》奔川《はいかあ》や、水か。湯か。潮《うしゅ》か。
源河女童《みやらび》の　御《う》すぢどころ（源河節）

この源河節に対する疑問などは、私にとって、この学者の記念《かたみ》になった。

私はその前年かに、宮古島から戻って来て、今大阪外国語学校にいるにこらい・ねふすきいさんから、一つの好意に充ちた抗議を受けていた。私の旧著万葉集辞典というのは、今では人に噂せられるさえ、肩身の窄《すぼ》まる思いのする恥ずかしい本である。その中に「変若水《おちみず》」という万葉の用語に関した解釈を書いていた。万葉集に「月読《つきよみ》の持《も》たる変若水《おちみず》」という語がある。この月読神はおそらく山城綴城《つつき》郡の月神で、帰化漢人の祀ったもののことであろうという推定から、この変若水の思想は、それら帰化人の将来した信仰が拡がったものであろうという仮説を立てていた。ちょうど神仙説の盛んに行われ、仙術修業に執心する者の多かった時代のことだから、というので、不老不死泉の変形だろうと感じたことを書いた。ところが、ねふすきいさんはこう言うた。

宮古方言しぢゅん——日本式に言うと、しでる——は、若返るというのが、その正しい用語例である。沖縄諸島の真の初春に当る清明節の朝汲んだ水は、神聖視せられている。ある地方では「節《しち》の若水《わかみず》」と言い、ある所では「節《しち》のしぢ水」と称えている。言うまでもなく、日本の正月の若水だ。こうした信仰の残っている以上は、支那起原説はあぶない。この、日本人の細かい感情の隈まで知った異人は、日本の民間伝承は何でも、固有の信仰の変態だと説きたがる私の癖を知り過ぎていた。きわめてまれに、うっかり発表した外来起原説を嗤《わら》うことが、強情な国粋家の心魂に徹する効果をあげることを知っていた。そうして皮肉らしい笑いで、私を見た。そういう茶目吉さんだった。それから年数がたっているので、だいぶ私の考えがはいって来ているかもしれぬ。がだいたいこうした心切で、かつ痛い注意であった。

なんでも月がまっ白に照って、ある旧王族の御殿《おどん》だったとか言うその屋敷の石垣の外に、うら声を曳《ひ》く若い男の謡が、替わる替わる聞える夜であった。首里の川平朝令さんの家へ、末吉さんと二人で、およばれに行っていた。しぢゅんは卵の孵《かえ》ることだから、お尋ねの「節の若水」のしぢゅんとは別かもしれぬ。私は源河節にある「おすぢどころ」を永く疑うていたが、そのすぢと一つで、洗うことではあるまいか。水浴することも、手足を洗うことも一つだから、首里などでも、以前は言うた語である。こう話された時、

『末吉さん。この間も聞いたよ。中城御殿《なかぐすくおどん》——旧王家の女《にょ》性《しょう》たちの残り住んでいられる、今の尚家《しょうけ》の首里邸——へこの人を案内した時も、手水盥《ちょうずだらい》に水を汲んで「御すぢみしょうれ(みしょうれ＝ませ)」と言うたっけ。』

こう川平さんも、口を挿《はさ》んだ。私は、残念でもねふすきいさんの説が、だんだん確かになって来るのを感じた。

『お二人さん。私の考えはこうです。今のお話で、しぢゅんに二義あることが知れました。孵《かえ》る義と、沐浴に関する義とです。これは一つの原義から出たので、やっぱり先から言うている「若がえる」ということに帰するのでしょう。清明節に若水を国王に進める時に言うた語で「若がえりませ」の義であった。それが、水をまいらせる時のきまり文句として、

つねの朝の手水にも申し上げた。いつか「若やぎ遊ばせ」くらいの軽い意にとられて、国王以外の人々にも、鄭重な感じをもって言われるようになって「顔手足をお洗いなさい」の古風な言いまわしと考えられているのです。教えていただいた源河節なども、清明節の浜下《はまう》り・川下りの風から出た歌で、節の水で身禊ぎをする村人の群れに、娘たちもまじった。それをうかがい見たがる若者の心持ちなのでしょう。清明節以外の祭りの日にも、川下りしたり、水浴びをしたかもしれない。ともかくやはり「若やぐ（若がえるよりも軽い意で）ように」との水浴びで、ただの「洗う」「浄める」ではありますまい。』

こんな話などをして那覇の宿へ引きとった。その後四、五日経って、先島の方へ出掛けた。宮古島でもやはり孵ることらしい。八重山の四箇《しか》では、孵るのにも言うが、蛇や蟹の皮を蛻《ぬ》ぐことにも用いられている。この島には、物識りが多かった。気象台の岩崎卓爾翁はもとより、喜舎場永珣《きしゃばえいじゅん》氏その他が申し合わせたように証歌をあげて説かれた。「やくじゃま節」などにある「まれる（＝うまれる）かい、すでる（＝しぢる）かい」のすでるは、まれるの対句だから、やはり「生まれる甲斐」である。しぢゆんの孵るも、実は生まれるという義から出たのだ。こう言う主張は、四、五人から聞いた。

この島出の最初の文学士で、琉球諸島方言の採訪と研究とに一生を捧げる決心の宮良当壮君の「採訪南島語彙稿」の「孵る」の条を見ると、およそ琉球らしい色合いのある島と言う島は、道の島々・沖縄諸島・先島列島を通じて、たいていしぢゆん・しぢるん・すでゆんなどに近い形で、一般に使われていることが知れる。いわば沖縄の標準語である。宮良君の苦労によってわかったことは、しぢゆんがただの「生まれる」ことでないらしいことである。今度、宮良君が島々を歩く時には、「若返る」「沐浴する」「禊《みそぎ》する」などに当たる方言を集めて来てくれるように頼もう。

清明節のしぢ水に、死んだ蛇がはまったら、生き還って這い去った。それがしぢ水の威力を知った初めだと説くのが、先島一帯の若水の起原説明らしい。この語はそれ以前ねふすきいさんも、宮古・離島に採訪して来たようである。ある種の動物にはすでるという生まれ方がある。蛇や鳥のように、死んだような静止を続けた物の中から、また新しい生命の強い活動が始まることである。生まれ出た後を見ると、卵があり、殻がある。だから、こうした生まれ方を、母胎から出る「生まれる」と区別して、琉球語ではすでると言うたのである。気さくな帰依府びとは、しぢ水とも若水とも言うから、すでる・しぢゆんに若返ると言う義のあることを考えたのである。そう説ける用例の、本島にもあったことを述べた。

そう説くのが早道でもあり、ある点まで同じことだが、論理上にかなりの飛躍があった。すでるは母胎を経ない誕生であったのだ。あるいは死からの誕生（復活）とも言えるであろう。または、ある容れ物からの出現とも言われよう。しぢ水は誕生が母胎によらぬものには、実は関係のないもので、清明節の若水の起原説明の混乱から出ていることを指摘したのは、このためである。すでることのない人間が、これによってすでる力を享けようとするのである。

四

なぜ、すでることを願うたか。どうしてまた、これから言うように、すでる能力のある人間が間々あって、それが人間中の君主・英傑に限ってあることなのか。この説明は若水の起原のみか、日・琉古代霊魂崇拝の解説にもなり、その上、暦法の問題・祝詞の根本精神・日本思想成立の根柢に横《よこたわ》った統一原理の発生にもなるのである。

すでるという語には、前提としてある期間の休息を伴うている。植物で言うと枯死の冬の後、春の枝葉がさし、花が咲いて、皆去年より太く、大きく、豊かにさえなって来る。この週期的の死は、さらに大きな生のためにあった。春から冬まで来て、野山の草木の一生は終わる。翌年また春から冬までの一生がある。前の一年と後の一年とは互いに無関係である。冬の枯死は、そうした全然違った世界に入るための準備期間だとも言える。

だが、こうした考え方は、北方から来た先祖の中には強く動いていても、若水を伝承した南方種の祖先には、結論はおなじでも、直接の原因にはなっていない。動物の例を見れば、もっと明らかにこの事実がわかる。ことに熱帯を経て来たものとすれば、いっそう動物の生活の推移の観察が行き届いているはずだ。蛇でも鳥でも、元の殻には収まりきらぬ大きさになって、皮や卵殻を破って出る。我々から見れば、皮を蛻《ぬ》ぐまでの間は、一種のねむりの時期であって、卵は誕生である。日・琉共通の先祖は、そうは考えなかった。皮を蛻ぎ、卵を破ってからの生活を基礎として見た。それで、人間の知らぬ者が、転生身を獲《う》る準備のために、籠るのであった。ことに空を自在に飛行することから、前身の非凡さを考え出す。畢竟《ひっきょう》卵や殻は、他界に転生し、前身とは異形《いぎょう》の転身を得るための安息所であった。蛇は卵を出て後も、幾度か皮を蛻ぐ。ここに、這う虫の畏敬せられたわけがある。

南島ではしばしば、蝶を鳥と同様に見ている。神または悪魔の使女《ばなじ》としているのは、鳥および蝶であった。わが国でも、ちょうとりの名で、蝶を表していた。蛇よりも、蝶の変形は熱帯ほど激しかった。蝶だと思うていると、卵の内にこもってしまい、また毛虫になって出て来る。これが第二の卵なる繭に籠って出て来ると、見替す美しさで、飛行自在の力を得て来る。だから卵や殻・繭などが神聖視せられて来るのである。

朝鮮では、鳥の卵を重く見るようになっていた。卵から出た君主・英雄の話がある。古代君主の姓から、卵からと言うより瓢《ひさご》から出たと解せられているのもある。日本では朝鮮同様、殻その他の容れ物にはいって、他界から来ることになっている。他界と他生物との違いであるが、生物各別の天地に生きて、時々他の住居を訪うものと見ていた時代である。だから、畢竟おなじことになるのだ。

　秦《はた》ノ河勝《かわかつ》の壺・桃太郎の桃・瓜子《うりこ》姫子《ひめこ》の瓜など皆、水によって漂いついたことになっている。だがこれは、常世から来た神のことをも含んでであるのだ。瓢《ひさご》・うつぼ舟・無目堅間《まなしかたま》などにはいって、漂い行く神の話に分れて行く。だから、いずれ、行かずとも、他界の生を受けるために、赫耶《かぐや》姫は竹の節《よの》間《なか》に籠っていた。この籠っている、異形身を受ける間の生活の記憶が人間のこもり・いみとなった。いみやにひたやこもりすることが、人から身を受ける道と考えられた。なお厳重なものは、衾《ふすま》に裹《つつ》まれて、長くいねばならなかった。

　こうした殻皮などの間にいる間が死であって、死によって得るものは、外来のある力である。その威力が殻の中の屍《しかばね》に入ると、すでるという誕生様式をとって、出現することになる。正確に言えば、外来威力の身に入るか入らぬかが境であるが、まず殻をもって、前後生活の岐れ目と言うてよい。だから別殊の生を得るのだ。一方時間的に連続させて考えるようになると、よみがえりと考えられるのである。すでるは「若返る」意に近づく前に「よみがえる」意があり、さらにその原義として、外来威力を受けて出現する用語例があったのである。

　大国主は形からいえば、七度までも死から蘇ったものと見てよい。夜見《よみ》の国では、恋人の入れ知恵で、死を免れている。これは死から外来威力の附加を得たことの変化であろう。知恵も一つの外来威力を与うるところだったのである。

　よみがえりの一つ前の用語例が、すでるの第一義で、日本の「をつ」もそれに当たる。かなたから来ると言う義で、をちの動詞化のように見えるが、あるいは自らするををつ、人のする時ををく（招）と言うたのか。そうすれば、語根「を」の意義まで溯ることができよう。をちなる語が、人間生活の根本を表したらしい例は、をちなしと言う語で、肝魂を落とした者などを意味する。柳田先生は、まなる外来魂を稜威《いつ》なる古語で表したのだと言われたが、おそらく正しい考えであろう。いつ・みいつ・いつのなど使うのは、天子および神の行為・意思の威力を感じての語だ。

　ちはやぶるの語原は「いちはやぶる」であるが、皇威の畏《おそ》しき力をふるまうことになる。これをうちはやぶるとも言うているから、をちといつ・いちの仮名遣いの関係がわかる。引いては、神の憑《よ》り来ることも動詞化していつと言い、体言化していつかし・いちにはなど言うようになったものか。いつは、後世みたまのふゆなど言い、古くはをちと言うたのであろう。をとこ・をとめなども、壮夫・未通女・処女など古くから当てるが、村の神人たるべき資格ある成年戒を受けたころの者を言うたのが初めであろう。

うずめという職は、鎮魂を司るもので、葬式にもうずめが出る。この資格の高いものを鈿女命《うずめのみこと》と言う。臼女《うすめ》ではない。恐《おぞ》しの「おぞ」と言うが、やはり仮名の変化でうつめ・をつめだと思う。魂を「をちふらせる」役であろう。出現する意からうつ・うつしとなって、現実的なことを言い、うつつなどに変わったことは、まさ・まさしの、もとは神意の表出に言うのと同じい。をとこ・をとめに対しては、天のますひとがある。うつる・うつすも神の人に憑っての出現であり、うち（∨氏）も外来神霊を血族伝承によってつぐことが行われてからの語で、それを続けて受ける団体の順序がつぎという具体的なのに、対している。物部《もののべ》の八十《やそ》氏川《うじがわ》の「氏」も、実は氏多きを言うのではなくうちを多く持つことであろうか。

血族の総体を一貫して筋と言い、その義から分化して線・点・所などに用いる。沖縄でもやはりすでには「完全に」の意である。すつ・うつ・うつるも皆「おわる」の意から、投げ出すの義になったものである。すだくは精霊などの出現集合することであろう。

こうして見ると、をつ・いつに対するすつがあったようである。奥津棄戸《おきつすたへ》のすたへも霊牀《れいしょう》の意であろう。をつ・いつに当たる琉球の古語「すぢ」は、せち・しちなどいろいろの形になっている。先祖などもすぢと言うたようである。よく見ると、神の義がある。聞得大君御殿《ちふいじんおどん》の三御前《みおまえ》の神、すなわちおすぢのお前・金の御おすぢの御前・御火鉢の御前の中、金のみおすぢは、米とともに来た霊であって、後世穀神に祀った。おすぢの御前は先祖の神と解せられているが、王朝代々の守護神なる外来魂である。

五

私は、すぢゃという「人間」の義の琉球古語の語原を「すでる者」「生まれる者（あは名詞語尾）」の義に解していたが、そもそもこの解釈の出発点に誤解のあることを悟った。すでる者はすなわち、外来魂を受けて出現する能力あるものの意である。だが、皆この語の用例は特殊である。神意を受けた産出者である。選ばれた人である。おそらく神人の義であること、日本のひと・ますひと（まさ）と同じで、巫女の古詞章に出て来るものは、神人以外の者にはわたらぬから、同じ古詞の中にも、すぢゃが一般の人の義に解して用いられ、世間でも使うようになったのだと思う。国王および貴人の家族は皆神人だから、すぢゃである。すぢ人と言うよりは、すぢり人の意である。すぢの守護から力を生じるとして、すぢを言わぬ世にはまぶり（守り）をもって魂を現した。体外の魂を正邪に係らずものと言うようになった。

すぢゃに見える思想は、日本側の信仰を助けとして見ると、「よみがえるもの」でもわかるが、根柢は違う。一家系を先祖以来一人格と見て、それがつねに休息の後また出て来る。初め神に仕えた者も、今仕える者も、同じ人であると考えていたのだ。人であって、神の霊に憑《よ》られて人格を換えて、霊感を発揮し得る者と言うので、神人は尊い者であった。それが次第に変化して来た。神に指定せられた後は、ある静止の後転生した非人格の者であるのに、それを敷衍《ふえん》して、前代と後代の間の静止（前代の死）の後も、それを後代がつぐのは、とりもなおさずすでるのであって、おなじ資格で、おなじ人がいることになる。

こうして幾代を経ても、死によって血族相承することを交替と考えず、同一人の休止・禁遏《きんあつ》生活の状態と考えたのだ。死に対する物忌みは、実はここから出たので、古代信仰では死は穢れではなかった。死は死でなく、生のための静止期間であった。出雲国造家の伝承がそうである。ほかでの祓えを科する穢れの、神に面する資格を得るための物忌みであるのとはだいぶ違う。家により地方により、このすでる期間に次代の人が物忌みの生活をする。休止が二つ重なるわけである。皇室のはこれだ。だから神から見れば、一系の人は皆同格である。日本の天子が日の神・御祖《みおや》・ひるめのころから、いつも血族的にはにぎの命と同格のすめみまであり、信仰的には忍穂耳命《おしほみみのみこと》同様日の御子であった。琉球時代は、天子をてだてと言うた。太陽の子である。後に太陽を譬喩《ひゆ》にした者と感じて、太陽をさえてだてと言うた。日の御子である。

すでるの原義は、いわば出現することであった。日本で言えば、出現の意のあると言う語である。あるいはいづである。すぢのつく動作を言う語で、すなわち、母胎によらぬ誕生である。あると言う日本語も、在・有の義と言うよりは、すでる義があったのではないか。荒・現・顕などの内容があった。あら人神など言うのも、すぢぁにして神なる者と言うことで、君主のことである。地方の小君主もあら人神なるがゆえに、社々の神主としての資格に当たるので、それを回して、その祀る神にも言うた。しかし古文の用例としては、神主を神なるものとして言うたと見る方がよいようだ。あれ（幣）に対して、いち・うた（歌）があり、いつ何と言う用語例も、厳《いつ》橿《がし》・厳さかきなどになると、神出現の木と言う義を持つのかもしれぬ。神名のうしなどもうちの転化ではなかろうか。日本の最も古い神名語尾むちはうちであろう（おおなむち・おおひるめむち・ほむちわけなど）。「皇睦神《すめらがむつかむ》ろぎ」など言う睦《むつ》も誤解で、いつ・うつで神の義か、いつくなどに近い義か。珍彦《うずひこ》など言ううづの何もいつと同じだろう。ひこはひるめの生んだ日の子であり、天子の日のみ子と区別したのである。

神人・巫女などに日を称したのもある。にぎはやび・たけひ、後世の朝日・照日などもある。ひとのとも、刀禰《とね》などのとで、神の配下の家の意であろうか。神《かみ》の属隷の義だろう。神のみ・祇《つみ》（つは領格の語尾）のみなど、皆精霊の義であろうか。女性の神称に多いなみのみも同様である。なはので、領格の語尾であることは、つと同じい。

むちは獣類の名となって、海豹《みち》・貉《むじな》などの精霊に、つちは蛇・雷などの名となった。餅《もち》もひょっとすると、霊代《たましろ》になるものだから、むち・いつ・うつの系統かもしれぬ。酒《き》・饌《け》なども神名であろう。よなどもいつと関係があるのだろう。よる・よすのよで、善《よ》であり、寿《よ》であり、穀《よ》である。常世のよもあるいはこれかもしれぬ。よるはいつに対する再語根であろうか。少し横路に外れたが、前に回って、をる・をつは同根であろう。こうして見ると、二、三根の語が始めて一根の語を出して、また二、三根の語を作るようである。いつ・うつ・すつ・いづ・ある・ますなど皆同系の語であったらしい。「をく」なども、をつから出た逆用例であろう。

六

さて、をつはどうして繰り返す意を持つか。外来魂が来るごとに、世代交替する。そうして何の印象もなく、初めに出直すと見ていたのが、だんだん時間の考えを容《い》れたため、推移するものと観じて来た。出雲国造神賀詞《かむよごと》の「彼方《おちかた》の古川岸、此方の古川岸に、生ひ立てる、若水沼《わかみぬま》のいや若えにみ若えまし、濯《すす》ぎ振るをどみの水の、いやをちにみをちまし……」などに見えるをちかたという語には、寿詞《よごと》を通じてをち霊の信仰が見える。わかゆとをつとを対照しているのは、同義類語と考えたのだ。わかゆは「わかやぐ」の語原で、若々しくなる義だ。古くは、若くなることであったかもしれぬが、これ辺の用語例はをつと同じに用いてある。くり返すことを一個人についていえば、蘇ることであり、また毎年正月にその年のくり返しすることにも言う。そうすると「みをちませ」は若返りのことを意味するのだ。

出雲国造は親任の時二度、中臣《なかとみ》は即位の時一度だけであったが、氏ノ上の賀正事になると毎年あった。天子の魂のをつることを祈るのが初めで、それが繰り返すことを祈るのである。生者だから蘇るというのでなく、生も死も昔は魂に対しては同待遇だったのだ。そのため、同じ語も生者に対しては「くり返す」ことになるのである。これが時代の進むにつれて若返ることになる。そしてその霊力の本は食物にあった。すなわち、呪言のほを捧げるのである。

中臣天神寿詞《あまつかみのよごと》には、天つ水と米とのことが説かれてある。米の霊と水の魂とが、天子の躬《み》に入るのであった。これがをつるのであり、若返る意になる。誄詞《るいし》に用いられると、蘇生を言う。正月の賀正事にも、氏ノ上はほを奉って寿する。氏々を守ったこのほの外来魂を、天子が受けてしまわれるのである。天子は氏々の上に事実上立たれたわけだ。

降伏の初めの誓詞も、これ寿詞である。ところが、をつという語が、だんだん健康をばかり祝うようになって、年の繰り返しを言うのを忘れていった。飯食に臨む外来魂をとり入れる信仰から、よるべの水の風習も出て来る。魂と水との関係である。人の死んだ時水を飲ませるのも、これ霊力観がだんだん移っていったのだ。死屍に跨ってする起死法も水のない寿詞だ。ただ身分下の人のためにする方式だったのだ。呑む水の信仰が、したがって洗う水になった。初春の日には、常世から通ずるすで水が来る。首里朝時代には、すで水は、国頭の極北辺土《へず》の泉まで汲みに行った。それが、村の中のきまった井にも行くようになり、一段変じて家々の水ですますことにもなった。これが日本の若水で、原義は忘れられて、ただ繰り返すばかりになった。家長あるいはきまった人が汲むのは、神主格になるのである。また、若水を喚ぶ式もあった。常世の国から通う地下水である。だから、常世浪は皆いずれの岸にも寄せて、海の村の人の浜下り・川下りの水になる。

ただし、神が若水を齎《もたら》すのは、日本では、臣になった神が主君なる神のためにであった。島の村々の中では、あるいは五穀の種の外に、清き水をも齎し、壺のまま漂したこともあろう。沖縄の島では、穀物の漂着とともに「うきみぞ・はいみぞ」の由来を説いている。これも常世の水が出たのである。人が呑むとともに、田畠もそれによって、新しい力を持つのだ。

すでることのできる人は、君主であった。日本にも母胎から出なかった神はたくさんあった。いざなぎの命檍原《あわぎはら》で祓えのためにすでる間に、神々は、すで水の霊力で生まれたことになる。永い寿《ことほぎ》を言うのもすで水の信仰からである。昔の国々島々の王者は皆命が長かった。今の世の人の信じない年数だった。

神皇正統記の神代巻の終わりなどを教えると、若い人たちは笑う。なまいきなのは、人皇の代の年数までもその伝で、かなり為政者等が長めたものだろうと言う。こんな入れ知恵をする間に、歴史学研究の方々はも一度すで水で顔も腸も洗うたついでに、研究法もすでらせるがよい。日本人には、そんな寿命の人を考える原因があり、歴史があるのだ。そして、同じ名の同じ人格の同じ感情で、同じ為事を何百年も続けていた常若《とこわか》な庤部《かんだちめ》や巫女が、幾人も幾人もあったことを考えて見るがよい。この一人格の長い為事をば小さく区ぎって、歴史的の個々の人格に割りあてたのである。そのいま一つ前は、千年であろうが、どれだけ続こうが、一続きの日の御子や、まえつぎみ・庤部《かんだちめ》の時代があったのだ。

日本人が忘れたままで若水を祝い、島の人々がまだ片《かた》なりに由緒を覚えてすで水を使うている。日・琉双方の初春の若水それは、つれづれを佗ぶることを知らぬ古代の村人どもが、春から冬までの一年の外は、知らず考えずにおった時代から、語を換え換えして続けて来た風習である。考えて見れば、そのようにくり返しくり返し、日本の国に生まれた者は日本国民の名で、永くおのが生命を託する時代のことだと考えて来もし、行きもするのだ。我々の資格は次の世の資格である。人の村や国あるいは版図に対しては、その寿詞を受けるたびにその外来魂をとり入れとり入れして、国はだんだん太って来た。長い伝統とは言うが実は、海の村人のごとく、全体としては夢の一生を積み積みして来た結果である。すで水を呑むのは、選ばれた人だけだった。それにも係らず、人々は皆それにあやかろうとした。せめては自家の井戸からでも、一《いっ》掬《きく》の常世の水を吊ろうと努力して来た。そうして家や村には、ともかくこんな人が充ちていたのだ。すで人からのあやかりものである。この機会に「おめでたごと」を言い添えて置こう。

七

下品な語だが「さば」を読むと言う。うっかりとこの話にも「さば」を読んだところがある。「さば」は産飯《さば》で、魚の鯖ではない。神棚に上げる盛り飯の頭をはねて、地べたなどへ散らしたりする。頭だから「あたまをはねる」との同義で、さばはねを加えて勘定することである。さばという語はだいぶ古くからあったと見え、尊者に上げる食物を通じてさばと言うようだ。

春の初めと盆前の七日以後、後の藪入りの前型だが、さばを読みに出かけた。親に分かれて住む者は、親のいる所へ、舅・姑のいる里へも、ことに親分・親方の家へは子分・子方の者が、どこに住もうが遠かろうが、わざわざ挨拶に出かけた。藪入りの丁稚《でっち》・小女までが親里を訪れるのは、この風なのだ。だから日は替わっても、正月・盆の十六日になっている。

閻魔堂・十王堂・地蔵堂などへ参るのは、皆が魂の動きやすい日の記念であったので、魂を預かる人々の前に挨拶に出かけたのだ。これは自分の魂のためであろう。また家へ帰るのは、蕪村が言うた、「君見ずや。故人太祇の句。藪入りのねるや一人の親のそば」。そうした哀れを新たにするために立ちよるのではなかった。親への挨拶よりも、親の魂への御祝儀にも出かけたのだ。

「おめでとう」はお正月の専用語になったが、実は二度の藪入りに、子と名のつく者、すなわち子分・子方が、親分・親方の家へ出て言うた語《ことば》なのである。上は一天万乗の天子も、上皇・皇太后の内に到られた。公家・武家・庶民を通じて、つねづね目上と頼む人の家に「おめでとう」を言いに行ったなごりである。「おめでたくおわしませ」の意で、御同慶の春を欣《よろこ》ぶのではない。「おめでとう」をかけられた目上の人の魂は、それにかぶれてめでたくなるのだ。これが奉公人・嫁婿の藪入りに固定して、「おめでとう」は生徒にかけられると、先生からでも言うようになってしもうた。これは間違いで、昔ならたいへんである。一気にその目下の者の下につく誓いをしたことになる。盆に「おめでとう」を言うている地方は、あるかなきかになった。でも生盆《いきぼん》・生御霊《いきみたま》という語は御存じであろう。聖霊《しょうりょう》迎えの盆前に、生御魂を鎮めに行くのであった。室町ころからは「おめでたごと」と言うたようであるから、盆でも「おめでとう」を唱えたのである。正月の「おめでとう」は年頭の祝儀として、本義は忘れられ、盆だけは変な風習として行われて来たのだ。

この日かなり古くから、夏の最中《さなか》にきまって塩鯖の手土産をさげて、親・親方の家へ挨拶に行った。背の青い魚の代表のようなあの魚も、さばと言う名は古い。その時に持って行く物をさばと言うたから、その土産の肴までさばと名をとったとは言われない。私は、餅も粢《しとぎ》も、米団子も、飯を握った牡丹餅《ぼたもち》も持って行ったであろうが、皆これらは初穂で拵《こしら》えたもので、この風俗のある時代流行の中心になった地方の人々の間で、すぐ腐る餅類が大きな家ではたまって、どうにもならないというので、塩物でも、生腥《なまぐさ》を喜ぶ所らしく、塩魚を持ちこんだのが、だんだん風をなすという風になっても、やはりこの時の進上物にさばとしか言わなかった。それで「さばと言うのに赤鰯はこれいかに」などと矛盾を感じ出して、塩鯖にきまったのかと思うている。子分・子方をたくさん持った豪家などでは、塩物屋のように積み上げられたことであろう。「今年も相変わりませず、御ひいきを」と言う頼みは後のことで、古くは、今年もあなたの子分です、御家来です、と誓いに行ったのだ。それが目下の人の、齢を祝福する詞を述べることで示されるのである。「おめでとう」などになると、短い極限であるが、その固定に到るまでには、永い歴史があるようである。

ここまで来てやっと、前の天皇の賀正事や神賀詞・天神寿詞の話に続くことになる。ああした長い自分の家が、天子のために忠勤をぬきんずるに到った昔の歴史を述べた寿詞を唱え、その文章通り、先祖のした通り自分も、皇祖のお受けになったままを、今上《きんじょう》に奉仕することを誓うのである。そうしてその続きに、そのかみ、皇祖のために奏上した健康の祝辞を連ね唱えて、陛下の御身の中の生き御霊に聞かせるのであった。この風がいつまでも残っていて、民間でも「おめでとう」は目下に言うたものではなかったのである。「おお」と言って、顎をしゃくっていればすんだのだ。

いくら繁文縟礼《はんぶんじょくれい》の、生活改善のと叫んでも、口の下から崩れて来るのは、皆がやはりやめたくないからであろう。「おめでとう」の本義さえわからなくなるまで崩れていても、永いとだけでは言い切れぬような、久しい民間伝承なるがゆえに、容易にふり捨てることはできないのである。

八

町人どもの羽ぶりがよくなる時代になって、互いに御得意様であり、ひいきを受け合うているような関係ができ上って来た。職人歌合わせや絵巻の類の盛んに出ていたころは、保護者階級と供給者の地位とは、はっきり分かれていた。職人というのが、世間には檀那ばかりで、どちら向いても頭のあがらぬ業態で、他人のための生産や労働ばかりしていた人々なのである。中臣祓《なかとみのはら》えばかり唱えているような下級の神主・陰陽師、棚経読んで歩くような房主《ぼうず》をはじめ、今言う諸職人・小前百姓・猟師・漁人などに到るまで、多くは土地に固定した基礎を持たない生計を営む者である。上古の部曲制度の変形をしたもので、檀那先は拡っても、職の卑しさは忘れて貰われない時代であった。

　職人の大部分が浄化せられて町人となり、町人の購買力が殖えて来て、お互いどうしの売り買いが盛んになった。どちらからもお得意であり、売り手であるというようになると、需要供給関係が、目上目下を定めていた時代のなごりで、年頭の「おめでとう」は、両方から鉢合わせをするようになる。こうして廻礼先がむやみに殖えて、果ては祝福のうけ手・かけ手の秩序が狂うて来たのであった。

　その「おめでたごと」をどこかしことなく唱えて歩いた一団の職人があった。いわば祝言職である。これとてももとは、一つの家なり、一つの社寺なり、隷《ぞく》している所が厳重にきまっていたのだが、中には条件つきで、わざわざそうした保護の下にのめりこんで来た連中もあって、だんだん自由が利くようになっていった。寺から言えば唱門師《しょもんじ》、陰陽家から言えば千秋《せんず》万歳《まんざい》、社にもついて散楽者、むやみに受持ちの檀那場を多くした。ある大社専属の神人かと思えば、同時にある大寺の童子・楽人というようなのが多かった。春日の楽人でいて、薬師寺にも属し、その外京の公家・武家・寺方までも祝言に行く。祝言以外に、舞も狂言も謡も謡う。

　こうした連衆の中、うまく檀那にとり入って、同朋から侍分にとり立てられたものもあるが、そうした進退の巧みにできなかったものは、賤の賤という位置に落ちてしもうた。この階級から能役者・万歳太夫・曲舞々《くせまいまい》・神事《しんじ》舞《まい》太夫・歌舞妓役者などが出た。もっと気の毒なのは、とても浮かぶ瀬のなかった者と一つにせられた。祝《しゅく》など言うのは、それである。「祝言」の一字をとって称えられたのである。地方によっては、賤民階級の部立てや解釈がまちまちで、同じ名の賤称を受けた村でも、おなじ種類の職人村ばかりではなかった。

　だが、一度唱えると不可思議な効果を現すその文句は、千篇一律であった。後にはいろいろの工夫が積まれて、だんだんに、変わった文句も出て来た。この祝言がだんだん遊芸化し、追っては芸術化する始めであって、喜劇的なものはかなり古くから発達し、謡などは名手は出たが、詞章の精選が最も遅れた。

　千篇一律なるがゆえに効果のあった祝言は、古い寿詞の筋であった。後世の祝祭文のように当季当季の妥当性を思わないでもよかったのが、寿詞の力であった。寿詞を一度唱えれば、始めてその誓いを発言したと伝える神の威力が、その当時と同じく対象の上に加わって来る。その対象になった精霊どもは、第一回の発言の際にした通りの効果を感じ、服従を誓う。すべてが昔のままになる。この効果を強めるために、その寿詞の実演を「わざをぎ」として演じて、見せしめにした。文句は過去を言う部分が多く加わり変わって来ても、詞章の元来の威力と副演出のわざをぎとで、一挙に村の太古に還る。今日にして昔である。村人は、今始めて神が来て、精霊に与える効果をも信じたのである。その力の源は、寿詞にある。寿詞は、物事を更にする。更は、くり返すことである。さらは新《さら》の語感を早くから持っていたように、元に還すのであると言うよりも、寿詞の初めその時になるのである。

　さらはさるの副詞形である。去来の意のさるは、向こうから来ることである。春の初めの猿楽も、古くから行われたろうと思うが、さる――今は縁起を嫌う――がをつと同意義に近かったのではなかろうか。猿女君《さるめのきみ》のさるも、昔を持ち来《きた》す巫女としての職名であったのではないか。

貴種誕生と産湯の信仰と

一

貴人の御出生ということについて述べる前に、貴人の誕生、すなわち「みあれ」という語の持つ意味から、まず考え直して見たいと思う。

私は、まず今日の宮廷の行事の、固定した以前の形を考えさせてもらおうと思う。有職故実の学者たちの標準は、主として、平安朝以来すなわち、儒風・方術の影響を受けた後の様式にあるようである。もっとも、この期に入って、記録類が殖《ふ》えて来たからではあるが、私は前期王朝のまだそれぞれの伝承に、信仰的根拠の記憶せられ尊奉せられていた時代の、固定しきらない俤《おもかげ》がうかがいたいのである。そうして「生活古典」たる宮廷の行事に、何分かの神聖感と、懐しみとを加えることが、できそうに私《ひそ》かに考えている次第である。

みあれは「ある」という語から来たものである。「ある」は往々「うまれる」の同義語のように思われているが、実は「あらわれる」の原形で、「うまれる」の敬語に転義するのである。いったい、神あるいは貴人には、誕生ということはなく、いつも生き、またいつも若い。ただ時々に休みがあり、また休みから起きかえって来るのである。この意味は、天子並びにその他の貴い職分および地位は、永久不変の存在であるから、人格として更迭はあっても、神格としては死滅ということはない。昔の天皇、あるいは貴人の長寿ということについて考えてみても、たとえば、武内宿禰《たけうちのすくね》の長命、あるいは伊勢の倭姫命《やまとひめのみこと》の長命なども、その考え方が反映しているのである。

貴人についてみあれというのも、うまれるということではなく、あらわれる・出現・甦生・復活に近い意味を表している。永劫不滅の神格からいうと、人格の死滅は、ただ時々中休みということになるだけである。皇子・皇女の誕生が、それであって、このみあれがあったのち、さらにみあれがあることが、すなわち、帝位に即かれる意味にほかならないのである。つまり、天子になられる貴人には、二回のみあれが、必要であるということになる。

日本の古い時代の御産の形式をみると、水と火との二つの方式がある。その古い形式の一部は、今もなお沖縄の伝承に残っている。神代紀のこのはなさくやひめの命、垂仁紀の狭《さ》穂《ほ》姫《ひめ》皇后の産事は、それぞれ火の形式によるものであり、いま一つの水の形式になると、後世の御産の典型的になっている。とよたまひめの命がうがやふきあへずの命を御産みになった場合、あるいは反正天皇のみあれの際における形が、水辺あるいは水の御産の形式として、顕著な例である。この側から考えると垂仁紀のほむちわけの命は、火産・水産の調和したものである。出雲風土記のあぢすきたかひこの命の伝説は、皇族以外にも貴種誕生には、同様の様式が考えられたことを示しているのだろう。なかんずく、奈良朝以前の宮廷の御産の形式の原形は、次に述べる反正天皇のみあれの際の伝説より来ている。

瑞歯別天皇。去来穂別ノ天皇ノ同母弟也。去来穂別天皇二年。立為二皇太子一。天皇初生二于淡路宮一。生而歯如二一骨一。容姿美麗。於レ是有レ井。曰二瑞井一。則汲レ之洗二太子一。時多遅花落在二于井中一。因為二太子名一也。多遅花者今虎杖花也。故称謂二多遅比ノ瑞歯別天皇一。

右の日本紀の本文によると、産湯の井の中に、虎杖《いたどり》の花が散り込んだので、多遅比《たぢひ》といい、歯がいかにも瑞々《みずみず》しい若皇子であるから、瑞歯別《みずはわけ》と称えたことになっている。だが、元来、多遅比のことについては、日本紀の伝えが、いささか矛盾している。おそらく多遅比の名称は、若皇子を御養育した多遅比氏（丹比氏《たぢひ》）の名称であって、つまり、丹比氏が養育し奉ったから、若皇子の御名を多遅比と称えたのであろう。しかしながら、後世には事実をよそにして、産湯の井の中に多遅《たじひ》の花が散り込むという、この伝説の方が有名になってしまうている。三代実録の、宣化天皇の曾孫たぢひこの王のことを記したものにも、多遅の花が散って、湯釜の中にまい込んでとある。そういうような貴人の若い時代をとりみる家を、丹《に》生《ふ》にぶ（壬生）または、みぶとも言う。語原にさかのぼると丹生の水神の信仰と結びついているのである。

近代の語で言うとりおや・とりことという関係が、皇子および臣下の間に結ばれていたわけである。みぶということは、奈良朝にはすでに、乳母の出た家を斥《さ》すことになっていたらしい。その証左には、壬生部《みぶべ》を現すのに、乳部と書いている。古くは、そこに職掌の分化があって、第一に大湯坐《おおゆえ》、それから若湯坐《わかゆえ》、飯嚼《いいがみ》・乳母《ちおも》等をかぞえている。おそらくこの他にも、懐守《だきもり》・負守《おいもり》等の職分もあったのであろう。これだけを総括してみぶの職掌としているらしいが、肝腎の為事は、大湯坐・若湯坐にあるようだ。えという語は、ものを据えるという語であるから、要は湯の中に、入れすえ取扱うということにある。後世のとりあげ、すなわち、助産することになるのである。だから、今でも地方によると、とりあげ婆さんの為事が、どうかすれば考えられるような職でなくて、ある女にとりあげられた子供は、幾歳になっても盆・正月には、欠かさずにその産婆の許《もと》に挨拶に出かける風習がある。すなわち、これはとりおやととりことの関係であったことが知れる。

二

こうして育てあげられた貴人のために、とりおやを中心とした一つあるいは数箇の村ができて、その貴人の私有財産となった。すなわち、御名代部《みなしろべ》の起原であり、壬生部と称せられた。これが後世に伝わって、さらに御封《みぶ》・荘園とも変じてゆくのである。そして、反正天皇の際における壬生部の統領は、丹比《たぢひ》ノ宿禰《すくね》という家であった。だから、その家の宰領する村を、丹比ノ壬生部と称えている。瑞歯別の伝説は、まったく、この丹比ノ壬生部の伝承した叙事詩から出たものにほかならぬのである。

さて代々の多くの皇子たちの壬生および壬生部は、皆別々の家を選んで、その皇子の私有になる村々を、宰領させられたわけであった。みぶの本体なる産婆・乳母のみぶの――選抜された家々の直系の女子である――出たその家長は、その際水辺に立って、寿詞《よごと》を奏上するというのが、きまった形式と考えられる。これが、史書を読む読書、鳴弦《めいげん》の式に変わって行ったのだ。新撰姓氏録を見ると、反正天皇のみあれに与った丹比宿禰の伝えを記してあるが、それによると、瑞歯別の誕生の時、丹比部の祖先色鳴《しこめ》宿禰が天神寿詞《あまつかみのよごと》を奏したとある。そしてこの寿詞を奏上する間に、みぶに選ばれた女子が水に潜って、若皇子をとりあげるのである。

産湯と言って来たが、古代は水をもって湯とも称していた。誕生の際、正確に湯にとりあげたのはいつのころよりか知られていない。いったい、湯は斎川水《ゆかわみず》という語の慣用が、こんな略形に変じて来たのであるが、古いものを繙《ひもと》けば、天子の沐浴を、ゆかはあみ（湯川浴）と訓じているのが目にとまる。つまり斎川《ゆかわ》の水をゆみづと言い、さらに略して「ゆ」という形を生んだので、今いうような、温湯を湯と称するようになったのは、はるか後代のことである。だから産湯には、冷水を用いた時代のあったことを含めて考えなければ当たらないことになる。

さて、ゆすなわち、ゆかはみづは、何のために用いるのかというに、これは申すまでもなく、みそぎのためである。今日までの神道では、禊祓《みそぎはらえ》は「凶事祓え」を本とするように説いているが、これは反対で、「吉事祓え」が原形である。来るべき吉事をまちのぞむための潔斎であるのが、禊祓の本義であった。

禊祓の話は、ここにはあずかることとして、貴人誕生の産湯は、誰も考えるように禊ぎに過ぎないがしかし、その水はたんなる禊ぎのための水ではなく、ある時期を限り、ある土地から、この土により来るものと看做《みな》されていた。すなわち、その水の来る本の国は、常世国であり、時は初春、および臨時の慶事の直前であった。海岸・川・井、しかも特定された井に湧くのである。その水を用いて沐浴すると、人はすべて始めに戻るのである。これを古語で変若《おつ》と言う。その水をまた変若水《おちみず》と称する。貴人誕生に、壬生の汲んでとりあげる水は、すなわち、常世の変若水であったのだ。中世以後、由来不明ながら、年中行事に若水の式が知られている。これは古代には、特定の井に常世の水が湧き、それを汲んで飲み、禊ぐと若返るものと考えていたための名である。

　皇子御誕生にあたっては、ただの方々と皇太子との間に、区別のありようはなかった。御誕生後、御代の日嗣御子がお定まりになって、その中から次の代の主上がお定まりになったのである。出現せられた貴種の御子の中、聖なる素質のある方が、数人日つぎのみ子と称えられた。これは正確には皇太子に当たらぬ。飛鳥・藤原の宮のころから、皇子・日つぎのみ子の外に皇子《みこ》ノ尊《みこと》という皇太子の資格を示す語ができたらしい。だが、もっと古代には日つぎのみ子の中から一柱が日のみ子として、みあれせられたのであった。その間の物忌みが厳重であった。これがいわゆる真床襲衾《まどこおふすま》を引き被《かがう》っておられる時である。これ物忌みに堪えなかった方々に、幾柱かの廃太子がある。

　万古不変の大倭根子天皇《おおやまとねこのすめらみこと》の御資格は、不死・不滅であって、崩御は聖なる御資格から申せば、一種の中休みに過ぎないので、片方には中の一寝入りから目覚めたという形で、日つぎのみ子が、日のみ子としてみあれをせられる。すなわち、長い物忌みの後に、斎川水を浴びて、ここに次の天皇として出現せられるのである。だから、常世の変若水は、禊ぎの水であり、産湯でもあり、同時に甦生の水にも役立ったのである。その重大なる儀式の一種であるみぶを奉仕したのが、後世由来不明となった、節折《よお》りに奉仕する中臣女の起原である。

　みあれひく賀茂の社の祭りも、この信仰から出ている。稚《わか》雷《いかずち》の神の出現の日に、毎年賀茂川を斎川として、稚雷神の用い始めた後、諸人この水に浴したのがみあれまつりの本義である。だから、平安朝以後、賀茂の磧《かわら》が禊ぎの瀬と定った。御禊《ごけい》はもとより、御霊会《ごりょうえ》の祓除《ばつじょ》「夏越《なご》し祓え」の本所として、陰陽師の本拠のような姿をとったのである。

皇子誕生の物語

瑞歯別天皇《みずはわけのすめらみこと》。去来穂別天皇ノ同母弟也。去来穂別天皇ノ二年。立チテ為ル二皇太子一ト。天皇初生メル二于淡路ノ宮一ニ。生レ而歯如シ二一ノ骨一。容姿美麗ナリ。於レ是有リレ井、曰フ二瑞井《みずい》一ト。則汲ミテレ之ヲ洗フ二太子一ヲ。時ニ多遅花《たぢひ》落チテ在リ二于井中一ニ。因リテ為ス二太子ノ名一ト也。多遅花者今ノ虎杖花也。故称《たたへて》謂ヒキ二多遅比ノ瑞歯別ノ天皇一ト。

産湯の旧事

悠遠な国朝の昔を物語る光栄を、私は何かに感謝したい気がする。昭和の御代は、次々にうるわしい姫宮のみあれがあって、今又更めて、玉のみこの産御声を聞き奉ることになったのである。真に山々の峰の立ち木も、洋《わた》の大波と声を和せて汪洋《ゆおいか》な歓びに鳴り亘る時である。抑、わが古代において、若皇子の誕生の聖蹟の旧事《くじ》を美しい世語りとして伝えた物語が、幾種かある。第一話とも言うべきは、天孫降臨に関連した物語である。第二は、天津日高日子波限建鵜草葺不合尊の御出現《みあれ》を説く条《くだり》である。遥かに飛んで、第三は、垂仁天皇の御代、聖子誉津別皇子《ほむつわけのみこ》誕生の前後に亘って、長い旧事を伝えて居る。第四が、冒頭に引いた、反正天皇の瑞井御産湯の条である。

殊に、後々宮廷儀礼に関連する事の多いのは、第二・第四に当る旧事である。日本紀神代の巻「一書」には、

既に、児生みて後、天孫就きて問ひて曰はく、児の名何称《いかにたた》へば、当に可《よ》かるべきか。対へて曰はく、宜しく彦波瀲《ひこなぎさ》武鸕鷀《たけうがや》草葺不合尊と号すべしと。言訖りて乃、海を渉りて径《ただち》に去る。……亦曰はく、彦火々出見尊、婦人を取りて、乳母《ちおも》・湯母《ゆおも》及び飯嚙《いひがみ》・湯坐《ゆゑ》となし、凡、諸部備行して以て、養ひ奉る。時に、権《かり》に他の（姫）婦を用ちて以て、皇子を乳養す。此世《レ》（人）、乳母を取りて、児を養ふことの縁なり。……

御生母、聖子に名づけ給うこと、此豊玉媛《とよたまひめ》の海宮へ還られ

る条にも、後の垂仁朝の誉津別皇子の件《くだり》にも出ている。他の姫婦、世人共に此条の意に適切に当る様である。当時斯くの如く、他氏の姫婦を立てて、貴子乳養の任に当らしめたのを、後世の人の宮廷に習うて、乳母を他家から迎える本縁だと説くのである。「于レ時権ニ用二他ノ（姫）婦一……」とあるのは、後世の合理的説明で、後世そうして居たのを遡して、過去の因縁によるものとしたのだ。「他」は他氏の意で、王族に対して言うのである。古来、有力な族人を斥《さ》すのである。「姫婦」は、階級高い婦人を意味するので、所謂壬生部《みぶべ》の中心となった婦人を言ったものと思われる。

乳母・湯母をちおも・ゆおもと訓じたのは、正しいと思われる。一体おもなる古語は、正確には、乳をくれる人を意味するものらしく、多くは乳母に当り、時としては母の義にも使われたらしい。

　みどり児の為こそ、おもは覓《もと》むと言へ。乳飯故哉《ちのめや》、君がおも覓むらむ（万葉集巻十二、二九二五）

という万葉集の嗤笑歌は、乳母の意に用いた例である。乳母と言うのは、実は狭義に過ぎるかも知れぬ。食物をまいらする役とする方が、もっと適切かも知れない。其に対しては、めのとなる語があった。元、宮廷から出て、貴族・民間にも及んだものと思われる。つまり、抱き守り・負い守り・添い臥しの役までも奉仕して、聖子御成人に到るまで御姉役となって近侍した人があったのらしく思われる。即、母氏の近親である為に、「妻《め》の卑親《おと》」即、めのとと言うのである。おもは、役の名であると共に、其に関連して、幼児を養う食物の名にも用いられて行った。「おもが乳汁《ちしる》」「重湯《おもゆ》」など言うのは、其である。

液体の養いに奉仕する役が、おもで、固体の食餌の御摂取を助けるものが、詳しくは、ままと呼ぶ役目としたと考えられる。乳を進めるのと、湯（重湯か）を進めるのとの外に、後世のままに当る米の煮た物——飯《めし》は、召し物の義。神及び「神なる人」の為の贄《にえ》の飯をままと言ったのが、変って来たらしい——を嚙《くく》んで含める聖役が「飯嚼」で、此も「いひがみ」でなく、ままか或はままがみと読んでよいのかも知れぬ。湯坐《ゆえ》と称する役は、湯の中にお入れ申す為事を斥すので、此には大湯坐・若湯坐があり、多くの場合、以上の三役よりは、事実上重大な役割りであった様に見える。単に所謂、後世のとりあげ役を奉仕するだけでなく、禊《みそ》ぎを奨め参らすは勿論、清浄な水中で、湯衣《ゆぎぬ》・御紐《みひも》を服脱《きさ》き奉り、又御躬の成り整う様に、御介抱申しあげるものであったらしい。

とりあげ其他の聖役

此等の役義が、始終混同せられ、其に連れて、その役名も錯雑して来たことは事実である。この宮廷から出た語が、貴族社会に及んでは、おもが乳母にも、母にも用いられる様に、ままをくめた人が、母の位置につく事情が、公卿・殿上人の社会に多かった為に、継母《ままはは》のままなる観念が、語に伴って固定して来た。こう考えて来ると、宮廷から貴族へ、貴族から地下の豪族へ、其が更に庶民の上へと、次第に風俗がうけ渡されて行った痕が思われる。其と共に、日本の社会における日常生活殊に、年中行事の由来する所の遠く久しく、又宮廷生活の延長を襲《つ》いで居るものの多いことに、思い及ぶべき事である。

今一つ申さねばならぬのは、淡路の瑞井の旧事である。反正天皇の御名瑞歯《みずは》別《わけ》の枕詞の様に見受け申される多遅比《たぢひ》の称えは、虎杖《いたどり》の花から出て居ると共に、尚二様の美しい連想が重って居たもの、と拝せられる。み姿のきらきらしかった事の第一要件として、お生れ立ちから歯の整って居させられた事を挙げている。古事記にも「御歯《みは》、長さ一寸《ひとき》。広さ二分《きだ》。上下等しく斉いて、完全《すで》に珠を貫《ぬ》ける如し」とある。たぢひは、虎杖の古語であったと共に、同音異義語としては、蝮《まむし》の事をも言うている。だから一説に、其み歯の麗しく鋭きことを譬えたものとする考えもあった訣《わけ》である。而も、其ばかりではなかった。そこに尚、たぢひなる音韻に関連した問題が絡んで来ている。

列聖、常に特定の氏族の長上《かみ》と、殊に深い因縁を持たせられた。其事実が次第に、藤原氏の上に集注して行ったのが、平安朝の事である。古代は強《あなが》ちそうでもなかった。御降誕と共に、選ばれた氏があって、其皇子々々の御一生に、深い親しみを結ぶのである。即、神代紀にあった「他の姫婦を用ちて以て皇子を乳養す」と言う御儀が、まず行われるのであった。

多遅比瑞歯別天皇の淡路瑞井の泉で産湯を召した際の旧事を、更に語るものがあった。「新撰姓氏録」録する所の丹治比氏の物語である。丹治比氏の祖色鳴宿禰《しこめのすくね》、瑞井に侍して、天神寿詞を奏した、と言う伝えである。此は、反正天皇と丹治比氏との交渉を説くと共に、丹治比壬生部の由来を説き明した物語から出たものである。

私どもに訣らないで居て、多くは訣った気ですまされて居る事柄が、あり余る程ある。茲《ここ》に関係深い臣《おみ》という語などは、恰好な其一例である。此ほど漠然と感じられ、又其印象分解だけで役立って居る様な語も尠い。臣はおみである。昔から語原説はあるが、本道に合意の出来るものはない。私の考えなども、現に納得せない人が多いだろう。だが、こう言う過程をとって説明する事が、一番適切なのではないかと思う。おみは「大忌《おみ》」で、小忌人・小忌衣などの「小忌《おみ》」と対照になるものである。大忌人は、天皇御湯殿の儀に侍する大臣の、其時にとっての称呼である。平安朝までそうした使用例があるから、其以前の古代と謂うべき頃あいには、もっと広く自由にも使われたであろう。宮廷の儀礼に直接に深く立ち入って勤めるのは、下官の事で、貴人・大官は、其ものいみ（物忌）

には、稍緩《やや》に奉仕する。ここに大忌・小忌の区画があり、臣の名の起りも古いが、併し古くからそうした奉仕の分限を、宮廷に負うて居た為の称えだったと言ってよかろう。臣という語は、古い用語例を通じて見ると、宮廷におかせられても、ある部分まで、礼儀を以て接して居られた他氏の人々への呼びかけから、骨《かばね》へ転じて行ったものと謂った形が見えている。宮廷の祭りに、大忌人として仕えるが故におみと謂われ、其が偶《たまたま》、氏々の長上の湯殿に侍する場合に、その古い称えを残して居たということは、此際珍重すべき事である。

御湯殿の儀に奉仕する大臣があって、其役義から「大忌人」と言う事、及び臣（おみ）の称えが、宮廷においては、重臣にある親しみと尊重を含んでのお物言いだったと言うことを考えると、此場合譬《たと》えば、丹治比氏の様に、他の列聖における其々の壬生部における、宮廷としての御感情が、よく窺いあげられる次第である。即《すなわち》、ある貴族が、其族人以外或は以上に、ある御代の天皇陛下を睦しみ考え奉ったことである。

後期王朝では、此が直に宮廷との外戚関係と言った風の形に見えるが、古代には、今一つ前の信仰による王氏・他氏結合の形であったのだ。つまり、「壬生」という職業に似た奉仕のわざが、ある貴族の責任となって来るのである。其為に、其氏では、其貴子の為の団体を結成して、其氏の光栄ある傅《ふ》育《いく》の任務を記念して、後世に残そうとしたのが、壬生部である。後には、其職業の意義を採って、乳部とさえ書く事になった。乳養の意を示したのだ。

瑞歯別天皇

壬生・壬生部の名義は、元々聖なる水の行事、いい換えれば、産湯に関連しての名である。それが、転じて乳養の事に考えられて行ったのは、すでに述べた通り、事実でもあり、また自然でもあった。「みぶ」は、元「にぶ」――丹生――とも発音して、聖なる水及び水の女神に関する語であった。

この水の女神の出て奉仕するのは、聖子の誕生の儀であり、或は至尊復活の礼の際であった。この女神の職を代り行うのが、選ばれた氏の女子の最高貴な者の為事である。それをみぶ（壬生）といい、それを周《めぐ》る聖職団を壬生部という。乳部と書く様に、意義は変って考えられて来るが、壬生部の本義は、「湯坐《ゆえ》」を奉仕する事であった。ただ湯坐を行うのは、壬生の女神であったから、その資格において、巫女として、産湯の儀を執行したからの名である。

丹治比壬生部は、色鳴宿禰が、後世風にいえば、大忌人として産湯の行事に奉仕した事から始まった。古代の論理から申さば、同時に、丹治比氏から「壬生」の巫女となる人が出で、また丹治比氏と反正天皇の宮廷との深い親しみが、茲に、はじまった事を考えさせて居るのである。

瑞歯別天皇と丹治比氏との睦《むつま》じみを考えると、「多遅比」

という語の御名に冠せられる理由も、一つは明らかになって来るのだが、既に虎杖《たじひ》の花の産湯と、蝮の如き瑞歯という風に二様の説明伝説があった上に重って来た訣である。こうして尚一つの解釈も、同時に古代人は持つことが出来たのである。不思議と言えば不思議な心理ではあるが、語感自身は学問ではないのだから、極めて自在であった。現代の人々にだって、こうした事はないとは言えない。

扨《さて》、産湯の物語を申さねばならぬ。日本人の日常生活に湯のつき纏うて居ること、実に甚しい位であるが、昔は、必しも温湯をのみ「ゆ」と言ったのではなかった。「ゆ」と称せられるものの中、特に後世の湯の、肌に心地よい温度を持ったという特質のあるものが、霊妙な感じを人に抱かせた所から、其「ゆ」に似せたわかし湯が、「ゆ」の名をすっかり奪って了った訣である。

「ゆ」というべきものの中に、「いづるゆ」或は「いでゆ」というべき、神意によって、偶然現れて来るのが「いづ」で、その自然なる「ゆ」が、禊ぎの水の最神聖なものと信じられていたのだ。さすれば、通常の「ゆ」というのは、何だろう。即「斎《ゆ》」という語の中心になった熟語の略せられたものである。「斎川《ゆかは》」といって、神聖にして、潔斎に用いられる場処があった。そこの聖水を「ゆかはみづ」と称えた。「ゆかは」の「みづ」が、「ゆの水」或は「斎水《ゆみづ》」という過程を経て、極端に省略せられた「ゆ」という形になり、その理想的な温泉及びそれに擬した温湯という名となって、「水」と対照せられる事になったのだ。温泉に神の恵みの深きを思うべき日本の国では、古代から、それを「斎川水」に利用した例が見える。たとえば、出雲の国ノ造が代替り毎に、都に上って宮廷を拝するに先だって、その国の禊ぎの湯で禊ぎをくり返した。その泉の中、意宇《おう》郡忌部《いんべ》神戸の出湯の如き、

国ノ造神賀《かむよ》詞奏《ごとまを》しに、朝廷《みかど》に参向《まゐむか》ふ時、御沐之忌里《みそぎするゆまひのさと》なり。……即、川辺に出湯あり。出湯の在る所、海陸を兼ねたり。仍《よつ》て、男女老少或は道路に駱駅たり。或は海中の河沚洲に、日に集まりて市を成せり。繽紛として燕楽す。一たび濯く則《ときは》、形容端正《きらきら》しく、再浴する則《ときは》、万病悉く除《のぞこ》る。……

という様に、「斎川水」の温湯となって行く筋道の思われるものもある。だが「うぶゆ」必しも、湯ではなく、水であった事も多かったに違いない。だから、反正天皇の瑞井の如きも、必しも温湯とは申されないのである。

ただ、産湯を召す時が、或は春の大潮の日などであったとすれば、潮そのものに霊力があると考えられ、湯ならずとも、温水の様に感じられたこともあったであろう。常世《とこよ》という古代日本人挙《こぞ》って理想した海彼岸《かいひがん》の国から寄せ来る波は、時を定めて来るものと思われていた。それで殊にこの日を選んで、禊ぎの日とした事もあり、また同様な考え方から移って、暦の上の他の大潮の日に執り行う様にもなった。

真床襲衾

何処の水でも、禊ぎをすれば、産湯又は、復活水《おちみず》の威力を発揮するものと信じられた訣でもなかった。中には、王氏のためには呪いのかかっていた水すらあり、平群《へぐり》ノ真鳥の如きは、広く塩を指して咀うた。ただ、角鹿《つぬか》の海の塩を咀い落したので、これを天皇御料の食塩とするとあるが、これは、禊ぎの汐の起原をも兼ねているのである。第三の例とした誉津別皇子の伝えの如きは、恐らく、復活の清水の物語であろう。生れながらにして物いわぬ皇子が、物いわれるに至る径路として、今も言う白鳥なる鵠《くぐい》の鳥を捕えるために、あちこちの地に逐い廻ったというのは、一つは、鳥を霊魂の保管者と見たのでもあるが、一つは、ことどいの出来る様、霊魂の這入る様に、禊ぎの出来る斎川水を覓《もと》めて廻った物語なのである。

禊ぎの儀礼は、実は復活の信仰から出ている。復活は、同時に若還り――万葉集では変若《おち》という――を意味する。この二つながら、元々誕生をくり返す考えに外ならぬのである。結局、古代人にとっては、事実誕生と復活と、還魂法と回春の呪法との間に、殆《ほとんど》区別がなかったのも理由のあることである。宮廷においても、そうだったし、これが及んで、貴族・豪族・庶民の上にも、変りはなかった。

宮廷におかせられては、誕生の御儀式は、主上としての新しい御誕生なる即位の大嘗祭にも行われている。又、小にしては、年々歳末の冬ごもりを撤して、春の生活に入らせ給う朝賀の式に先だっても行わせられた様に拝し奉られる。誕生と復活の御行事をくり返す間に、次第に復活によって、成長する自然現象と、又それに影響せられて発達した諸氏族の間の物語とが、宮廷の信仰を助長したらしい。陛下は、年々春と共に誕生遊ばされ又、新しい天地の下に復活あらせられる。だから、愈《いよいよ》益《ますます》若やかに、健やかにお出でになると信じたのである。出雲びとの間に伝った宮廷の伝承の傍系ともいうべき神話の中の、大国主命の屢《しばしば》命を失い又、窮地に陥って復活して来る毎に威力を増した物語などは、殊にその信仰を拡張したことと思われる。くわしく解説している暇は、もうなくなって来たが、大国主に教えられた因幡《いなば》の素兎《しろうさぎ》の潮を浴びる物語や、その神自身も、焼け死んだ肉身が「おもの乳汁」と貝殻の呪術とによって、復活したという伝説などは、表面、復活・蘇生を語るものと見えるが、実は誕生の信仰の延長である。或は寧《むしろ》、誕生の儀礼が、目的を展開して来たものといえるのである。

私は今、第一にあげた宮廷物語を語るべき時に達した。事幽にして、時杳《はる》かに、蹟厳《おごそ》かなるに、自ら畏《かしこ》みを感じる。

忍穂耳ノ命の仰せには、天降りの御用意の中に、邇々芸《ににぎ》尊がお生れになったので、この御子を降そうとあった。この条を、日本紀の本文には、時に、高皇産霊尊、真床追衾以ちて皇孫天津彦々火瓊々杵尊に覆ひて降らしめき。皇孫乃、天磐座離れ、且《また》天の八重雲を排《お》し分けて、……既にして皇孫遊行の状《さま》は、……吾田ノ長屋笠狭之碕に到りぬ。

又一書には、

高皇産霊尊真床襲衾以ちて、天津彦国光《てる》彦火瓊々杵尊を裹《くく》みて則天磐戸を引き開けて……以ちて降し奉りき。……

尚、他の一書にも、

是時、高皇産霊尊乃真床襲衾用ちて、皇孫天津彦根火瓊々杵根尊を裹《くく》みて、天の八重雲を排し抜き以ちて、降し奉りき。……彼《そこ》に人ありき。……天孫又問ひて曰はく、其《かの》秀起《さきたてる》浪の穂の上に、八尋殿起して手玉玲瓏《ただまもゆら》に紝《きぬ》織る少女は、是誰《た》が子女《むすめ》……

と言った風に記して、高千穂峰降臨に直に引き続いて、笠狭崎遊幸の事になっている。其書き方を通して窺われる語部の物語の様子は、恐らく笠狭崎で、降臨第一の禊ぎがあり、其に次いで、木花咲耶媛《このはなさくやひめ》との御成婚の御事が語られたらしいのである。だから、高千穂峰は、唯平地へお降りになる為の目標とも、御足場ともなされた事を示すだけである。人間側の祭りの設備からいえば、招《お》ぎ代《しろ》を立てるのと同じ事で、神から申さば、依代《よりしろ》になった訣である。ここに明らかに禊ぎの事を記していないが、この浪の穂に八尋殿《やひろどの》を建てて機織る処女は、外の側から見ると、海の彼方から臨み来る神を迎えて、神御衣を用意しているのが例である。だから、此木花咲耶媛にお逢いになる前提として、御禊《ごけい》があったに相違ない。此御禊の事、後世までも、賀茂の斎院によって守り伝えられていた。

実は斎院御自身の禊ぎでなく、此処にも、海から川へ来り臨まれる神を考えて居た古信仰が思われる。其禊ぎを進めて神御衣を着せ奉られたのは、先に記した産湯を奉る湯坐と同じ御役だったのである。何故なれば、天降りに用いられた真床襲衾なる物が、それを示している。

天孫降臨と皇子誕生と

「追」とも「襲」ともある衾は、おふの表音法であろうが、いずれにしても、細部までの訓み方は決定出来ぬ。床を掩う衾か、床の上の大衾の義かであろう。この名称を伝える神具は、伊勢神宮などには伝説的に残っていたらしいが、この古名を後世他の上につけたのかも知れないが、こういう神話に出て来る物は、すべて日常の器具というより、神事用の物の由来を説いて、これはあの場合、あれはこの場合に用いられた所から伝来しているのだとするのが例だ。ただ常に用いる寝床の被《かず》き物ではあるまい。殊に真床という処から見れば、古代の神事に用いたもので、神床《かむとこ》の上にかけた衾で、其を引きかずいて籠る為の物だったろうと思う。「ふすま」と言うのも、やはり裳の一種である。裳と言えば、女躰の腰以下に着する上裳下裳の類を直に思い浮べるが、実は広い幅を持った大きな布を意味する部分のある語らしい。今では縁起のよくない語になっては居るが、「裳に隠る」ということは、古代の神事を説く場合、是非申さればならぬ神聖な用語であった。私の考えでは、「も」に「こもる」と言うことは、後代ほど段々意義が局限せられて来たが、昔は「物忌みの生活にある」事のすべての状態にあてはまるものであったのだ。「も」を「喪」という字の訳語ときめて了う様になった為、抽象的な概念になって了ったが、実は精進潔斎の生活に、他との接触――まず日の光線をはじめに――を絶対に避けていることであった。そのしるし――方便として一種の裳を引き被いていられたのである。絶対の謹慎の期間に長短はあるが、たとえばこの間は仮死の状態とも見なされる形である。時が過ぎれば、その裳をはねのけて露《あらわ》れる。これを「はる」という。春及び、木草「発《は》る」の語原である。謹慎が解けると共に、自由になり、物忌み満ちて、威力を増加して出た訣だ。後世は一方からばかり見ているが、昔の物忌みは結局、ある威力あるものを失い、又は之を身に収めようとする際に、絶対の沈静を守らねば、その威力が動揺して、おさまるべき処に収まらず、逸し去るものと考えたのである。威力とは何か、優れた霊魂である。「裳にこもる」というのは、そういう力の身に入り来るのを待つ間の生活である。人の死に伴う行為を意味する様になったのは、実は先進国の文化と共にとり入れたものの方に、専ら傾いて来たものである。その以前には、ある逸出した霊魂が、之を次ぐ身に触れてしずまるまでの間、裳に籠って、単なるむくろの生活をしている事を意味していたのである。それが外見一つ事に見える所から、段々外国風の服忌の習俗を以て説明せられる様な姿を、整えて来たのである。

「真床襲衾に裹みて」というのは、天上から降らせられ、その間に、霊が鎮り、この土に至って、威力を発揮なさるとした信仰の根柢となったもので、これもただ、天孫降臨の際一度ぎりあった神秘ではなかろう。畏くも、御代替り毎に、天上から天降《あも》り来る威力ある御魂があって、その鎮りますのをお待ち遊ばされた宮廷の御生活が、真床襲衾《まどこおふすま》によって象徴せられていたものと拝察せられる。

真床襲衾は、その髣髴《おもかげ》すら知る事は出来ないが、後世の習俗から見れば、それが宮廷貴族の御産の室内設備に窺われる。「裳にこもる」ということが、黒や鈍《にび》色の生活を感ぜしめる後世風のとは反対に、国の古風では、真白い装いであった事が察せられる。室中張り隠し、恰も「雪の山」を移した様にする。この中に籠っている間に、威力ある霊魂が、この土に現れ、憑るべき身に行き触れて、そこに尊い御現《みあれ》が初ったのであろう。

御誕生とおなじ信仰の下に、天下に再《ふたたび》、現れさせ給う事の条件として、この神秘な衾をひき被がせられたのであろう。その古代列聖の、御一代一度の精進生活の最初を語る物語である。大嘗宮に設けさせられている御衾が、これに当るものと思われる。大嘗祭にも、まず常の御殿の御湯を召し、大嘗宮に入らせられても廻立殿《かいりゅうでん》の御湯をお浴みになるのは、裳を脱《は》る事と、御産湯を使わせられる事を示すものと存ぜられる。「冬ごもり」なる枕詞は、実は、木草の冬を地中に蟄する事を意味するのではなかった。宮廷及びその習俗に習う人々の厳冬の物忌みを意味するものであった。それを脱却して明るい天地に復活し、自由な力をおしひろげる時に直に、接続しているがために、「はる」の序詞となった訣である。元は、宮廷の正月儀礼から起った儀式語なのである。

貴種誕生に伴う意義の分化と、儀礼の通用とを極めて簡単に申し上げた積りで居る。山蔭《かげ》・草がくれの青人草のうちそよぐ声の中に、われわれしきの歓びの寿詞も、相まじって、天に達しないものとも限るまい、という敬虔なる自信の下に奏しあげる次第である。

第一部　死と再生

上代葬儀の精神

神道の葬式についての話ですが、これは以前神道本局で話したことがあるので、その復習になるだろうと思います。実の処は、もっと用意した話を申し上げたかったのですが、とうとうその暇がなかったので、ぶっつけに話さして頂くより為方がありません。

今日の神道では、葬式の正しい扱い方は殆《ほとん》ど訣《わか》りません。これについては、我々の先輩たちから、皆頭を悩まして来られたのですが、誰に聞いても本道に徹底した御意見を承ることが出来ません。随って私も同様、徹底しては申し上げられませんことを、どうぞ御含みおき願います。

一体、葬式ということは、あったかどうか、ということから、先申さねばなりませんが、私の考えでは恐らく古代は、葬式といった特別の式はなかったので、結局訣らないのだろうと思います。で、その立場から話して行くことになるのですが、私、神道に関係があると言っても、本道は傍観者のような立場にいるので、今迄に聞いていたこと、見たことについては、記憶違いをして居るかも知れませんから、間違って居れば直して頂きたいと思います。

官社の職員が葬式にあずかれないで、民社のものがあずかるということはちょっと考えた所は不合理のようで、又何の根拠もない一片の事大主義に過ぎないという風に見えますが、併し何か深い根拠があって、そうさせられたのかも知れません。だが、私にはその理由が訣りません。けれども、もう少し考えて見ると、葬式に対して官社の人と民社の人との関係が違い、今日そういう風にせられて居るのが本道はいいのだ、という考えも成り立つように思われます。だから、昔の先輩たちが、何かの根拠があってそうなさったのかも知れません。

一体、死ぬということは神道ではどう扱って来たか、死は現実にはあることだが、神道の扱い方の上では、それはなかったので、つまり死は、生き返るところの手段と考えられていたらしいのです。つまり、日本の古代信仰は、死ぬものは生き返って来なければならないと考えて居るから、本道の死ということはない訣です。譬《たと》い、語原の解剖をした所で、其は或語の訣らない時に其語の意味を知るだけのことで、徹底して総てが、語原通り行われて来たのではありません。

万葉その外にある、しぬということは、しぬぶ——人を恋い慕ったりするしぬぶという語の語原になっているしぬと同じ語だと思います。それが、副詞になるとしぬに、「汝《な》が鳴けば、心も思怒《しぬ》に古へ思ほゆ」という風に、心が撓《しな》って居る状態をいうので、くたくたになってしまって疲れて居る、気力がもうなくなってしまう状態が、しぬにです。そして、そのしぬという音を含んだ語は、沢山あり、其が、悉《ことごと》く意味が通じて居るように思われます。心の底で思って居ること、そして、その為にあんまり心が疲れて居るというようなことらしいのです。或はその心から反射して、肉体も疲れて居るという風にも考えられるのです。これは字にして現さなくてはなりませんが、更にshinというのは働かない部分です。しぬぶとかしぬにとか、或はしなふなどの語になって居ります。ぬというには、語根《ごこん》として、shinと言う働かない語が入っています。所が、母音uがつきますと、今度は完全にしぬという語になります。そうしますと、しぬという語になるのは、我々はしぬということは、はっきり我々が考えて居ることを、しぬという状態を目に浮べますから、今申しましたshinという語根に母音がついて、しぬという動詞が出来たということは、納得出来ないのですけれども、元を考えて見ると、くたくたになって元気がなくなってしまう状態だったと思う。これは文字で表しても現れにくいのです。

shinなる語根は、くたくたになって居るという意味から、段々展開して来たものだと思って居ります。つまり、日本人がしぬという語を明瞭に意識して来初めたから、しぬということの内容が増して来たのだと信じて居ります。譬えて見れば、葬式の初めだと申して居る——否定する人も沢山あります——天ノ岩屋戸に天照大神がお隠れになった神話は、これが葬式であるかないかは、勿論問題になるのだが、私はそれは本道は問題にならないと思って居ります。つまり、天照大神があまり急にお驚きになって、魂が遊離してしまったのだと考えられるのです。この状態を神典では、斎服殿で機を織って居られた所が、素戔嗚尊が天の斑駒《むちこま》の皮を剥いで放り込まれた、其為に稚日女尊《わかひるめのみこと》が気を失ってしまったという風に書いて居ります。

大日女尊《おおひるめのみこと》と稚日女尊は区別がありますが、又同時に、神道の考え方では一緒に見ることも出来ます。これを合理的に申しますと、大日女尊というのは恐れ多いから、稚日女尊というものを考えて来たということを言えば普通通りますが、私は常に合理的な説明は避けています。その場合、大日女尊と稚日女尊とは一つに考えて居たのです。つまり、おほ何々というのは、神職でも巫女でも正式のもので、それに脇に候補者としてついているもの、或は代理としてついて居るものをわか何々というたのだから、これは、ほかの語をもってしても・おとなどがあるように、そういう表し方はいろいろに出来る訣です。だから、大日女に当てた語は、同時に稚日女に当てた語という風に言える訣です。ともかくそれで目を廻された、或は死んでしまわれた、とも説明が出来ますが、普通の考えでは、それは、つまり魂が遊離するということは、即、仮死の状態に陥ることです。その状態が長く続いて来れば、それで死ということが定まるのですが、魂が遊離して、息が絶えて脈搏が止ってしまったと言っても、死んだのか生きて居るのか、昔の人には判断が出来なかったのです。我々としても、現実に死んだ人を見た時に、生きているのか、死んで居るのかということは、判断がつきません。医者がいくら死んでしまったのだと言っても、横隔膜の働きがまだある間は、確かに死んだとは、我々でも暫くは考えられません。昔の信仰では、単にそればかりでなく、事実時がたって、死んだということを知って居ても、信仰上では、死んだということを考えなかったのです。何故かならば、死ということは、人間がなくなるということの外に、神聖な一つの資格が、言い換えれば此世における神聖な位置が、此世から絶対に無くなってしまうことになります。譬えば、ここに或社の神主があるとして、其人が病気で死んでしまったと、こう思うことは、其社の神主の職が、其土地から永久に消え去ってしまうということになるのです。何故ならば、昔の人の考えでは、人間というものは第二で、其職即、神聖な職業というものは何時迄もずっと続いて居、其職の為に人間が入り代り立ち代り出現すると考えたのです。だから人間の存在には、職だけはなくてはならない、同時に職を保って行くのは、入り代り立ち代り出てくる人なのであります。だから逆に、神聖な職業の方から言うと、つまり其職業と人間とは並行して不滅であり、職のある限りは其人間も死なないものと見て居るのです。だから職と人間と一つにして考えて居ることが多いが、実は人に交代が行われて居るのです。

譬えば、武内宿禰の長生きしたことは、古事記・日本紀其他昔の書物を見ましても、実際長生きして居るように見えます。此を否定しようとして、いかに歴史的説明を行ったところで駄目なのです。何故かならば、それには死なない訣があるのです。つまり、今申しましたように武内宿禰という人格はなくならないで、武内宿禰の人格を現すからで、即、人は幾代でも替る訣なのです。もう一つ延長してその人格をいうと、神様に対する一つの関係が考えられます。其をもっと露骨に、殺風景にいうと、つまり一つの魂があって、其が人の身体につくのです。すると、その魂につかれた人は、その魂そのものになってしまうのです。あたらない例だが、ここにAという人が居て、武内宿禰という魂を持って居るとすれば、Aが死ぬと、Bが武内宿禰という魂につかれる。更にCにつく、こうして人間が幾代死に替っても、武内宿禰という名前はなくならないのです。つまり、容れ物はなくなるが、中味はなくならないのです。こう考えると、容れ物は問題にならない為に、何時迄も武内宿禰の人格が続いて居ることになるのです。此は私の空想でも哲学でもありません。我々の神道の、外の宗旨と違って居る所は、此非常に実証的に物が考えられて居ることなのです。ところが、中途から神道にも人物が現れて、物を非常に哲学的に考えるようになり、却って変な考え方が出て来たのです。だから我々としては、神道の今まで保たれて来た実証的態度を推し進めて行かなくてはならないと思います。

此も一度申したことですが、我々は、天皇陛下のことをすめみまの命と申し上げます。そして、すめの絶対に尊いという敬語であるのに対して、みまをお孫さんということだと考えて居ります。即、みまごということであって、まごということになるから、すめみまは非常に尊いお孫さん、つまり、天照皇大神のお孫さんに当るとこう思って居るのです。そして、此考え方からも一通りの説明は出来る訣です。つまり、ずっと一つの御人格がお続きになって居るのだから、一番最初のお孫さんの瓊々杵尊から、今の天皇陛下までお続きになって居ると見てもよい訣です。だが、すめみまという語は、唯、孫という語を誇張し、延長して、何代経っても御子孫だから御孫であるというような意味ではなく、もっと深い信仰があったようだし、語としても、それでは不都合があるのです。何故かならば、奈良朝時代の宣命を見ると、其中に主上の聖躬のことがおほみまと書いてあります。おほということは、立派なということを表す敬語。みということも敬語であるから、まということが本道と言う意味があるのだろう、主上のお身体のことをおほみまと言います。「おほみまの安らかな……」というような語です。天皇陛下の御身体のことをおほみまという。ためにすめみまと申してもおなじことなのです。かくて、すめみまということは、実は、主上の御身体のことだったのです。だから、主上のお身体には、主上の魂というものがおありで、それが入り代り立ち代りするのです。その魂がお入りになると、初めて天皇陛下としての御資格を、お持ちになる訣です。その魂の御名は、「天皇霊」と申し上げて、日本紀を見ると、二か所程書いてあります。我々の考えでは、天皇陛下の御魂、と抽象的に言って、天皇陛下の聖躬《せいきゅう》に入る魂を考えて居るのですが、今一歩進めて見ると、祝詞に出て来る、神漏岐《かむろぎ》・神漏美《かむろみ》の命という語が、その魂を意味するらしいのです。かむろぎ・かむろみと同時に、一方すめろぎ・すめろみという語があります。このすめろぎ・すめろみという語を考えて見ると、すめろぎ・すめろみに対してすめろみだけを離して使って居る例はないが、すめろぎの方を考えると、此は天皇陛下のことを申し上げるのではないのです。つまり、一代でも前の御方らしく思われます。一代でも前の御方は皇祖という考えの範疇に入りますから、すめろぎということは必、天皇陛下の御祖先、尠《すくな》くとも一代前からの御方ということになるのです。決して天皇陛下をばすめろぎとは申し上げないのです。かむろぎ・かむろみということも、語の上では同じでしょう。神武天皇の御詞の神聖だ、という場合に用いているから、これには相違はない。すめろぎ・すめろみ・かむろぎ・かむろみ、此は祝詞で始終使って居ります。祝詞の使い方でも時々違って居ますが、ともかく、尊い御祖先と言って置けば、まず納っています。もっと突き詰めて言えば、おほみまのうちにお入りになるところの魂なのです。此は人間的に考えますと、お身体は始終昇天していらっしゃるが、御威魂は御祖先から伝って居るのだから、それを直に御祖先だと考えることが出来る訣なのです。又、お身体は其時々のお身体だから、お孫さんということも考えられます。祖先に対しては孫という関係になるのです。だからつまり、魂も肉体的と時間的とに考えて見ると、祖先と子孫ということになります。で、そういう風に、人間の、或は神様と殆変りのないお方の持って居られる魂は、不滅なものなのです。謂わばその魂は、何等の異常もなく続いて居る訣です。そして唯肉体だけが時々替るのだから、真の死ということはないことになります。又、同時に、この肉体が駄目になるとも考えないのです。つまり、肉体自身が魂を受けて、又出て来ると思って居るのだから、肉体の非常に弱っている状態がしぬなのです。

　ところが我々は、すぐ支那の葬送を考えて、喪とか葬式とかいうことにあてるが、そうする迄もなく、昔から我々には、葬式或は人が死んだ時の物忌みについての、固有の考えを持って居るのです。それをどういう語で現しているかというと、もにこもると言っています。此を我々は支那の喪という字に当るものと考えて居る。実際、日本の「も」ということの語原は何であるかと言うと、女の人が腰につけるところのきれが「も」です。つまり裳裾の「も」です。併し腰に巻きつけるばかりでなく、広いきれなら畳の上に敷いたり、或は板敷に敷いたりするものも敷裳《しきも》と言う。敷物《しきもの》と言って居るのは、これから来たのです。伊勢物語には「……ひしきものには袖をしつゝも」とあり、又「……ひしきものにはひしきも……」ということが歌の中に書かれて居る。で、しきもというのは、つまり絨毯だとか毛氈だとかいう風なものに似た――そんな近代的なものではないでしょうが――畳の代りに敷くものであって、「も」は、あながち身体につけるものばかりを言うのではありません。で此「も」ということを考えるには、まず、瓊々《にに》杵尊《ぎのみこと》が空から日本の土地へお降りになった時に、真床覆衾というものにくるまっていらっしゃったことが考えられる。果してまどこおふすまと訓むか、尚外に訓み方があるかも知れませんが、とにかく日本紀を研究した平安朝以後の博士たちがまどこおふすまと訓んで来たのだから、今更訓み変えても正しい訓み方は訣らないことです。此はもう一つあります。瓊々杵尊の御子、彦火々出見尊《ひこほほでみのみこと》が、兄さんの釣り針を失って海神の宮に探しに行かれる伝えに、愈、海神の娘豊玉姫に、居られる所を発見せられて、其案内で家へ入れられる。そして父海神が其人柄を試して見た処が、――古事記・日本紀及び其一書によって書き方が違います――三つの床の一番奥の、真床覆衾に坐せられたとあります。これは神様の鑑定法なのです。我々には、神様は訣って居る筈だと思われますが、昔の人には、ひょっこり来る神様が始終あると考えられて居たのです。つまり、不良の神というのもおかしいが、神様の中には風の神や、疱瘡神のようなものを昔の人は考えて居ます。何処からか知らないが、忽然として出て来て、村を訪問する、気心の知れない恐しい神様があったのです。併しそんな悪い神ばかりではなく、いい神様も来たのですが、ともかくも、来た神様は虐待は出来ない。悪い扱いは出来ない、叮嚀《ていねい》にしなければならない。又、悪い神でも叮嚀にすると神様は他処に行ってしまわれると考えて居たのです。其時に階級の低い神か、高い神か調べた訣なのです。そして階級の上の神はよく、低い神は悪い神なのです。我々の今の考えでは、見えない神なら坐る訣はないと思われるが、それは間違いで、尠くとも神道では、理想の神はなかったので、皆目に見える神を考えて居たのです。それが後世、段々抽象的なものに考えられて来たのです。何故かならば、或神を固定してちゃんと其土地の神として、抽象的に考えるようになって来たのです。つまり、代役が出来た訣です。そして、其代役になる人を、神主と言うたのです。女で言えば、神の為事をするものは巫女で、而も其中でも高級なものです。こうした代役が神の動作・性質を現すのだから、何時でも神はそこに居られる訣です。つまり、古代には抽象的な神というものはなかったのを、段々抽象化した神を考えるようになったのです。ために、其村其国で出て来る神は、実際の神ではなかった訣です。その意味において、神が他処から出て来るということは、他国の信仰を携えた一種の神人が旅行して来るということなのです。言い換えれば、宗教家が日本国中動いて居て、それが時々、村々に顔を現すということになるのです。此は事実のことなのです。そうすると、宗教家が来たと言わないで、神が来たと見たのであって、此が本道の見方なのです。だから、神が坐るということも言える訣です。その考え方が延長されて、神話の上でも伝説の上でも、又歴史の上にでも現れて来ているのです。彦火々出見尊の場合でも、見ていると、一番高い所、而も真床覆衾の上へ坐られた。これを見た海神は、これは天津日高知食す神だと判断した。この神の神座によって判断することは、確かに行って居たに違いないことです。で、日本紀の一書には其時にも真床覆衾と書いてあります。そうすると、真床覆衾ということは、語の通り、床の上で着るところの大きな衾という意味らしいのです。つまり、上へ掛ける蒲団のことなのです。

そんな蒲団を掛けて瓊々杵尊が来られたかどうか、或はその床へ彦火々出見尊がお入りになったかどうか、ということは、――坐りになったとしても勿論同じことなのです――考えて見ると、そんなものにくるまっておいでになったように見えます。瓊々杵尊が天からお降りになった形には、我々の考えでは、不思議があるのです。何故かならば、赤ん坊が天から蒲団にくるまって来られたのと同じです。決して真床覆衾を持って来られたとは書いてないのです。

ともかくも、蒲団にくるまって来られたのであって、歩いて来られたのではないのです。それはどういうことだというと、つまり魂が、本道に此下の国の君としての御力を得られる間、即、天からこの土地までの過程というものは、魂がまだおつきになって居ないのであって、この土地へついて初めて魂がおつきになるのだから、その過程の間、この覆い物の中にくるまって居られるのです。これは空間的に考えるから具合が悪いですが、時間的に考えますと、或時期の間、物を被《かず》いて居られるのです。それで魂がおつきになると、裳を解いてお出になるという風に考えられるのです。だから此話は、もう一つ言い換えなければなりません。何故かならば、天孫が、裳即、真床覆衾にくるまって来られたということは、話が二種になって居ます。その今一つは、天から此土地へ天皇霊というもの――私が先に申した、かむろぎ・かむろみの命、すめらぎ・すめらみの命と称する或魂――が降って来られて、此土地に居られる瓊々杵尊のお身体にお入りになった、ということになるのです。それを裳にくるまって居られて、天から降って来られた状態で現してあるのだが、実のところは、天から此土地へ魂がお降りになった、ということになるのです。昔の神話とか、伝説とかという歴史を現して居るものは、そういう風に二重に論理を引っくり返して行かなければならないものです。だから、そういう状態を皆行って、この永遠に伝える所の人格を受ける訣です。

一体、日本の民俗では、宮廷の御主人である天子のなさることが延長せられて、宮廷に出入りしている貴族の生活になり、更に貴族の生活がそれ以下の者の生活ということになります。こうした民族の生活様式は、日本の宮廷が下のものを随えて行かれた方法なのです。つまり、宮廷で信仰的に行われることを学ぶのだから、宮廷の儀式をそのまま繰り返すことになるのです。儀式を繰り返すということは更に、宮廷の神を信ずるということになります。そういう風に、天子のお身体の中に魂がおつきになるということは、一番最初の瓊々杵尊で説明され、我々は此天子におけることを、民間迄及ぼして考えて居ます。つまり、「も」という語も其なのです。そういうものにくるまって居るのだから、それを裳（覆）に籠ると言うた訣です。我々には、もにこもるというと、親とか親類とかの間で誰か死んで、喪にかかって居る間じっとして居るように思えますけれども、実は物の中に入って外に出られないということなのです。何の為にそうするかというと、我々は謹慎して居るのだとしか思えませんが、謹慎は勿論謹慎ですが、穢れているから謹慎して居るのではなく、身体が空っぽになっている為に、身体の中に物の入るのを待って居るのです。だから、其物が入ると直ぐに「も」から出て来ることになるのです。此は年中行事の中にあることで、「冬籠り」ということがそれであります。春の枕詞になって居ますが、実は、冬じっと外へ出ないで籠って居ることなのです。今では専ら、植物の上に言って、葉も草も落ちてじっと春の用意をして待って居る状態を、冬籠りと言う様になっていますが、実は、植物の上でなくて人間の生活にあったのを、植物に移して言って来たのです。

冬籠りして其上ではるの状態が来るのです。はるということは、普通、発するという意味らしいですから、つまり、露出するという意味になります。これに一番適切なのに沖縄のはれのあそびという語があります。あそびということは、沖縄では、日本の古い語と同じく、神事の踊りです。はれのあそびということは、素裸になって春ノ口という巫女たちが踊ることです。其をはれのあそびともうちはれのあそびとも言います。で、此はれという語は着物にも晴着《はれぎ》などと言いますが、そのはれぎという言葉もその系統から説明して行けるのです。ともかく、沖縄などへ参りましても、或は日本の古語の使い方を見ましても、はるということは、外に出て行くという語です。で、冬籠りということが春の枕詞になって来るのです。そうするとここに、暫《しばら》く寝て居たものが、起きて来たと同じような状態になる訣です。

神武天皇が大和へお入りになった時のことを考えましても、熊野から大和へお入りになろうとする其時に、大きな熊が出て来た。――其文章の書き方が間違って居るから古事記を見ましても少し怪しいのですが――其為に、神武天皇並びに天皇の連れて居られた兵隊が寝てしまわれたことになって居ります。そうすると、高天原では大騒動が起って、建御雷神を呼ばれて、お前が行けと言われます。すると、それは私が行くに及びません、ここから熊野の高倉下の庫《くら》の屋根へ布都ノ御霊を落しましょう、と言って居ます。そして、その布都ノ御霊を落す。と、夢に高倉下が見て、早朝目が醒めて庫へ行って見ると、庫の床の上に布都ノ御霊が落ちて居た。その布都ノ御霊を天皇がおいでになる所へ持って行くと、「長寝《ながい》しつるかも」と仰せられて、ぱっとお目を醒された。そして、それを天皇にお渡し申すと、同時に部下共も皆、目を醒してしまったとあります。その状態ををえ（袁延）と言うて居ります。をえという語は、下二段に働いた動詞の名詞形に過ぎません。つまり、をえをせられているのを救う為に、天の神様が建御雷神に布都ノ御霊を落さしめられた。記では「をえ伏す」と書いて居ますが、身体がしなえてどうにも役に立たなくなってしまって寝てしまわれた、という風に普通感じて居るようです。又ずっと其前を見ましても、日本紀を見ましても、そうならなければならぬことが書いてあるし、少し其前提になって居た事実の委細が怪しいのです。つまり、文章に脱漏があるのでしょうが、熊野へ行かれて、それから高倉下の所に行かれる迄に、海を渡られると言う所がありますが、海を渡られるという所はもう少し前になければならない訣です。つまり熊野へ行って海を渡られて、又熊野へ行く形になるのでおかしいのですが、これは、海を越さなければをえの話が成り立たないから、そうしたと思われるのです。五瀬命がお崩れになって、天皇が紀伊の国に出られ、そして何時か訣らないけれども海を渡られる。その時には天皇御一人であって、今御二人の御兄弟、稲飯命・三毛入野命も居られないのです。天皇も亦三毛野《みけぬ》という御名を持って居られたことは、天皇のことを三毛入野命とも、三毛野尊とも、書いてあります。ともかく、神武天皇は御兄弟の中のお一人にも通じて三毛入野という御名があるのです。そのお二人とともに海を渡ろうとなさる時に、難船に遭って失望され、二人の御兄弟は、俺たちの父親は天津神、母親は海神の娘豊玉姫の妹の玉依姫だのに、何でこんな目に遭すのだろう、と怨んで一人は海底に入られ——古事記には妣《はは》の国へ行かれたと合理的に書いてある——、もう一人は常世郷《とこよのくに》に渡られたと書いてあります。これは尠くとも、同じことでしょう。つまり、我々から言えば、海の中に身を沈められたことになり、又、歴史家などは、こうした殺風景なもの言いをして居ますが、それは歴史家の間違いです。つまり此は、近代的な考えに合せて解釈しようとして居るのであって、聲い理窟に合せて拵えて居るのではなくとも、自然理窟に合って、却って変になって居るのです。こうした合理的ということは、いけないのです。実は、昔の考え方が、本道に筋が立って居るのです。つまり、常世国と言うのは魂の国で、そこへ魂が帰って居ると昔の人は考えたのです。

少彦名という、大国主と一緒に為事をして居る神がありますが、——大国主命が稲佐の浜に立って居ると、光るものが出て来た。そして「俺はお前だ」とこう言った。つまりよく見ると大国主の幸魂《さきみたま》・奇魂《くしみたま》・荒魂《あらみたま》だったなどと説明して居ましょう。古事記でも日本紀でも、或場合には、少彦名命が常世国に去ってしまって、大国主命が寂しく立って居た処が、その魂をもった大物主という神が出て来た、という風に説明して居ます。此は常識的に言えば、神としての少彦名命が魂をもって来たか、或は二種類になって来たか、色々に言われますが、此はどちらにしても同じ話です。同じ伝えを神として伝え、或は魂として伝えて居るのです。其時にちょうど少彦名の神の魂が去ったから附随して来たのであって、つまり、一つのことを、段々伝えて居る間に変形して来たのです。少彦名命の出所は、はっきり書いてないが、これは常世国なのです。同時に、帰られたのを常世国だとも伝えられて居ります。これは歴史ではありません。つまり、信仰的に解釈するのだから、常世国に帰られたのは、魂の国に帰られたということになります。これを神典では妣の国という風に、合理的に解釈して居ります。素戔嗚尊も妣の国へ行くと書いてあります。天照大神に別れに行かれる其時に、素戔嗚尊がお母さんの国、根の国・底の国に行くのに別れに来たのだと言って居られます。根の国・底の国が妣の国だと言うて居られるのですが、少し理窟っぽくなりますが、これは理窟から言うと、伊弉冉尊《いざなみのみこと》は素戔嗚尊の母ではなく、決して母子の関係ではないのです。其を合理的に、素戔嗚尊が伊弉冉尊の国へ行かれた、妣の国へ行こうと言われて居ますが、其前提には、妣の国という考えがあるのです。これを説明しなくてはなりませんが、煩雑になりますから、今は常世国の一例として置きたいと思います。

　で、お二人のうち一人は常世国へ去り、妣の国へ去ったということになって居ます。この母玉依姫は海神の国から来られたのだから、海の底へ行かれたのだと言う風に、いろいろ説明出来ますが、どちらにしても同じで、つまり、魂の国へ行くことです。それから、稲飯命《いなひ》、此は名前を見ると、ひということは、昔の人が言って居るように、魂のことなのです。此を燃える火に関係して行って、故《ことさ》らに説明して行くのは嘘話のようになってしまうから、此は避ける方がよいと思います。つまり一種の神道哲学をこしらえるということが、嘘にしてしまうのです。実は稲飯命というのは、稲の魂です。稲の魂と言うのは、稲に入る魂ではなくて、天子のお身体に入る魂です。つまり、農作物——其中の一番大事なものは稲です。その稲を自由に出来る魂がある訣です。それが天子のお身体に入らなくてはならない。だから、大嘗祭或は新嘗祭に当って、稲の魂が天子のお身体に入る式をなさるらしく思われます。で、私は、稲飯命というお名前は稲の魂、即、稲を自由にすることの出来る威力のある魂を、いなひと言い、そこから来た御名だと思って居ます。そういう種類の、外から来て人の身体に入ると威力を生ずるという魂を、普通、民俗学・宗教学では、まなあ（Manar）と申して居ります。これは南洋の土人の語を学者が使ったのです。もっと名前がありますが、まなあという語に誤解がないから、まなあとも外来魂とも我々の仲間では言って居ります。つまり外からやって来る魂のことです。

　で、三毛野《みけぬ》命、これは三毛入野《みけいりぬ》ともありますが、三毛野《みけぬ》というのが普通の言い方でしょう。三毛野《みけぬ》という名前のみけは、疑いもなく天子のお上りになるものでしょう。みけと言い、ひと言い、一つは稲の魂、一つはみけという天子のお上りになるものを作る野です。畑を含んだ所の野です。三毛野《みけぬ》ということは、其語自身が、みけを作る所の畑のある野原という意味をもって居ります。これには魂という語尾はついていないが、こういう風に考えれば、大体訣るでしょう。大和の国或は日本全国を掌握なさらなければならない点から、是非とも入るべき魂が聖躬におありであったのが遊離してしまったのです。話が合理的であるとお考えになるかも知れませんが、事実こうなって居るようです。魂が遊離してしまったから、をえをしなくてはならないようになったので、つまり稲の魂――みけぬの魂を失われて終ったのです。だから、此を本道に我々の方から言うと、魂が遊離したから、「も」にこもらなくてはならない。をえということは性欲的な語で、おきるとか或はこがるとか言うことで、をえるということは、生殖器の亢進する状態を申して居ります。そういう状態を、それから勢いが無くなる状態、これは正反対ですけれども、支那の語を見ましても、逆のことを一つの語に現して居ることが沢山あります。併し、をえの語を考えて見ると、どうでも説明が出来ます。普通はをえという語は、そういう風にくたくたになって、堪えられなくなって身体に勇気が出て来ない状態になったことです。それが反対意識が働いて、つまり興奮して来る状態にをえという語を使って行き、更に此は男の生殖器の上にばかり用いられるようになった、と説明するでしょうが、併し私は、本道はこの反対だと思います。をえということは、つまり復活を意味する語なのです。此を解剖すると、大体は訣ると思います。をゆという語は、此に対して小さいという意味のわ行のをでしょう。あ行のおを書くと年が寄るおゆになるでしょう。すると、其反対に若くなるということがわ行のをを使ったをゆになるのです。神武天皇がをえをなされたというをえの語――をえ・をゆ・をゆる・をゆれ――は、若くなるという語に近い意味があります。其をもっと同じ語を集めて見ますと、をつ・をゆという語と同じ語になって居ます。をつというわ行のをを書いた語は、万葉集などに沢山あります。若水――若返る水――を「をち水」と言います。動詞でも、若返ることををつと言って居ります。若返るということは、復活するのと同じです。で私は、をえということはつまり、をゆという語の活用形で、をゆは若返るという語、即、復活するということだと思って居るのです。だからをえは、復活の状態に入る予備行為として、じっとして居ることを言ったのだと思います。つまり、をえということは、神道の上の昔の儀式です。言い換えれば、魂が裳《も》に籠って居るのです。そして、其から出ることが、をえでしょう。即、裳に籠って居る状態ををえにくるめて居ることなのだと思って居ます。ともかく神武天皇の話を考えて見ましても、まなあなる二種類の外来魂が思われ、或は昔の世の中の開けない時分には、山の狩りの魂、或は海の漁りの魂が入るなど、いろいろな魂が考えられています。そして魂が入るとよくなって行くことになるのです。だから、民を治めて行く人には、故らに沢山の魂が入らなくてはならない状態であったのです。

　ところが、次に入って来る魂が変って行きます。即、外来魂が変って行くのです。神武天皇の話では、布都ノ御霊という魂が入ったことになるのです。布都ノ御霊というのは恐らく剣でしょう。つまり剣の魂が入って来る訣です。剣と言えば大体雷や蛇の信仰をもって居ます。建御雷神は雷という信仰を持って居ると同時に雷《いかづち》、つちというのは蛇です。迦具土神は蛇であり、同時に雷です。それから剣というのはつるぎ・へび・かみなりという具合に連絡して居るのです。昔の語で言えば、布都ノ御霊ということになって居るのです。それを説明すると経津主神ということになります。其が建御雷神ということになると、経津主――布都ノ御霊――が出て来たのは変に思われますが、経津主でも、布都ノ御霊でも剣の威力、即、剣の魂です。それが人によって現される為、段々剣から人になって行ったのです。つまり、昔の人の信仰が段々合理化して参りますと、変って行く訣です。つまり其魂がおつきになると同時に、神武天皇がお甦りなさったのです。まなあの入る手順に就いて、少し説明を為過ぎましたが、ともかく、もにこもるということは、そういうことです。魂が入りさえすれば復活するのだから、其剣の精霊――威力――が入った為に、神武天皇が力を発して来られ、進む所敵なしという状態になられたのです。其をえの儀式から後は、否定することが出来ない程訣りきった話です。つまり、剣を持ったからではなく、剣の精霊が入ったから力を得られたのです。だから、平常の場合を考えますと、裳に籠るという状態は、始終なくてはならないのです。でなくては、人間の魂は疲《くた》ぶれきってしまうのです。自然界において、冬に皆葉が落ち、物によっては、茎も無くなるものがあるでしょう。百合・蕗・水仙などは、滅亡してしまったかと思うほどですが、春になると葉が出て来て、去年より大きな花が咲き出すし、根本を掘って見ると玉が去年より大きくなって居るのと同じように、どうしても昔の人は一遍死んだことによって、新しい力をもって生き返って来ると考えていました。我々には死ぬという語で説明する方が訣り易いが、つまり、もっと昔の人は歩けない状態になって籠って居て、それから今度は発して来ると、即、はるという際に出て来ると、大きくなって来る。だから、其を一遍々々、一年々々繰り返して行かなくてはならないと考えて居たのです。その繰り返しが、一生に一遍だけあるはずが、毎年あるという風にも考えられ、或は一生の中、或時期に来ることがあると考えられるようにもなったのです。それで、一年一遍死ぬと言ってもよいことになります。此一年に一度死ぬという考えは、永久に死なないという風にも説明が出来ます。此説明は、それだから、死ぬとも死なないとも言えるのだから、ちょっと話した位では訣り難くはなりますけれども、ともかくも絶対に死ということは、日本人の考えからは考えられないのです。もし本道に死んでしまうと考えるならば、身体と共に魂も去ってしまう訣だから、何にもなくなってしまうことになるのです。さすれば永続した、神聖な職業というものもない訣なのです。譬えて言えば、勿体ないことですけれども、天皇《すめらみこと》という、天子の神聖なお為事も、天子がお崩《かく》れになるものと考えるならば、なくなってしまう訣です。ところが信仰上の事実ではお崩れにならないのです。何時も例に引いて居るのですが、尠くとも、出雲の国造家では死ということは考えなかったようです。日本の宮廷の方では、これは最厳重に守らなくてはならないことだったのですが、信仰と文明とは早く両立しなくなってしまって、文明の方に進んで行って、信仰が省みられなくなってしまったのです。其が、出雲の国造の方では後まで残って居たのです。いろいろ国の種類が違い、土地が違うから、同じような信仰を持って居たとは思われませんが、大抵宮廷の信仰で統一されて居るから、出雲国造の信仰をそのまま宮廷にまで持って行っても、大して間違いはありません。出雲国造には死ぬということはなくて、国造が死ねば同時に次の国造が立って居て、その間に先代の国造が死ぬということは考えていないのです。つまり、我々が考えると復活に過ぎないのです。死ということは絶対にない訣です。こっそりと先代の国造の死骸は、ひしねの池へ持って行って流してしまうのです。大国主の伝説・神話によって猪形の池に流してしまうという風なことでしょう。それは、人間的の事実の矛盾を書いてあるのです。ところが、宮廷では此点ははっきりして居て、そうした信仰状態をそんなに長く続けられてはいないのです。外国との交渉がある為に、天子に事があると、三韓から或は支那からお見舞に来るから、早くからそんな信仰はなくなってしまった訣です。

だが、併し、よく考えて見ますと、天子に死のないことが訣ります。天子に死のないということは、もう一段低い階級を信仰的に考えて見ますと、我々が死ぬと、古い時には、殯《もがり》ということを行って居ます。殯《もがり》という語は此は日本の古い語の形で、つまり、かりもということです。かりのもということです。語が逆になって居るので、英語文法などの形容詞が下に廻る形は、日本語にはなかったと言って居ますが、古い語には、逆字が、しかもずっと日本から南に連なって、其が多いのです。つまり、我々は仮りに、日本の宮廷の御祖先は南の方から来られたという風に考えて居ますが、大体南の方の語にはそういう語の形が多いのです。もがり或は殯宮《もがりのみや》——宮廷の場合に殯宮《もがりのみや》ですが——ということは何ということか、説明はつきますが此場合は説明するのを避けて置きます。其あらきの宮、殯宮《もがりのみや》へお入りになるのですが、其間を宮廷では、大行天皇と申し上げて居ます。それから愈《いよいよ》、お崩れになったと定まると、御諱名が出来ます。だから、殯宮《もがりのみや》にお入れ申すことを、宮廷の文明が進んで後は、大行天皇という形で伝えて居るのです。支那の風もそうなのです。日本の信仰でも、もっと突込んで考えなくてはなりません。殯《もがり》ということは、陵《みささぎ》を造る間を言うのだと考えて、仮りにお置き申してある所で、或は、あらきの宮とも申して居ますが、よく考えますと、其間は復活せられるかも知れないと思って居る。つまり、魂が遊離して居られる時期だとこう思って居るのです。だから、其間は一所懸命に魂ふりの歌——鎮魂の歌を唱え、或は鎮魂の舞踊を行って居ます。

此鎮魂の歌をうたい、鎮魂の舞踊をすることを遊びと言います。遊びということは総て鎮魂の動作を現すことなのです。其文句を唱えて魂を身体につける動作を魂ふりと言います。ところが、其が変って諸国に行われる魂ふりのことを、国ぶりと言います。大嘗祭を見ますと、天子が悠紀殿・主基殿に居られる間は悠紀の国・主基の国の人たちが国ぶりの歌をうたって居ます。これは天子に其国々の魂をおつけ申すのです。大嘗宮の話は説明が始終行われて居ますから、話しますが、お衾が設けてあります。普通の一番進んで居ると思われる説明には、大嘗宮にお衾を設けて、つまり、寝間をお作り申し上げてあるということは、お崩れなされた天子の聖躬がそこにある形です。そこに鏡が置いてあり、着物を置いてあり、靴が置いてあるということは、つまり御祖先の神様のお骸がそこにあると見て居ると、こう思って居ます。我々こそ死という観念は昔にはなかったと考えて居るから、どっちになっても宜しいが、今の神道の考えでは、それは非常に不都合です。だからどうしても、此には説明が必要なのです。つまり、それは一種の真床覆衾なのです。だから、天子はそこに入られたに違いありません。今はどうなさって居られるか、我々には訣らないのですが、謦いなさって居られなくとも、昔のままということは言えば言えることとです。いくら宮廷の儀式でも、神代そのまま伝っては居ません。時代が変れば、いろいろの新しい儀式が入って新しく解釈され、段々其形が変って来るのだから、今行われてないとしても、昔のことを考えて見れば、そうなる訣なのです。だから先帝の聖躬がそこにいらっしゃらないのでも、形がお変りなさって居るのでも何でもありません。つまり、そこにお入りになる訣です。お入りになって、鎮魂の歌、諸国の国ぶりの歌をお聞きなされて居る間に、魂がついて、廻立殿《かいりゅうでん》のお湯をお召しになるのでしょう。すると、昔のことはすっかり流れてしまって復活され、生れ替ったと同じことになるのです。で、悠紀殿《ゆきでん》が済むと主《す》基殿《きでん》に廻られ、そして廻立殿のお湯を度々お使いになる訣でしょう。

又、中臣寿詞《なかとみのよごと》というのも魂をおつけ申すものなのです。中臣寿詞を見ますと、天子の召し上る御飯や、御酒につかう水をお作りする方法を言って居ると思いますが、実は誕生復活の水の信仰を元々言ったものに違いありません。何故かならば、天神の寿詞というものは、どうも湯をお使いなさる時の寿詞だったらしいのです。反正天皇が淡路の国で産湯を使われた時に、多遅比宿禰が天神寿詞を唱えたと書いてありますが、此も中臣寿詞と同じ意味の文句だったと思われます。産湯を使われる時に、側で唱えられる祝詞だったに違いありません。此について説明がありますが、今日は略します。

つまり古代人はお崩れになっても、そうは思わずに、魂が遊離して居るのだと思って、いい魂をおつけ申す為に、長い間一所懸命に魂ふりを行ったのです。そうしないと、尊い魂がおつきにならなかったのです。そして其は時期があったのです。我々は其時期を、支那風の考えでいうと、一年と切りますけれども、此は日本ではそうではないでしょう。つまり、年が変りさえすれば、其でその時期が済んでしまったのでしょう。或は別に切り方があるかも知れませんが、今日から其を想像することは出来ません。まあ年が変れば、つまり年末にお生れになると、ものあけるのが早いということになりましょう。そして年の始めにお生れになる程、裳のあけるのが遅いということになるのだ、と思います。ともかくも、鎮魂術を施せばお甦りにならなくてはならないのですから、実際における死ということはなくなってしまう訣です。ところが此状態は、信仰上では其を死とは言わないで、私共のまあ今の考えでは仮葬になりますが、仮葬と思われることは非常に具合が悪い話です。此場合天子を離れて申したらよいでしょう。つまり、先代の人と次の人とが、一つのもに入るのです。此に鎮魂術を施して居るというと、魂が今度の新しい人の身体に入るのです。それで宮廷で言えばおほみまに魂がお入りになり、今度出て来られる御方は、新しくおなりになったと同時に、復活せられたのと同じになる訣です。だから、現実に死ということを考えて言えば、日本中で天子のお崩れなされた時の一番重い物忌みに、こもらなくてはならないお方は皇太子です。其であるにも関らず、物忌みがされなかった為に、皇太子を止められたというお方が歴史の上にあります。そういう風に、実際にお崩れになるかとも、お崩れにならないかとも考えながら、一所懸命に魂をおつけ申して居る間が、殯《もがり》の時期ですが、其時に鎮魂術を施す者、宮廷で申せば、一生一度、専門家が出て此を施して居ます。神話の上では、天鈿女命が此をせられたという風にも説明します。或は、出雲人の間では、いろんな鳥が葬式に奉仕したという伝えがあります。天稚彦《あめわかひこ》が死んだ時に、海の鳥、河の鳥、いろんな鳥が出て来るということになって居ましょう。鳥というものは、魂を保留して居るのです。ですから、人が死んだというと、鳥が集って来ます。其が神話になって来ると、鳥が葬式に仕えるということになるのです。

此を、平均に総ての環境に亘って見ましても、宮廷で、天子に限りませんが、尊い方がお崩れになると、鎮魂術を施すものは誰かということになります。其処に遊部《あそびべ》というものが居るのです。此部は服部などいう部で、久米邦武博士は、遊部が後のえただと言って居られますが、此は合理的な説明で、えたというものは果してそんな風に出て来たでしょうか。此は職業が、動物に関していて、動物の皮を扱うことになったから、其職業を世の中で卑しいものと認めた時代から、此を嫌ったものです。遊部は決してそんなことに関係はないのです。後世には卑しくなって居ますが、昔は鎮魂の歌を唄い舞踊をする部曲ですから、何も卑しいことはありません。遊部ということは、鈿女命によって其最初を説明する事が出来ます。此鎮魂によって魂がつかなくてはならないのですから、死ということは考えられないし、又復活せられるという式があった筈なのです。此生きるか、死ぬか決ってしまうことを試そうとして、一所懸命に魂をつけて居る時期があらきの宮・もがりの宮と思って居ますが、本道は、其間に新しいおほみまと古いおほみまとが交換する訣です。そうならなければならないのです。こうした神秘なことは、昔の人は決して残さなかったのですから、我々は信仰上には、死ということは絶対にないと思っていたと言ってよいのです。だから、神道の上において死をどう扱うか、ということになると困ってしまいます。此世の中が段々進んで参りまして、支那の文化が入って参ります。そうなると、支那風の儀式が宮廷に行われて参ります。この影響の一つとして、天子がお崩れになった時誄《しぬび》――その外の場合でも尊い方の場合はするようですが――詞《ごと》を唱えるということが行われて来ます。それから同時に、哭を奉ります。此が飛鳥《あすか》の都の末頃から、段々続日本紀の時代にまたがって出て来ています。此に対しては、次々信仰状態が変って来ますが、其は、支那の儀式の方法が入って来たのだろうと思います。其説明をちょっとして見ます。

一体誄詞《しぬびごと》は何だと申しますと、特別に今我々が考えて居りますように、何処そこの誰それが死んで悲しんだ、名前を隠して見てくれ、という風に言うて居ったと思われますが、日本紀や続日本紀を見ましても、どうも実際はそういうことでなさそうです。何故かならば、天子がお崩くなりなされたというような時には、何処そこの役人が役所を代表して、仮りに申せば、太政官の役人でみぶのことを奉る階級は、つまり誄詞《しぬびごと》を奉る家なのです。みぶのこととは何だというと、みぶの言《こと》、奉仕の来歴が書いてあるので、物語、即、一種の叙事詩ですが、一転すれば祝詞になるものです。みぶということは何だというと、皇子がお生れになると、宮廷でお育て申さないで、その皇子と非常に親密な関係・親族関係のあるものがお引き取り申してお育て申すのです。つまり、後から考えると、その皇子の後楯になる臣下が出来る訣です。豪族に皇子をつけて置くのです。その説く物語が、みぶの言《こと》ということになるのです。そして宮廷の文章だから言《こと》というのです。譬えば先に出ました、反正天皇のことで申せば、天皇がお生れになった時に、多遅比氏が天神寿詞を奏した訣です。――武蔵に多い多遅比氏、熊谷丹治直実というのも、丹治は多遅比です――此多遅比氏がみぶのことを奏したと書いてあるのです。みぶということを一番適切に現して居るのに、乳部と書く事があります。つまり、そのお方を保育し申したから、乳部と書いてある訣で、此は当て字ですが。一番適切に、一番よく当って居ると思います。ともかく、親王《みこ》をお育て申すと、産湯の時に唱えた寿詞に段々つけ加えられて、其儘の来歴を伝えるものになって居るのです。譬えば、反正天皇の時の話を見ますと、天皇が淡路国の瑞井という所で産湯をお使いになった時に、多遅比宿禰が天神寿詞を唱えた其折、その瑞井という清水の中に、多遅比の花が飛び込んだ。多遅比というのは虎杖《いたどり》でしょう。其為にこの親王《みこ》をば、多遅比瑞歯別命とこう言って居りましょう。この御名には、更に二つの説明があります。何故かならば、多遅比氏に養われたので、多遅比瑞歯別ということになります。又同時に、天皇は歯が蝮の歯のようになって居られたので——昔の歯はずっと出て居るのが綺麗な歯です。今ならば出歯見たようなのが美しい歯ということになるのでしょう——多遅比瑞歯別と申し上げたとも説明すれば出来ます。まだ外にも説明はつくが、とにかく、三通りの説明が出来ます。この場合多遅比氏は、反正天皇の為にはみぶ（乳部）なのです。そうするとみぶの言というのは、反正天皇の場合は、産湯をお使いになった時に多遅比の花が飛び込んだ話から、天皇の御一代の物語をお語り申し上げたに違いない。

　そういうものを、譬えば、天武天皇がお崩れになった時に、みぶの言を物語ったとすれば、天武天皇をお育て申した所の詞——外の詞のように訣りませんが——といった種類のものを読んだことになるのです。そうすると其は、今言う所の誄《しぬび》詞《ごと》ではありません。物語或は、物語以外の物語に非常に関係の深い、皇族様をお育て申した家の物語です。だから、何も悲しみの詞ではなかった筈ですが、其が段々悲しみの意味を混えて来たに違いないのです。つまり、其天子が何時迄もお達者であるように、という風な祈りの詞を寿詞というのですが、其寿詞を唱えに来る人が何時迄も達者という信仰の下に唱えられるのであって、何時迄もそういう内容を含んだ所の寿詞が、つまり誄詞《しぬびごと》に代るものであって、尊いお方が死なれた時にはそういうものを唱えられたのが、段々悲しみを現すようなものに変化して来たのだ、と私は信じて居ます。どうも誄詞《しぬびごと》というものは、何だか関係のないことであるらしいのですが、それは段々時代が進んで行くにつれて、変化を経て居るのだと思います。そして其変化は確かに見られます。それには誄詞のうちに慶事を読み上げる、即、御慶事である日嗣——登極《とうきょく》と普通言いますが、登極とは天皇陛下が御即位になることで、同時に、御即位なされた次第を述べることを登極と言います。或は譜代と書いてひつぎと呼んで居ります——を読み上げる式があります。この御慶事を読み上げるということはつまり、今迄のずっと始めからの、天子のお手柄を読み上げることになります。

　この手柄を読み上げると言うことは、其天子の御伝記を読み上げると同じことになります。だから一種の物語を読み上げるということにもなります。私は、つまり宮廷に伝って居た叙事詩を誄詞に用いたのではなく、初めから誄詞としてあって、それが段々変化して、今度はお生れなされた方に、あなたはお生れになりました、というような自覚を与えることが出来たのではないかと思います。つまり、信仰上ではお崩れにならないけれども、死霊《しりょう》の恐れの為に、お崩れなされた御方に、その自覚を起させ申す為に日嗣の御慶事を読み上げるので、そうするとあなたは愈お崩れになったのだ、という自覚を起させることになったらしいのです。

この説明は時と共に自分でも変えなくてはならないと思って居ります。私はいろんなことを申しながらも、自分のことを段々改めて来なくてはならないので、そうして参って居ります。こういうことから、微細に亘って改正しなくてはならぬことが沢山あると思います。そして神道がどの時代を対象として居るかということを申しますと、少くとも、飛鳥の都から藤原の都へ来る迄の間です。孝徳天皇の難波の長良の宮があります。それから天智天皇の近江の大津の宮があり、それから又天武天皇の飛鳥の宮に帰って、それから藤原の宮になるのですが、其時代の間に信仰は勿論、何から何迄動揺を起して居ます。つまり新しい合理的の説明が行われて居ます。其為に書物・歴史などにはっきり出て来るのは、それから後なのです。神道に関する書物も、本道はそれから後に出て来たのでしょう。譬えば、惟神《かむながら》の道ということを説いて居るのも、仏法ということに対して、神道という語の出て来るのも、長良の豊崎の宮からでしょう。天武天皇の時代になると、もっと神道意識がはっきりして来て居ます。その神道意識に合理化が入って、合理的に神道というものを纏めて来たのは、支那の儒学の理論をもって理論化して来たことであります。だから、本道の所は、出来るならばもう少し前のことを考えて見なければならないと思います。そうしたことは、私は出来ないとは思えません。何故ならば、我々のやって居る学問は、今迄の学者がもう此上のことは訣らないと思って居られたことを、微力ながら少しずつ開拓してやって来て居るのです。唯、我々の心が飛鳥の都から先へ帰ることが出来れば、つまり直感力をそこ迄働かして行くことが出来れば、やれないことはない訣です。それには尚、時代々々についての観察が肝腎だと思います。飛鳥の都なら飛鳥の都、長良の都なら長良、藤原の都なら藤原の都はこうだということが、はっきり訣って居なければ、それから先は訣る筈がありません。人間業では結局は、何処までも細かい所迄知ることが出来ないのですが、大体において、我々の直感力というものはそう馬鹿に出来ないのですから、出来るだけ神典に立脚し、更に時代々々の天子に関したいろんな記録を見ながら、其から出て来るものであれば、比較的確かなものが得られると思います。唯、安々と哲学的或は神学的に解して考えて行きますと、其考えは今の立場から考えているのだから、古代を離れたものになって来るのです。其も新しい宗教を編み出すというのならば別ですが、此はつまり、今の立場から神典を利用することになるのです。或は神典を持って居て、そこから新しい組織をして来るのだから、其点では構いませんが、古い状態をもう一遍復活せしめようということには、不適当だと思います。まだまだ先を話して行かないと、私の新しい考えは話せないような気がして、まだ本道の話をしていないのですが、ともかく、此だけの運びを申して置かないと、葬式ということは言えない訣です。又此だけの運びをつけて置けば、只今の私の考えとしては、準備が出来たと思います。

併しながら、最後にもう一つ附け加えて置きたいと思うのは、はふりという語です。はふりということはどういうことか。我々が普通に考えれば、はふる――捨ててしまうということを考えます。放《はふ》り出す、投《はふ》るということと、はふりとは同じ語だから、捨ててしまう意味で、死骸を野山に捨ててしまう語だろうと思って居ますが、此は昔に返して考えますと、尠くとも神主という神主は、国造とは同資格です。宮廷においては、天子が神主であらせられ、天子が神事を行わせられなくなると、中臣・斎部等が代って神主ということになりましょう。此と同じ関係が地方の国々にもあって、地方の国の長が神主であり、同時に国造です。其下に居るものがはふりでしょう。つまり祝部と書いたはふりでしょう。其はふりをよく考えて見ると、国造の居ないような小さい――というと語弊がありますが――村々のうちでは、村々のはふりと書いて居ます。だから、神のある所では、はふりだけで済まぬので、其上に居るものが、国造、つまり神主なのです。

其に対してねぎというものがありますが、我々が見ますというと、神主とはふりというものは、非常にくっつけて言われて居ますが、ねぎというものが特別のもので、此方が、新しく思われます。今では宮司・禰宜・主典ということになって居まして、禰宜という語の意味が少しはっきりしなくなってしまい、近代的の意味が加わって宮司の次だから禰宜、其次の神主だから、はふりは三番目という気がしますが、これは時代がたって考え方が変ったのですから、そういう風に解釈しても為方ありません。ともかく明治の完成以後には、そういう風に感じて居たということになるのです。禰宜ということは私はこう思います。国造・県主というものがあります。県主とは何かというと、宮廷の領地を治めるものが、県主で、元来其国を持って居たものが国造でしょう。だからもう一つ申しますと、県主というものは、国造の国にもある訣です。ですから、此は国の政治上の名前です。国造は信仰的に言えば神主です。県主が禰宜です。禰宜というものは何だというと、神に約束してこういうことをしてくれたら、願いが叶ったら報酬にこれだけのことを与える、という条件つきで願をかけるのです。つまり、後の祈願・願立と同じことになるのです。ねぎということはこうして願う意と思って居ましたが、同時にねぎらうと同じことになるのでしょう。労を犒《ねぎら》うというと、後の事になりましょうが、最初から約束して居る事が、ねぎということで、古い物を見ますと、最初からこういうことをしてくれると、こういうことをして差し上げるという風にして居たと思われます。だから禰宜というものは、県主と同じようなものになって居ます。そしてずっと此が行われました。頼朝が鎌倉幕府を開きました後迄も、つまり国司とそれから国司の間に鎌倉から遣した役人を、挟んで居りましょう。そういうことは鎌倉幕府で考えたことではなく、ずっと伝わって居たに違いありません。県主と国造とをしきりをしようと考えて居りますが、そうではなく割り込んで行くことがあったのです。信仰上の力でそれを言えば、神主と禰宜との関係です。ところが、はふりというものは国造の下にいるものです。元来土地々々の神に仕えているものです。で、はふりという此語は、我々にはどう解釈していいかまだ訣りません。が、唯神典を解釈する人は、はふりということは葬式を扱うことをした人だ、というような言い方をするのですが、私はそれは賛成できません。それだけで簡単に説明するのは語の遊戯です。昔のことは訣らないことが多いから、先に申しました通り、或所までは語の助けを借りて行かなくてはなりませんが、或所以上はそれを避けなくてはなりません。はふりという語は、はふむるという語、或は放り出すという語と似て居るから、はふりというものは、神主に対して、葬式のことを司って居たという風な考えは、成り立たぬと思います。寧《むしろ》、はふりというような語を説明するならば、やはり、朝はふり・夕はふりというような、物を動揺さすという意味で、鎮魂術に関係のあるものをはふりという風に見たのが本道かと思います。魂を入れる為に動揺をさして動かすと、魂が人の身体につくのですから、そういう風に解釈していいと思います。

唯、葬式を見て行きますと、神主の行うことばかりでなく、はふりの式というものは考えられます。つまり、葬列を組んで送って行くことはよく物に出て来ますけれども、はふりということは、道を歩きながら、どっちに行くのか、どの方面に行くのか訣りませんが、道を歩きながら行くということは必何か、其人の死について悪い動機があった人のようです。埋めに行くのか、或は何処かに連れて行くのか、殯宮に連れて行くのか、何だか訣りませんが、ともかくもいけない動機で死んだ人に対して行ったようです。行列を組んで、御飯を盛った容れ物を持ってついて行く、というようなことが要素になって居るようです。或は箒を持って行く、其他いろんなものを持って行くようですが、ともかくも、何か妙な行列を作って出かけて行くようです。此点私にはまだ訣りません。だが、悪い死に方をした人というものは怨霊が残りますから、まず実際の死というものを自覚させる為に、葬列、つまり、はふりの道行きというものが出来て来たのではないか、村から遠い所へ持って行って、そこに安置して村へ来させないようなことが出来て来たのではないかという、其以外に葬列のことは言わないようです。其で考えますと、いけない死に方をした人は、遠い山の上などへ持って行かれているようです。譬えば、大津皇子などは二上の山の上に置かれて居ます。こういうような風に葬られて居る人というものは、つまり此世《こっち》へ出て来られない所へ誘って連れて行かれたのだ、ということになるだろうと思います。誘って連れて行くということは同時に、踊りを仕組んで、沢山の人がとり巻き、欺して遠い所へ連れて行くという形になるのです。で、其意味において言うことが出来れば、我々が今持って居る、放《はふ》り出す・投《はふ》るということと、はふりということと関係があるとすれば、そういう風に連れ出す動作がはふりではなかったかとこう思うのです。それにしましても、つまり神主に対するはふりと、どれ位関係があるかということは、私には訣りません。

　幾ら繰り返しても、何時も話が堂々廻りをしているようで、大変済みませんが、ともかくも正式に死んだ人には死という考えがない。死体が無くならない。ですから神道の死という考え方は、死ということを考えないのが本道だと思います。それで、信仰と事実との間の矛盾撞着が、段々著しく目に立って来た。併しながら、そうなって来るというと昔の神道では解決をつけなかった。ちょうど殯に籠るということが、復活の儀式をする為に、その儀式の前提にあったにも拘らず、我々が死んで物忌みに慎んで居るという風に考えるのと同じです。ですから古い神道においては、解決のつかないことだと思って居ります。だが、所謂はふりということが、そういう意味を持つとすれば、そういう葬式をするということは、神道では悪いことになることだと思って居ます。ですから、死んだという扱いでなしに葬ることが、神道式の扱いではないのでしょうか。同時にそういう風な形をとれば、神道の葬式というものは、葬式を行って直ぐに神にお仕え申しましても、穢れということはないことになるだろうと思います。其中間において、我々死の穢れというものを、あまり強く考え過ぎているのではないかと思います。

霊魂

日本の霊魂信仰は、時代々々に変化があり、又変化しないで止っている部分があって、それが混淆《こんこう》している為に、ある時代の霊魂信仰だけを取りあげる事は難しい。寧、常識でする様に、どの時代でも各要素が備っている様に見てゆく方が、当を得ている様に見える。だが仮りに荒く順序立てて見よう。

霊魂はたまであり、今所謂たましひはもと霊魂の作用である。たまは霊体であって、多くの場合露出せず、ものに内在している。そう言う時、霊をつつんでいるものをもたまと言う。宝石・貝殻又は単なる石をたまと言うのはその理由である。之がつつまれたものから出る時は、多少とも霊魂としての機能を発しようとしているので、之が人躰に入るのを通常とする。同様のもので、此信仰が諸物崇拝によって現れたのがものである。之は自由に人身に入り易い性質を持っていた。もののけと言えば怨霊の意義に用いているが、怨霊によって起る病気の原因をなすその霊魂の義に用いている。かかる場合には、特殊なものの外、幸福の予期せられぬものである。尤古く正当なものは、外来魂の信仰による霊魂であって、恐らくみいつ・いつのをたけびなどのいつがそれであろうと柳田先生は言われた。即《すなわち》日本では、天子に憑るまなあであり、或時代には、山幸彦・海幸彦による山幸・海幸の如き威力の名であったろう。其点において語を信じて言えば、さち・さつは言うまでもなく、海漁山猟の幸の源なる霊魂である。之を広く見て、天皇の上に言う時にいつを用いるものと見る事が出来る。即、日本紀に言う所の天皇霊である。この霊が天皇以外に現れる事を伝えたものは、大国主命の奇魂《くしみたま》・幸魂《さちみたま》である。奇魂は医療の威力を持つ事で、酒を意味するくし・くす・くすりに通ずる奇魂である。幸魂は音韻の変化はあるが、さちに関する霊魂であるから、やはり猟を自由にする威力をあたえる霊魂である。大国主が海を照して来る光り物に汝は誰ぞと問いかけて、吾は汝の幸魂・奇魂だと答えられたのは、言うまでもなく大国主に内在する筈の威力だからである。奇魂・幸魂を荒魂《あらみたま》・和魂《にきみたま》にあてて説く説もあるが、之は各別のものである。霊魂が戦争の威力を発する時、荒魂が分離するので、此点は外来魂には当らない。荒魂が出来る場合、相対的に和魂も自ら現れるものと見ていた。霊魂は多くの場合、一度分出すれば合躰するものでないから、荒魂は別に祭り鎮められ、従って和魂も同様に祭られなければならなかった。

霊魂の人間の肉躰・生命と関係する点を名づけてよと言う語がある。用例の多く分れている語だが、大祓の時に天子の御衣として祓われる荒世御衣・和世御衣は、天子の霊魂のうち、古い部分が祓われて離れるものと見ているのだが、自ら幸魂・奇魂とは例を異にしている様に見える。霊魂が衣に著いて離脱し、荒魂が分れる時には、和魂も従って分れ、威力ある霊魂はいくら分離しても量には全く増減のない事を示している。神の生活の間にも、いろいろ動揺がある為に、分離した部分は消えないままで、存在をつづけている訣である。

霊魂は分離し易いものだから、それを鎮める必要があった。併し鎮魂の儀礼は、必しも霊魂を鎮める事ではない。先に述べた外来魂を、身に鎮めて威力を新しく加えるのを、日本の霊魂信仰のうち最重大なものとして来た。此はたまふりと言う。魂を密著せしめる意である。威力ある霊魂を密著せしめて、その要る時に新しい威力を発揮せしめようと思うので、古代において、各の国・氏の持つ威霊を天子の御躰に鎮めようとした。その鎮魂《たまふり》法は、国・氏に夫々皆固有なものがあって、歌をうたいながら、御躰にうつすものであった。石上鎮魂法は、その由来を伝えた古いものである。天子の聖躬には、氏・国の魂が這入って、威力を集めている訣だが、それが魂主の魂を減少させる事もなく、又聖躬にも適当に整うて這入っているのである。そうした魂の信仰は、今の人々には諒解し難いであろう。而も又、天子に内在する霊魂を拝する場合もあった。朝拝の古代における意義がそれである。又霊魂信仰が延長せられた結果、我が国で最尊いと考えられた天子でさえも、拝まれなければならぬものがあった。天子の父母たる上皇・皇太后である。此為に仙洞御所へ来られたり、拝する為の行幸をせられたりする。此が朝覲の行幸である。

霊魂を拝む事は、それと同時におのが霊魂を奉り、対者の健康を祝福するものとして、中世から近世に渡ってまでも、なおこの風が諸侯・公卿の家々において行われた。多くは、近世霊魂に関係させて考える盂蘭盆の第一日とも言うべき、七月十三日、死霊のいまだ迎えられない時である。皆主人の屋敷に集って、主を拝する。之をおめでたごとと言う。「めでたくましませ」と言う儀式だからである。それは主人に言うよりも、主人に内在する魂に言うべきものであった。又一つに、魂祭りの一種と見るが故に、生霊《いきみたま》とも言い、盆に関係して考える為に、生き盆などと言った。今もなお行う地方がないではない。言葉の示す様に、生霊を拝する行事だからである。この御魂祭りは、おそらく中世において既に魂しずめの目的を含んで来たであろう。人躰の霊魂は、うかれ易くあくがれ易いものだから、それを予めしずめる為に魂しずめが行われ、それと共に常に、離脱した霊魂を完全に躰内にしずめようとする事も、しばしば行われた。之が本格的な鎮魂法である。之を魂しずめと言う。中世以後我が国の鎮魂術と称するものは、皆此意味を持たないものはない。

鎮魂を行う特殊な場合がある。病気と死に関する方法である。魂が遊離する為に、思わぬ霊魂に行き触れて感染する。それが病気の起りだと考えていた。だからそれを呼び返してしずめなければならなかった。又常習的に魂の離脱する病があって、かげのわずらいと言われた。之も病気の一つである。

人魂と言う語は万葉集にもあるが、後世に言うものと同じかどうか疑わしい。唯人の魂があくがれ出て、人目に見られる信仰ならば、中世以後屢現れている。又之に関する呪術もあった。唯近世の様に、それが必しも人の死なんとするに当って逸出するものとも定められない。古代に人の死を確認する方法がなかった為に、相当の期間殯《もがり》して、屍を止めて置いた。此期間に行われた儀式・呪術が、多く生人に対するものであったのが、死者に対するものと誤認せられたものが多い。其為に死者に対して生者の礼を行ったのか、死者に対する礼であるのか、判断出来ぬ事が多い。魂よばい・魂かえしと言われる呪法は、生者の魂が一時的に遠くへ行ったと考えたと思われるものが多い。古代にも阿遅志貴高日子根神の姿を見て、天若日子が蘇生したかと驚いた物語、仁徳天皇、稚郎子の屍に跨り、「我弟皇子《わがいろとみこ》」と三度呼んだ時、蘇生して自ら立ち上ったとある。招魂に違いはないが、之は死者にする呪でなく、生者の魂が、呼ばれた事によって、其身に返って来た事なのである。今日行われている死者の招魂法は、中世において、陰陽家らの行った方法を伝えているのであろうが、それだけに正当に変化したと言うより古風であり、方法としては固定しているものが多い。招魂法は、支那にも栄えていたと言うより、むしろ支那の方法を伝えたものが多く、在来のものと混じて、本末を判断する事が出来なくなったのである。だから霊魂に関する考察は、招魂法に向っては、初めにあまり重大性を感じない方がよい。

招魂法のうち、わが古風の面影を見る事の出来るのは、恋愛を表示するものである。文学に残ったものは、袖振る・領《ひ》巾《れ》振ると言った方法を見せているが、其場合、袖も領巾も呪術の布として用いられている。思う人に向って振ると、その霊魂が招かれて寄り来る。そうして完全に霊魂が捕われれば、その乞《こい》は成就するのである。之を恋と言う。恋は招魂を意味する魂乞いと同源の語である。魂に関する呪術は非常に重大であると共に、古代信仰の全面に渉る背景をなしているが故に、容易に知り尽す事が出来ぬ。唯時代を経て変形したものが多く、古形のままに残っていると見えるものは、古典的知識だったり、その復活したものだったりするので、学としての取り扱いに、余程の注意が要る。

産霊の信仰

今日は産霊の信仰に就いてお話しようと思う。むすびは漢字で書くと、産霊の字を宛てている。神の名で言えば、日本の神代の初めに現れる高皇産霊《たかむすひ》・神皇産霊《かみむすひ》が、その名の通り産霊の神である。其他にも、産霊の神が相当にある。ではこれら産霊の神の信仰は、どういうものであったろうか。現在、我々の信仰しつづけている神道は、謂わば、宮廷神道に若干の民間神道の加わったものがつづいて来ている訣だが、産霊の神の信仰になると、少し特殊なところがある。其点をお話して、あなた方に注意して貰いたいと思う。産霊の神は、天照大神の系統とは系統が違うので、其点をはっきりして置かないと、考えが行き詰って了う。尚、今一つ注意して置かなければならないのは、縁結びの神である。近世、男女の名前と年齢とを白い紙に記して、社寺の格子戸とか境内の木の枝などに結びつけて、夫婦の契を祈る風習が広く行われたのが縁結びの神の信仰で、此は大体、むすぶの神と発音されている。此と産霊の神との関係はどうかと言う事になるのだが、産霊の神に対する信仰が浅くなって後に、その中へ縁結びの神の信仰が這入って来たので、この両者は、暫くは別にして話さなければならない。

其では、一体、産霊とはどう言う事だろうか。今、其神道的な使い方から遠退いて、普通に我々が使っている近代のむすぶと言う事を考えて見ると、同じ物の両端を結びつけるとか、違った物を一点に結合させる場合に用いて居り、具体的に言えば、譬えば、木の枝を結ぶとか、枝に物を結えつける事と考えている。では、こうしたむすぶという動作は、何の為にするのかと言う事になるが、茲《ここ》にもう少し違った、特殊なむすぶの使用法がある。つまり、水を掬《むす》ぶと言う事である。水を掬って飲むまでの動作をむすぶと言っている。この掬ぶと、物を結合する結ぶとは、関係がありそうだ。此は、元来、或内容のあるものを外部に逸脱しない様にした外的な形を、むすぶという言葉で表現した点に共通する所があって、其が、信仰の消えた後も、動作を表すのに、むすぶと言う言葉を使用して来ているという事になる。

　水を掬《むす》ぶは、信仰的に言うと、人間の身体の内へ霊魂を容れる・霊魂を結合させると言う事らしい。そうすると、其人間が非常な威力を発揮して来る訣で、其作法として、水を掬ぶと言う事をしたのである。つまり、水の中へ霊魂を容れて、其を人間の身体の中へ容れると言うのが、産霊の技法だったことになり、そう言う意味で、むすぶと言う言葉が、水を掬って飲む動作にも用いられているのである。併し、現在では、そうした産霊の精神的な内容は、失われて了っている。が、譬えば、万葉集に見られるむすぶは、近代的に解釈しても訣る――勿論、古典は近代にも訣ると言うところに、一つの価値があるのだが――ものの、それでは本道の古典の正しい訓み方と言う事にはならず、用語例で見て行くと、其処に特別な意味が見出されるのである。それで、万葉集の歌を挙げて、むすぶの説明をして見よう。


　　磐代の浜松が枝を引き結び、まさきくあらば、復帰り見む（巻二、一四一）

「自分は今、此磐代《いわしろ》の浜を通るが、とても再引き返して、茲を過ぎることは出来まい。今、世の人がするように、浜の松の枝を結び合せて、茲にいらっしゃる道の神に、自分の命や旅路の無難を祈って行くが、その祈った通りの効果が現れて、万一無事に健康でいたならば、再やって来て、此松を見よう」の意で、此は、道の神の前を通る時、其道の神に挨拶をし、物を与えて通ると言った、当時の信仰生活の現れた歌である。紀州日高郡磐代の崖の下には、道の神が居り、其処を通る人は、其神に障られるので、物を与えて通らなければならなかった。此道の神は、現在我々の考えている神以下の神で、木《こ》霊《だま》・魑《す》魂《だま》と言った、謂わば精霊で、最近では、でもん・すぴりっとと言う外国語を用いた方が訣り易くなっている。

　では、何を与えるかと言うと、特別にそうした神々の欲しがるものがある。其が霊魂で、霊魂の一部分を与えると言うことになる。此信仰は、日本では今でも続いている信仰で、始めは霊魂を与えることだったのが、其容れ物を与えると言う形に段々なって来て、幣《しで》を与えると言う習慣になって来る。元来、霊魂を与えるのが、軈《やが》て其包み物を与える・物質を与えると言う風に推移して来た訣だ。だから譬えば、禊・祓の時に、其穢れた衣を介添えをした下級の神官が拝領するのは、貴い方の身体の外へ放出された霊魂――穢れた霊魂・草臥れた霊魂――を貰うと言う形で、其霊魂は、貴い方自身には意義がなくても、下級の者にとっては、効果のある事と信じていたのである。あなた方は、神道の為に努力して頂くのであるから、こうした信仰を信じなければ、意味がない。此は、神職として精神的に持っていなければならない事で、決して迷信ではないのだ。此歌は有間皇子の歌で、皇子が謀叛を起したと言う讒言《ざんげん》によって捕えられ、折から牟婁の温泉（今の白浜温泉の附近。鉛山の温泉）に行って居られた斉明天皇の許《もと》へ召されて行く途次、磐代の神に、霊魂の一部を分割して与えられた時に詠まれたものである。「浜松が枝を引き結び」と言う事は、浜の松の枝に自分の分割した霊魂の附着したものを結びつけられた意で、松の枝に鎮魂的な処置をしたと言う事になる。つまり、当時にあっては、此信仰は日常茶飯のことであった為に、むすぶと言う言葉だけで、充分内容を受け取る事が出来た訣で、敢て廻りくどい説明を要しなかったのである。併し、此歌は早くから誤られ、磐代の結び松と言う歌枕になって、万葉集自身でも、既に、

磐代の野中に立てる結び松　心も解けず。いにしへ念ほゆ（巻二、一四四）

と言った歌に見られる様に、誤解がある様だが、決して、単に松の枝を結んで置くと言う事ではなかったのである。

牟婁の温泉に赴いた有間皇子は、斉明天皇並びに皇太子の中大兄皇子に対面した後、磐代の神に祈願した通り、再び磐代の松を見る事が出来たのだが、其処を通過して間もなく、竟《つい》に、藤白坂の山中で絞殺された。昔の神道では、身体から血を流すのが穢れで、血を出さないで死ぬ方法を取った。その一方法が絞殺で、刃物を用いる事は絶対のたぶうであった訣だが、此話には長い説明が要るので、今は其を述べる暇がない。ともかく、こうして、もう一度磐代の松の前を通過させて後に殺して了うと言う事に就いては、恐らく、当時の人には理由があったに違いない。つまり、当然牟婁の地で殺される筈の皇子を、もう一度磐代の地まで無事に送り届けたと言う事は、そうしなければ、皇子の祈願を受けた磐代の神が神としての権威を喪失して了うと考えていたからである。こうして、磐代の神は、有間皇子への義理を立てた事になって居り、此事は、万葉集の外、歴史の書物にも伝えられている。

尚、有間皇子がお目にかかりに行かれた斉明天皇御自身が、もっと若い頃、背の君舒明天皇と牟婁の温泉へ行かれた時、磐代を通って詠まれた歌が、やはり、万葉集に見えている。

君が齢《よ》も　我が齢《よ》も　知らむ磐代の岡の草根を、いざ結びてな（巻一、一〇）

「磐代の岡の草を結んで無難を祈ると言うが、貴方様の寿命も、私の寿命も支配するところの磐代の神のいられる此岡の草をば、さあ結んで置かうよ」の意で、此歌も有間皇子の歌と同様、磐代の神に挨拶をして通られた時の作品である。こうした身分の高い方でも、やはり、霊魂の一部を与えて通られるので、そうしなければ、譬《たと》い、道の神と言った低い地位の神でも、非常な威力を持つものと信じられ、其禍を被る事を恐れていたからである。此歌では、霊魂を草に結びつけて神に与えて通ろうと言う文学的手順を踏んで居り、其によって訣る事は、霊魂を結びつけるものが、必しも松の枝ばかりではなかったと言う事になる。そうして、信仰時代だったからこそ、むすぶと言った表現だけで、其内容を理解する事が出来たのである。

こうした信仰は、以上述べた如く、万葉集の一部を見ても出て来るだけでなく、記紀を初め、其他の古代の文献にも見られ、奈良時代以後も、此信仰はあったに違いない。茲で考えられる事は、人間の身体に霊魂を容れる技術が産霊だったと言う事で、換言すれば、人間の身体の旧くなった霊魂を取り出して、新しい霊魂を容れる方法が、産霊と言う事になる。だから、からっぽの肉体にも霊魂が這入る訣で、其が人間の誕生の時と言う事になり、譬い、如何に尊い神の様な人でも、産霊の技術が行われなければ、生れないだけでなく、神の威力を発揮する事がない。今、記紀を見ると、古事記では一番先に産巣日の神が現れるが、日本紀では後になっている。此は、古事記の持っている神学では、どうしても、霊魂を肉体に結びつける神が現れなければ、ものが出現しないと言う考えが中心をなしているからである。天御中主の神に就いては、長くなるから、茲では説明を省いて置くが、やはり、産霊の神と同種類の神に違いない。ところが、日本紀では、産霊の神をそんなに重要には考えて居ず、産霊の尊と言う形で表されている。

茲《ここ》で先ず考えて置かなければならないのは、我々神職として神道に這入っている者は、どうしても、他人の考えないでも済む事を考えねばならないと言うことである。そこで、では神を此世に現し、優れた人を此世に現す産霊の神とは何かと言う問題に触れて行く訣である。既に述べた如く、神が此世に現れて来るに先立って、産霊が無ければ神は出現して来ないと言う事から、産霊自身も尊い存在でなければならないと言う考えが進展して、其処に高木の神が出現する。高木の神を、高皇産霊の神だと説明して来ている説は、本道と思われる。ともかく、尊い神の中に、霊的に優れた神があって、人間或は神に霊魂をつけ、其能力を発揮させる霊的なものがあったと考えている。つまり、そうした霊魂の技術者としての霊的な存在が、高皇産霊・神皇産霊で、其「高」「神」は、讃辞である。細かい事は訣らないが、対照的になった霊的な神らしいものがあって、此世に数多くの生命を現して来る訣で、霊魂をば神或は人間の身体に結びつける技術を持った、そうした産霊の神のある事をば考えていた事は確かだ。

ところが、此産霊の神は、宮廷にあっては位が低く、五位として八神殿に祀られている。八神殿には神魂《かむむすび》・高御《たかみ》魂《むすび》・生《いく》魂《むすび》・足魂《たるむすび》・玉留魂《たまつめむすび》の五種の産霊の神と、其他に、辞代主《ことしろぬし》・御《み》饌《け》津《つ》神《かみ》・大宮眸《おおみやのめ》の、八柱の神が祀られている。その中、此五種の産霊の神が、一々どういう事をなされたかは判然としないが、ともかく、重大な事をしていたには違いなく、それにしては、神としての地位が低かったと言う事になる。それには何か理由があったのであろう。つまり、産霊の神を本道の神として考えていたのか、それとも、霊的な不思議な力をもって事をする、人間的な存在として考えていたのかと言う点が疑問となって来るが、併し、此は古代人も説明出来ない様な其以前の信仰なのだから、現在の我々の力では到底釈《と》き切れない。其を無理に釈けば、拵え物になって了う。神道は、焦って無闇に解釈しないのが本道である。

産霊の神に就いては、以上述べた事が緒で、此から深くなって行くのだが、私達にはまだまだ説明出来ないものが沢山ある。ともかく、神・人間を此世に出現させて来る産霊の神は、普通の神とは違い、日本の神道に於ける根本問題の一つであり、若いあなた方が是から拓いて行く道でもあるのだ。勉強して下さい。

餓鬼阿弥蘇生譚

一　餓鬼

世の中は推し移って、小栗とも、照手とも、耳にすることがなくなった。子どもの頃は、道頓堀の芝居で、年に二三度は必見かけたのが、小栗物の絵看板であった。ところの若い衆の祭文と言えば、きまって「照手車引き近江八景」の段がかたられたものである。芝居では、幾種類とある小栗物のどれにも「餓鬼阿弥」の出る舞台面は逃げて居た。祭文筋にも、餓鬼阿弥の姿は描写して居なかった。私どもも、私より古い人たちも、餓鬼阿弥の姿を想い浮べる標準をば持たなかったのである。合巻類には、二三、餓鬼阿弥の姿を描いたのもあるけれど、此も時々の、作者々々の創意のまじっていた事と思われる。

だから私どもは、餓鬼阿弥と言う称えすら、久しく知らずに居た。現に祭文語りの持つ稽古本や、大阪板の寄せ本などを見ても、大抵はがきやみと書いて居る。「阿弥」から「病み」に、民間語原の移って来た事が見える。私の根問いに弱らされた家の母などは「かったいや。疳やみやろ」など言うて居た。勿論、母たちにわかる筈はなかったのである。熊野本宮に湯治に行く病人と言う点、おなじく毒酒から出た病いの俊徳丸に連想せられる点から、癩病と考えもし、餓鬼と言う名から、疳《かん》に思い寄せた事と思われる。

其程「がきやみ」で通って居たのであった。此は一つは、此不思議な阿弥号の由来を説く「うわのが原」の段のかたられる事が稀になった為と思われる。陰惨な奇蹟劇の気分の陳《ふる》い纏わりから、朗らかで闊達な新浄瑠璃や芝居に移って行ったのが、元禄の「人寄せ芸」の特徴であった。主題としては、本地物からいぶせい因縁物を展開して行っても、態度としては段々明るさを増して行った。此が餓鬼阿弥の具体的な表現を避けた原因である。

小栗判官主従十一人、横山父子に毒を飼われて、小栗一人は土葬、家来はすべて屍《しかばね》を焚かれた。この小栗の浄瑠璃の定本とも言うべきものは、説経正本「をぐり判官」（享保七年正月板行）であろうと思うが、此方は、水谷氏の浄瑠璃の筋書以外に、まだ見て居ない。国書刊行会本の「をぐりの判官」はやや遅れて居るらしいが、説経本と筋立ての変りのないものである。或は一つ本の再板か、別な説経座或は其他の浄瑠璃座で刊行した正本なのかも知れない。

とにかく、国書刊行会本に従うて筋をつぐ。「さても其後、閻魔の庁では」家来十人は娑婆へ戻ってもよいが、小栗は修羅道へ堕そうと言う事になる。家来の愁訴で、小栗も十人のものどもと共に、蘇生を許される。魂魄《こんぱく》を寓《やど》すべき前の世の骸を求めさせると、十一人とも荼毘して屍は残らぬと言う。それではと言うので、十人に懇望して脇立の十王と定めて、小栗一人を蘇生させる事になる。そして其手の平に

　この者を熊野本宮の湯につけてたべ。こなたより薬の湯を出すべし。藤沢の上人へ参る。王宮判。

と書いて、人間界に戻した。藤沢の上人「うわのが原」の塚を過ぎると、塚が二つに割れて、中から餓鬼が一体現れた。物を問うても答えない。手のひらを見ると、閻魔の消息が記してある。それで藤沢寺へ連れ戻って、餓鬼阿弥陀仏と時衆名をつけて、此を札に書きつけ、土車にうち乗せて「此車を牽く者は、一ひき輓けば千僧供養万僧供養になるべし」と書いた木札を首にかけさせて、擁護人《だんな》の出来るまでと言うので、小法師に引かせて、海道を上らせた。此続きがすぐに、照手姫車引きになるのである。

国書刊行会本の「をぐりの判官」は、此段が著しくもつれているようである。古い語り物の正本としては、此位の粗漏矛盾はありがちの事ではあるが、肝腎の屍の顚末の前後不揃なのはおかしい。これは、小栗土葬、家来火葬ときめてよい。十王の本縁も其でよくわかるのである。唯、骸がどうなって居たのか、判然せぬ点がある。

正本によると

　此は扨措き、藤沢の上人は、うわのが原に、鳶鴉か《ママ》わらふ比立ちよつて見給うに、古のおぐりの塚二つに割れ

　……

とあるのだから、小栗の屍が残って居たと見えるが、鳶鴉に目をつけて見ると「鳶鴉が騒ぐ故」位の意味で、元の屍は収拾する事の出来ぬ程に、四散して居たものとも見られる理由がある。古の小栗の塚と言うよりも、古の塚の他人の骸を仮りて、魂魄を入れた話を合理化したものと見てもよい。

其は、小栗の蘇生が尋常の形でなく、魂魄とからだとが融合するまでに回復するのに手間どっている点、おなじ説経正本の「愛護若《あいごのわか》」でも、愛護若の亡き母が娑婆へ来るのに、骸が残って居ないので、鼬《いたち》のむくろを仮りて来る段がある。此他人の骸を仮る点の脱落したらしいのが、小栗の蘇生を複雑に考えさせる。私は小栗説経の古い形は、此であったのであろうとは思うが、姑《しば》らく正本に従うて説明して行こう。

四五年前にも一度、小栗判官伝説の解説を書こうとして、柳田先生に餓鬼つきの材料を頂いた事があって、企ては其ま

まになって居た。前号に先生のお書きになった「ひだる神の話」を見て、今一度稿を起して見る気になった。

　私自身も実は、たに（た清音）に憑かれたのではないかと思う経験がある。大台が原の東南、宮川の上流加茂助谷での事である。米の字を手の平へ書けば、何でもなかったのにと、後で木樵りから教えられた。

「ひだる神の話」に先生は、名義に就て二つの暗示を含めて置かれた様に思う。一つはだるがひだるから出ていると言う考え、今一つは、だにを本義として、虫のだにと一つものとする考え方とである。此後とも此種の報告が集って来て、先生の結論を、どう言う方面にお誘い申すかわからないが、私も此物語に絡んでいる点だけの小口をほぐさせて頂く。あの室生山の入り口、赤埴仏隆寺のひだる神の事は知らないで居たが、あれを読んで、自分一人思い合せる事がある。中学生で居た頃、十八の春の夕、とっぷり暮れてから一人、あの山路を上って室生へ下りた事がある。腹がすいて居たけれども、あるけなかった程ではない。室生の村の灯を見かける様になってから、棚田の脇にかけた水車の落し水を呑んだ。其水の光りはいまだに目に残っている。あの報告を読んでぞっとした。其感銘を辿りながら書いて行く。

　私は餓鬼についての想像を、前提せなければならぬ。餓鬼は、我が国在来の精霊の一種類が、仏説に習合せられて、特別な姿を民間伝承の上にとる事になったのである。北野縁起・餓鬼草子などに見えた餓鬼の観念は、尠くとも鎌倉・室町の過渡の頃ほいには、纏まって居たものと思われる。二つの中では、北野縁起の方が、多少古い形を伝えて居る様である。山野に充ちて人間を窺う精霊の姿が残されて居るのだ。

　餓鬼の本所は地下五百由旬《ゆじゅん》のところにあるが、人界に住んで、餓鬼としての苦悩を受け、人間の影身に添うて、糞穢膿血を窺い喰むものがある。おなじく人の目には見えぬにしても、在来種の精霊が、姿は餓鬼の草子の型に近よって来、田野山林から、三昧《さんまい》や人間に紛れこんで来ることになったのは、仏説が乗りかかって来たからであろうと思う。私はこの餓鬼の型から、近世の幽霊の形が出て来たものと考えている。其程形似を持った姿である。而も幽霊の腰から下は、一本足を原形とした事を示して居るのではなかろうかと思われる。そうすればやはり、山林を本拠とする精霊なるが故に、おなじ山の妖怪なる一本だたら或は、片方だけにきまって草鞋を供えて居る山の神などと共通する処があるのではあるまいか。

　餓鬼と言うと、先入主に囚われ勝ちになるから、だるの名に沿うて話を進めて行く。私は山野に居る精霊類似のものに、山に入って還らなくなった人々の、死霊の畏れが含まれて居るのを認める。だるが憑くと立てなくなるのは、友引きであり、たとい一粒の食物乃至は米の名を聞かせるだけでも、怨念退散するのは、一種のぬさに当って居るからである。

二　ぬさと米と

聖徳太子が、傍丘に飢人を見て、着物を脱ぎかけて通られたという話は、奈良朝以前既に、実際の民俗と、その伝説化した説話とが並び行われていた事を見せている。而も其信仰は、今尚山村には持ち続けられている。此太子伝の一部は明らかに、後世の袖もぎ神の信仰と一筋のものであると言うことは知れる。行路死人の屍は、衢・橋つめ、或は家の竈近く埋めた時代もあった、と思うてよい根拠がある。山野に死んだ屍は、その儘うち棄てて置くのであろうが、万葉びとの時代にも、此等の屍に行き触れると、祓えをして通った痕が、幾多の長歌の上に残って居る。歌を謡うて慰めた事だけは訣るが、其外の形は知れない。唯太子と同じ方法で着物を蔽うて通り、形式化しては、袖を与えるだけに止めて置いた事もあろうと思う。

みてぐらとぬさとの違いは此点にある。絵巻物の時代になると、みてぐら・ぬさを混同して、道の神にまでたむけて居る。ぬさは着物を供える形の固定したものであろう。着物が袖だけになり、更に布になり、布のきれはしになると言う風に替って、段々ぬさ袋の内容は簡単になって行ったものと思われる。山の神の手向けとして袖を截った事もあったのは「たむけには、つゞりの袖も截るべきに」と言う素《そ》性法師《せいほうし》の歌（古今集）からでも知られる。而も、こうした精霊が自分から衣や袖を欲して請求するものと考えられる様になって来る。此が袖もぎ神である。道行く人の俄かに躓き、仆れることに由って、其処に神のあって、袖を求めて居るものと言う風に判ぜられる様になる。壱岐の島などでは、袖とり神の外に草履とり神と言うて、草履を欲する神さえある。袖もぎ神は、形もなく祠もない。目に見えぬものと考えられて来た様である。

ぬさが布帛の方にばかり傾いて来たのは、恐らく古人の布帛を珍重する心が、みてぐらを供える対象とぬさを献るべき神とを混同させる様にしたからであろう。ぬさの系統には布でないものもあったのである。植物の枝や、食物までも使われた。

植物の枝は着物同様、屍を蔽う為に投げかけられたのである。其が花の枝に替った地方もある。此が柴立て場・花折り阪などの起りである。沖縄の国頭《くにがみ》郡にある二か処の恥蔽《はじおそひ》 阪《びら》の伝説は、明らかに其を説明して居る。恥処《はじ》を蔽《おそ》う為ばかりでなく、屍を完全に掩《おお》うために、柴を与えて通ったのが、後世特定の場処に、柴や花をたむける風に固定したのである。

食物としては、米が多く用いられて居るけれども、菓物を投げ与える事もあったらしい。桃の実や、櫛・縵《かずら》の化成した筍・野葡萄の類が悪霊を逐うた神話などは、或種の植物に呪力があると見る以外に、精霊を満悦せしめる食物としての意味を、考えに入れて見ねばならぬ。散飯《さば》を呪力あるものとしてばかり考えているが、やはり食物としてである。大殿祭にもぬさと米とがうち撒かれるのは、宮殿の精霊に与えるのが本意で、呪力を考えるのは、後の事であろう。すべての精霊のたむけにはぬさと米とを与える様になった。其も亦、我々の想像を超越した昔の事であろう。

野山の精霊が米を悦ぶと言う信仰と、現にとり斂《おさ》められずに在る行路死人とを一続きに考えると、其死因が専ら飢渇の為であり、此原因に迫って行くのが、其魂魄《こんぱく》を和める最上の手段とする事になる訣である。

天龍の中流と藁科の上流とに挟まれた駿遠の山地を歩いて知った事は、山中に柴捨て場の多い事で、其が大抵道に沿うた谷の隈と言った場所にあり、其処で曾て行き斃れるか、すべり落ちて死ぬかした人の供養の為にして通るのだ。さもないと、其怨念が友引きをするからとの説明を聞いたのであった。

馬頭観音や、三界万霊塔の類は、皆友引きを防ぐ為に、浮ばれぬ人馬の霊を鎮めたのである。彼等の友引きする理由はどこに在るか。自身陥った悪い状態に他の者をもひき込んで、心ゆかしにすると見るのは、後世の事であるらしい。そうした畏怖を起す原の姿は、精霊の憑くと言う点にある様である。野山の精霊の憑き易い事実を、拠るべき肉体を求める浮ばれぬ魂魄の在るもの、と考えて来るのが順道であろう。一方、非業に斃れた行路の死人を、其骸を欲して入り替ったものと見た。其が更に転じて、友引きと言う考えを導いたのであろう。総じてかかる・つくなど言う信仰は、必、其根柢に肉体のない霊魂の観念を横《よこた》えて居る。此考え方が熟した結果、永久或は一時游離した霊魂の他の肉体にかかると言う考えを導く。小栗の場合は、他人の屍を仮りたとも、自分の不完全になった骸《むくろ》に拠って蘇ったとも、どちらにもとれる事は、前に言うたとおりである。

三　餓鬼つき

正本自体、火葬土葬を問題にしているから、此事も言い添えて置きたい。所謂蚩尤《しゆう》伝説は、巨人の遺骸を分割して、復活を防ぐ型のものである。日本では古く、捕鳥部《ととりべ》ノ万《よろず》が屍を分割して梟《きょう》せられている。平将門は、此までから既に、此型に入るものと見られて来ている。此と樹精伝説と謂われているものとは、一つの原因から出たとは言われないまでも、考えの基礎になったものは同じである。霊魂或は精霊の拠って復活すべき身がらを、一つは分けて揃わない様にし、一つは焼いて根だやしにして了うのである。日本の風葬《ふうそう》も奈良以前のものは、必しも火葬の後、灰を撒いたともきまらぬ様である。「まく」と言う語《ことば》は、灰を撒く事に連想が傾くが、恐らく葬送して罷《まか》らせる意であったものが（任《ま》くの一分化）骨を散葬した事実と結びついて、撒くの義をも含む事になったのであろう。

秋津野を人のかくれば、朝蒔《あさまきし》　君《きみ》が思ほえて、歎きはやまず（万葉巻七）

たまづさの妹は珠かも。あしびきの清き山辺に　蒔散染《まけばちりぬる》

（？）

などは、風葬とも限られない。

鏡なすわが見し君を。あばの野の花橘の珠に、拾ひつ（万葉巻七）

なども、火葬の骨あげとはきまらない。「ひろう」と言う語に、解体して更に其骨を集める事を含んで居るのかと思う。勿論火葬は、既に一部では行われて居たであろう。が、私はわが国の殯《もがり》の風を洗骨に由来するものと考えて居る。今も佐賀県鹿島町の辺に、洗骨を行う村がある位である。南島と筋を引く古代人の間に、此風がなかったものとも思われない。併し、洗骨の事実を「珠に拾ひつ」と言うたと考えられないであろう。洗骨はやはり、復活を防ぐ手段なのであった。何にしても日本の蚩尤伝説は、其が固定して後までも、実際民俗は解体散葬の方法を伝えて居たものと考えるのが、ほんとうであろう。

家来は火葬で蘇生の途を失い、小栗は土葬の為に、復活して来た。が、此物語の中には、肝腎の部分なる屍の不揃であった、と言う点を落して居るらしい。斂葬《れんそう》に当って、必体のある一部を抜きとって置いたのが、散葬によらぬ場合の秘法であって、其がLife-indexの伝説形式を形づくる一部の原因になったものらしい。小栗の、耳も聞かず、口も働かず、現し心もない間の「餓鬼阿弥」の生活は、此側から見ねば訣らないと思う。

鬼に、姿見えぬ人にせられた男が、不動火界呪によって、再、形を顕したと言う六角堂霊験を伝えた今昔物語の話は、我が国には珍らしい型であるが、飜訳種とばかりはきまらない。よしそうであったにしても、小栗の場合の今一つ残った部分の説明には、役に立ち相である。

蘇生の条件の不備であった屍の説明から、もう一歩踏み込んで見なければならぬのは、元来屍を持たない精霊の、肉身を獲る場合である。

私は長々と、だるが行路死人の魂魄から精霊化して、遂にはひだる神とまで称せられる様になった道筋を暗示して来た。其が更に仏説に習合して、餓鬼と呼ばれる様になった事も解説した積りである。こうした精霊の肉身を獲ようとする焦慮は、ぬさや、食物の散供を以てなだめられなければ、人に憑く事になったのである。其が、食物を要求する手段として、人につく、と考えられる様になったと見る事が出来る。

そうした精霊が、法力によって肉身を獲て、人間に転生したと言う伝説の原型があって、うわのが原の餓鬼阿弥の蘇生物語は出来たものであろう。曾て失われた肉身をとり戻した魂魄の悦びを、単独に餓鬼阿弥の上に偶発したものと見るに及ばぬ。六角堂霊験譚も、やはり同じ筋のものであって、仏説臭味の濃厚になったものであった。

それと比べると、餓鬼阿弥の方は、時衆の合理化を唯片端に受けて居るだけである。併しながら同時に、念仏衆の唱導によって、此古い信仰が保存せられた事も否まれない。

小栗外伝（餓鬼阿弥蘇生譚の二）　魂と姿との関係

一　餓鬼身を解脱すること

餓鬼阿弥蘇生を説くには、前章「餓鬼阿弥蘇生譚」に述べただけでは、尚手順が濃《こま》やかでない。今一応、三つの点から見て置きたいと考える。第一、蛇子型の民譚《みんたん》としての見方。第二、魂と肉身との交渉、並びにかげのわずらいの件。第三に、乞丐《きつかい》と病気との連絡。此だけは是非して置かねば、通らぬ議論になる。

べありんぐるどの「印度欧洲種族民譚様式」の第九番目の「蛇子型」では「子どもがないから、どんな物でもよい。一人欲しい」と言うた母のことあげの過ちから、蛇（又は野獣）の子が授かる。其蛇子が妻なり、亭主なりを、めあわされて後、常に蛇身を愧《は》じて、人間身を獲たがる。母が皮を焚いて了うと、立派な人間になると言う件々を、此型の要素として挙げて居る。

私は、久しく此類話を、日本の物語の中に見あてることが出来なかった。小栗照手の事を書き出しても、此点が思案にあまって居た。叶わぬ時の憑《たの》み人として、南方翁に智慧を拝借しようと思いついた際、窮して通じたと申そうか、佐々木喜善さんの採訪せられた「紫波郡昔話」が出て、其第七十五話に名まで「蛇息子」として出て居た。此には、子が欲しいと言わなかったが、笠の中に居た小蛇を子どもと思うて育てた。授かりものと言う点では一つで、此方が、日本の神子養育譚には普通の姿で、申し子の原型である。人間と霊物とで、言語内容の感じ方の喰い違う話は、民譚の上では、諷諭《ふうゆ》・教訓・懲罰・笑話と言う側へ傾いて行って居る。言あげの過を怖れ、言あげを戒める様になってからは、普通の形でなくなり申し子型に転じて行ったのであろう。

霊物と人間との結婚は、近世では童話に近づいて「猿の臼背負ひ」と言った形になって来て居るが、わが国でも古くは、蛇婿《へびむこ》の形が多い。近代では、淵の主・山人に拐《かどわか》されて行った女は、男の国の姿や生活条件を採るものと見られている。此が古代の型になると、生活法の中心だけは、夫の家風に従わなかった痕が見える。だが此話は、一面神子が人間となり、教主・君主の二方面の力を、邑落の上に持つ様になった事実の退化した上に、合理化が行われたものと見ることが出来よう。到る処にある蛇の子孫・狐の子孫などの豪家で、からだの上の特徴を言う伝説を伝えながら、獣身解脱を説くことの少いのは、故意に伝承を捨てたとばかりは言えない。

巫女の腹に寓《やど》った神子が神であり、現神《あらがみ》――神主――であると言う信仰が、日本に段々発達して来てから、人間身の完全不完全を問題とせなくなったものか。とにかく生れて後、父の国に去って神の仲間に入ったのもあり、其まま人間の母の村に止ったのもあって、一様にはなっていない。が、神子と家系の神との交渉を第一の起点としている家々では、神なる獣身のなごりが永く記念せられて居た。獣身を捐《す》てて後も、尚且、家長の資格を示すものとして、特定の人にしるしの現れることを、おし拡げて、血族通有の特徴なる鱗や、乳房や、八重歯が考えられたのであろう。

もっと残って居なければならぬ筈で、而も「蛇息子」の話の纔《わず》かに、然し、最完全に近く、俤《おもかげ》を止めて居る古代生活が、わが国にも実在したのであった。此考えから、私は蛇子型が我が国の民譚になかろうはずはない、と思うのである。

紫波郡の方では、嫁が蛇身を破ることになっているが、此は、べありんぐるど氏の型の方が、正しい格を示している。母が、子の姿を易《か》えてやる例は、古事記の春山霞壮夫《はるやまのかすみのおとこ》の御《み》母《おや》がそうである。常陸風土記の、哺時臥山《くれふしのやま》の話の御子神に瓫《もたい》を投げて、上天の資格を失わした母も、其にあたる。生みの男の子を、身体の上に加工して村の男にする責任を、母が持って居た俤らしい者を見せて居るのであろう。此は蛇子型の父方の異形身が、母の手で、此国の姿に替えられる事の説明には役に立つ。竹取物語のかぐや姫の天の羽衣も、舶来種でなく、天子をはじめ巫女たちも著用した物忌みの衣である。此衣をかけると神となり、脱げば人となる。此刹那の巫覡《ふげき》の感情が久しく重ねられて、竹取の原型なる叙事詩などにも織りこまれていたのであろうか。白鳥処女型の物語の、此側から見るべき訣は、柳田先生が、古く釈《と》き明されている。此物忌みの衣と、村の男となる前――恐らくは、第一次の元服なる袴着の際――に行うた母の手わざの印象とが相俟《ま》って、衣服と皮膚との間に、蛇子の本身・化身の関係を絡めて居るのではないか。

小栗の物語と、要点比べの上に於て、もっと古く、純粋だと見える甲賀三郎も、蛇身を受けたのは、ゆいまん国の著る物の所為だとせられて居る。此獣身は、法力で解脱する事になって居る。

やがて柳田先生のお書きになる「諏訪本地詞章」の前ぐりに、もどき役を勤めるようで、心やましいのであるが、諏訪の社にも蛇子型の物語のあったのが、微《かす》かながら創作衝動の動き出した古代の布教者や、鎌倉室町のふり替る頃から固定して、台本を持ち始めた浄土衆の唱導などから、段々、あんなにまで変形したのかも知れないのである。

地下のゆいまん国と言うだけに、よもつへぐいを思い起す。異類同火を忌んだだけでなく、同牲共食で、完全に地下の国の人となった事を言うのであろうが、本の国の人に還られぬ理由は、そうした方面からも説く事が出来るのであった。前章にもあげた六角堂の霊験譚、鬼に著せられた著物の為に隠された身が、法力で其隠形衣の焼けると共に、人間身を表した男の話も、仏典の飜訳とばかりは見られない。

隠れ蓑・隠れ笠が舶来種と見られるのも、無理はないが、蓑笠は、神に扮する物忌みの衣であることは、日本紀一書のすさのおの命追放の条を以ても知れる。在来種の上に、ぐあいよく外来の肥土を培うのが、昔の日本人の精神文明輸入の方針であった。無意識の心の動きは、此に一貫して居る。隠形の衣裳が蓑笠になるには、こうした手順を潜って来て居る。

御伽草子には、多少「蛇子型」の姿を留めたのがあり、微かに、小栗物語の我が国産なるを示している。一寸法師の草子は、異形の申し子を捨てたのが、嫁を得て後、鬼の打出の小槌の力で、並みの人の姿になる様に変形している。「鉢かづき姫の草子」では、鉢――他の側からも説明を試みねばならぬが――をかずかせられた後天性の異形が、結婚に関連して壊れる機会が来る。そうして美しい貌《かたち》を顕すと言うのも、よく見れば、蛇子型の加工せられたものであった。

此等の話が、結婚と悪身解脱を一続きにしているのも「蛇子型」のあったことを見せている。兼ねて此型は、母と成年式と嫁とりの資格とに関連したものなることを物語る。

小栗判官の本宮入湯は、膚肉の恢復《かいふく》の為と言う様に見えるのは、餓鬼身解脱の為の参詣と言う形が、合理化せられて、歪んで来たものと見ることが出来る。

江戸期より前の幽霊は、段々餓鬼と近づいて行って居ることは述べた。そうした幽鬼の中、時を経て甦る者の、魂の寓《やど》りは、鳥けものの為に荒されて枯骨となって居る。火で焚かぬ限りは、幾度でも原形に復した巨樹民譚は、もはや印象薄くなっていたのである。そうした餓鬼身を空想するだけでも、いぶせい教誨《きょうかい》である。異民族――他界の生類――餓鬼と、衣服・肉身を中心にして、異郷観は変化しながら、尚、霊物としての取り扱いは忘れなかった。餓鬼身を脱しようとした幽鬼の苦しみは、小栗浄瑠璃には、朧《おぼ》ろに重る二重の陰の様に見え透かされて居る。

二　魂の行きふり

小栗の二重陰の上に、まだ見える夢の様な輪廓がある。其を分解して行って、前とはすっかり反対に、寄るべを失うた魂の話がしたい。小栗の物語には、肉身焼かれずにあった事になっているが、こうした場合の説経の類型から言えば、魂をやどすべき肉身を探して、其に仮托して来ることになって居ることは既に述べた。だから、此浄瑠璃もすぐ一つ前の形は、遊行上人の慈悲で、他人の屍《しかばね》に移して此世の者とせられた上、開祖以来関係深い熊野権現の霊験に浴して、肉身までも其人になり変ると言う筋であったものと見る方が、手の裏反《がえ》す様に小栗土葬・家来火葬と、前段に主従火葬とした叙述を顧みないでいた点の納得もつく。家来たちの亡霊が小栗の娑婆還りを歎願する点も、効果の乏しい上に、近代の改作を見せる武道義理観である。此部分は、角太夫の居た頃の町人にとり容れ易い武士観であったろう。おなじく荒唐無稽でも、少しは辻褄を合せる方が、見物の心を繋ぐ道であった。

併し今一つ、魂のよるべについて、考え直すべき部分がある。それは離魂病である。江戸期の人々は、かげのわずらいと称えて居た。此とても、漢土伝来の迷信と言う風に思う人もあるが、日本ひとりでにも起るはずのものであった。かげのわずらいの怖じられた点は、唯の游離魂を考えるだけではなく、魂自身が亦、人の姿を持つことがあった為である。本人の身と寸分違わぬ形を表すものとする。実体のない魂の影である。

大国主の奇魂《くしみたま》・幸魂《さきみたま》は、大物主神と言う名によって、屢《しばしば》白地に姿を示現した。巫女であったことすら忘られた、伝誦上の多くの近畿地方の処女には、暗いつま屋の触覚を与え、時としては辱《はず》しめを怒って、神としての形を露したこともあった。三輪の神を、大国主とし、事代主として定めかねて来た先輩は、神の魂の一つ一つが持つ、違うた姿に思い及ばないで居た為であった。誠に大国主ときめてかかっても、本地身たる大国主の概念に囚われぬ大物主独自の変化・活動の自在さに、眩《く》らわされた為もある。併し、固定に伴う忘却が、神の垂迹《すいじゃく》を以て、生得独立の神と見易く、又そう言った自由な分裂・自立をさせて来た。其から来る古代人の解釈が順調に印象せられ、其を忠実に分解すると、そうした眩惑《げんわく》も正に起るはずだと思う。けれども、出発点に踏み違えがある。尾を頭に、頭を腹に、腹を尾にするどうどう廻りを避けるには、第一義を蓋然《がいぜん》の基礎に据えて、全然異なる出発点を作ってかからなければならぬのを忘れた為であった。即、荒魂・和魂二種の魂魄《こんぱく》を、すべての生命・活動の本と考える様になった時期より前に、更に幾種かの魂の寄り来ることを考えて居た古代の、続いて居たのを思わねばならぬ。本居一流の和魂の作用の二方面を幸魂・奇魂と説く見方は、従って第二義に低回して、愈究めれば、益循環することを悟るであろう。

幸魂・奇魂の信仰が、段々統一せられて、合理的な二元観に傾きかけた機運に声援し、又其契機の一部をも作ったと見られるのは、有史前後の長い時代に亘って、輸入元としての、とだえない影響を与えた原住・新渡の漢人であった。伝承から、又情調からした行き触れの感染が、書物の知識から這入ったと見て来た学者の想像以上に、時としては古く、力としては強く、反響は広く滲み入って居たことが考えられる。

物の素質を表す場合、古代人の常に対立させた範疇、あら・にごを以て限定せられて表された荒魂・和魂は、舶来の魂魄観とも違って居たが、考えるにも組織立った感じを持たせ、先進民族の考え方に近い誇りを抱かせたに違いない。出雲国造神賀詞《かむよごと》に、大物主を大国主の和魂として居るのは、外来魂を忘れ、内在魂の游離分割の考え方を、おし拡げる様になった時代の飜案である。

又、纔《わず》かに人間出の魂魄をおにとする外、霊物をすべて神と見る様になった時代に、寄り来る魂は、威力ある天つ社・国つ社の神の荒魂・和魂と見なされる様になった。荒魂を祀ることは、祟りをのがれる為ばかりではない。ある時威力の加護を受けた感謝、又狭くは、戦争・病気・刑罰・呪咀の力の源として頼もうと言う心かららしい。和魂の方も、健康を第一として、言語・動作の過誤を転換させ、生活を順調に改更する力の、常住与えられる様にとの考えから祀られる様になった。此二魂斎祀の風と、御子神信仰とが、社の神に分霊を考える習慣を作る主力となったものと思う。

ある神の一魂を祀る社もあり、同所に二魂を別けて祀る風も出来た。従うて、常態即、本体と見るべき和魂に、一時的の発動を条件とした荒魂を、常に対立させて考える様になって行った。

奇魂・幸魂なる語《ことば》は、元来対句として出来た、一つ物の修辞表現かも知れない。

とにかく、大物主は外来魂の考えを含んでいたことは、一つ事の二様の現れと見える少彦名漂着譚と此二魂に関する記の伝誦《でんしゅう》とを見れば知れる。大国主の外来魂の名が、少彦名の形を以て示されてもいたことは明らかである。

我が国の文献に俤を止めた古代生活の断片は、伝承の性質上、神に近い聖者・巫祝の上を談《かた》ったもので、凡下の上の現実として、其生活の痕と見ることは出来ないのである。而《しか》も其等の伝承が、記述当時の理会に基いて、普遍的な事の様に、矯《た》めて書かれて居るものが多い。だから、魂の問題も、神に限った事であることもあり、又、最高の神人として「神の生活」に居ることの多い天子及び国造の原形なる、邑君及び、高位の巫女の上にもおし拡げることの出来る場合も多い。だが、奇魂・幸魂の事は、天子の御代には見えて来ない。唯、荒魂を意味するらしい「天皇霊」なる語が、敏達十年紀に見えて居るのが、異例と思われる位である。天子には「日の御子」なる信仰上の別称があった。外的条件としては、近卑親継承と言う形は厳かに履《ふ》みながら、信仰的には、先天子との血族関係を超えて考えられた。先天子の昇天と共に、新しく日の神の魂を受けて、誕生せられるものとした。そうして常に、新な日の神の御子が、此国に臨むものとの考えなのである。日の御子として、生れ変る期間の名が、天つ日高・虚つ日高の対句で表されて居たらしく、所謂真床覆衾《まどこおふすま》（神代紀）を被って、外気に触れない物忌みを経て、血統以外の継承条件をも獲られたものであろう。

第一代の日の御子降臨の時に、祖母神《おおみおや》の寄与せられた物は、鏡と稲穂（紀）とで、古事記では其外に二神器及び、智恵の魂・力の魂・門神の魂をば添えられている。同じ本には、鏡を御霊として居るが「わが前を拝む如斎《ごといつ》きまつれ」と告げられたと言う合理的な語部の解釈を、其儘採用している。鏡を和魂又は奇魂に、剣を荒魂に、玉を奇魂或は和魂と解せられぬでもないが、姑らく紀に拠って、鏡だけを説く。此は、御代毎に新しく御母神から日の御子が受けるもの、と解した外来魂の象徴と見るのが、古義に叶うらしい。

稲穂は、祝詞・寿詞を通じて、神孫の為の食物に分け与えられたものと考えて来ているが、稲穂を魂代《たましろ》とする豊受姫神が、保食神《うけもちのかみ》・豊うかのめなどの名で、色々な神に配せられ、生死を超越した物語を止めて居るのは、必、意味がある。「食国《おすくに》の政」を預る者は、天上の食料を地上にも作り出して、天神に献る事務を執らしめられるのである。其為事に失敗したのが、すさのおの命であった。

此農作物の魂を所置する法を知られなかったのだ。其で黄泉を治める事になったものと、古伝誦の順序を換えて見るべきだろう。天つ罪が此神の犯した神の供物荒しの罪を数え立てて居るのにも、理由あっての連絡であったのである。

穀物の魂を、御母神《みおやがみ》の魂に添えた理由は、同時に、内宮に外宮を配した所以でもある。外宮は皇太神宮の庤《かむだち》の神として出発した信仰と見ることも出来る。又そうした理会の上に、古文献も、此農神の事を叙述している。而も此神は、田畠の神であると共に、酒の神であり、家の神でもある。大殿祭《おおとのほがい》祝詞註の所謂、室清めの産飯《さば》説も、茸草壁代の霊とする説も、尚合理臭い。此神の子として、若室葛根《つなね》神（記）の名を伝えて居るのは、寧、御饌神《みけつかみ》即厨の神とする説の方がよい。併し、外宮の場合の旧説と一つになる。私はやはり、鏡の象徴する魂・穀物の象徴する魂が、外来魂として代々の日の御子に寄り来るものと見ている。うかのみたまを表すのに稲魂《いなだま》の字を以てするのも、此消息を示して居る。生命の祝福と建て物の讃え詞が並行叙述の形で表現せられているのは、もっと根本的に、此とようかのめの神の魂が、家あるじの生活力に纏綿して居るものとせられていたからであろうと考える。

食国の政を完くする為に、穀神を斎くと考えるよりも、食物の魂の寄って居る為に、家長の生活力が更に拡充せられると言う信仰から出たのであろう。二神器及び三神の魂を与えられたのも、此意義から、無限に外来魂を殖して考えることの出来た古代人の思想を見る事が出来よう。殊に考え方は新しくても、智力の魂の伝えの方は、外来魂の権力の上に、助勢する力として、附着して来るものと考えられた痕を、はっきり残して居る。玉・剣は、呪力の源と見る方が適当であるらしい。

外来魂の考えが荒魂・和魂に融合して、魂魄の游離観を恣ならしめた。荒魂・和魂の対立は、天子及び、賀正事《よごと》を奏する資格を持つ邑君の後身なる氏々の長上者にも見られる。而も二魂、各其姿を持つものとの考えから、荒魂の為の身、和魂の為の身に、二様の魂のよるべとしての御服《みそ》を作った。其二様の形体を荒世《あらよ》・和世《にごよ》——荒魂の身《よ》・和魂の身《よ》——と言い、御服を荒世の御服《みそ》・和世の御服と称えた。而も荒世・和世の形体の寸尺を計って、二魂の持つ穢れ・罪を移す竹をも、亦荒世・和世と言うた。二魂の形体の形代としての御服に対して、主上の寸尺を計る竹も、二魂の形体其物の殻と考えられているので、ある時代に、後者が陰陽道の側から、とり込まれた方式なることを示して居るのではないか。此が、夏冬の大祓に続いて行われる主上の御贖《あがな》いなる節折《よおり》の式である。東西の文部《ふびとべ》が参与することから見ても、固有の法式に、舶来の呪術の入り雑って居ることは察せられる。

鎮魂祭の儀を見ると、単に主上の魂の游離を防ぐ為、とばかり考えられないことがわかる。年に一度、冬季に寄り来る魂があるのである。御巫《みかむこ》の「宇気《うけ》」を桙で衝くのは、魂を呼び出す手段である。いずれ平安朝に入っての替え唱歌であろうが、鎮魂祭の歌の「……みたまかり、たまかりましし神は、今ぞ来ませる」と言う文句を見ると、外来魂を信じた時代からのなごりを残したのが訣る。而も、主上の形身なる御衣の匣《はこ》を其間揺り動すのは、此に迎え移そうとするのである。魂の緒を十度結ぶことは、魂を固着させる為である。魂の来り触れて一つになる時だから、たまふりと言うので、鎮魂の字面とは、意義は似ていて、内容が違うのだ。「ふるえふるえ。ゆららにふるえ」と言う呪言は「触れよ。不可思議霊妙なる宜しき状態に、相触れよ。寄り来る御魂よ」の意であろう。触るは、ふらう・ふらわうなど再活用を重ねる。ふるうもふらうと一つ形である。

荒魂・和魂を以て、外来魂と内在魂との対立を示す様になってからも、其以前に固定した形の、合理化の及ばない姿を存して居た事は、鎮魂祭の儀礼からも窺われた。更に、旅行者の為に、留守の人々がする物忌みも、此側からでなくては釈けない。牀・畳などを動かさず、斎み守るのを、旅行者の魂の還り場処を失わぬ様にするのだ、と説くのはよいであろうか。旅行者の魂の一部が、家に残っているために、還って来ても、留った魂と触りて、其処に安住することが出来るのであった。

留守の妻其他の女性も、自身の魂の一部を自由に、旅行者につけてやる事が出来た。これが万葉に数知れずある、旅行者の「妹が結びし紐」と言う慣用句の元である。下の紐を結んだ別れの朝の記憶を言うのでなく、行路の為の魂結びの紐の緒の事を言うたのであった。着物の下交《がひ》を結ぶ平安朝以後の歌枕と、筋道は一つだ。下交を結ぶのは、他人の魂を自分に留めて置くのである。其が、呪術に変って行ったものであろう。皆、生御魂《いきみたま》の分割を信じて居たから起った民間伝承であった。恰《あたか》も、沖縄の女兄弟が妹神《うないがみ》即巫女の資格に於て、自らの生御魂を髪の毛に托して、男兄弟に分け与え、旅の守りとさせたのと同じである。

旅行者の生御魂を、牀なり畳なり、其常用の座席に祀ったのである。それが一転して、伊勢参宮した家の表に高く祭壇を設けた、近世の東国風の門祭になったのだ。此亦、生御魂の祀りと言う意味から、旅行者の魂の還りのめどにすると言う方へ傾いて来て居る。死者の為にも、ある期間魂牀《たまどこ》を据え、枕も其儘にして置くのも、遠旅にある人の生御魂の家に残って居る考えと一つである。

神今食《じんこんじき》・新嘗祭などに先立って、坂枕《さかまくら》や御衾《おふすま》を具えて、神座の上に寝処を設ける式を、皇祖が主上と相共に贄《にえ》をおあがりになるのだと言う風に見る人が多い。けれどもやはり、一つの御魂ふりの様式で、天子のみ魂ふりであった。こう言う風に、魂の離合は極めて自由なものと考えられて居り、一部の魂は肉身に従わないで、去留するものとし、又更に、分離した魂が、めいめいある姿を持つこともあると考えて居た。此が荒魂が更に荒魂を持つ所以である。だから、游離魂の信仰は言うまでもなく、離魂病のため同じ人の二つの姿を現ずる様な事も、必しも輸入とばかりはきめられなくなるのである。七人将門の伝説などは、此系統に入るべきものである。単に、肉身の復活を悲願に繋けて説く飜訳種、とはかたづけて了われぬ。

思えば、餓鬼は幽霊の前身なのである。だから、実体のないはずの者だのに、古来の魂魄観が、幽霊の末に到るまで、見えもし見えずもあると言った、中途半端な姿にして了うた。

さて餓鬼阿弥の場合、第一章では、肉身を欲する魂魄を以て説いたが、其上にたましひの放散した後、本身の魂への魂ふりに、頗《すこぶる》長い期間を要した蘇生者に対する経験が加わり、又謂おうなら、かげの身が本身と合体する径路も、根柢に含まれて居ると見られよう。此と蛇子型の民譚とが絡みあえば、小栗の物語の蘇生譚の部分は形づくられる訣である。

たましひの語原は訣らないとする方が正直なのだが、魂魄の総名が、たまであるのだから、何処までも一つのものとは言われない。厳重な用語例は尠いが、比較に立てて言うと、たまは内在のもの、たましひはあくがれ出るもの、其外界を見聞することから智慧・才能の根元となるもの、と考えて居たろうと言う事だけは、仮説が持ち出せる。そうして其、不随意或は長い逸出などの、本人の為の凶事を意味する游離の場合に限って、光りを放つものと見た様だ。

古代人は光りをかげと言い、光りの伴う姿としての陰影の上にも、其語を移してかげと言うた。即、物の実体の形貌をかげと言うのは、魂のかげなる仮貌の義である。だから、人間の死ぬる場合には、人間の実体なる魂が、かげなる肉身から根こそぎに脱出するから、其又かげなる光を発して去るもの、と見るより、魂の光り物を伴う場合にあったりなかったりする説明は出来ない。だから、たましひのひを火光を意味すると説く事は、第二義に堕ちて居る事が知れる。

姑獲鳥《うぶめ》は、飛行する方面から鳥の様に考えられて来たのであろうが、此をさし物にした三河武士の解釈は、極めて近世風の幽霊に似たものであった。そう言えば、今昔物語の昔から、乳子を抱かせる産女《うぶめ》は鳥ではなかった様だ。幽霊の形を餓鬼から独立させた橋渡しは、餓鬼の一種であった此怪物がしたのであるが、これは、姿を獲たがって居る子供の魂を預って居た村境の精霊で、女身と考えられていた。

沖縄本島では、同様の怪物を乳之母《ちいおや》又は乳之母《ちいあんまあ》と呼んでいる。幽霊になると、男までも必、女性的な姿になるのは、産女の影響を残しているのだ。壱岐の島人の信じているうぶめは飛ぶから鳥で、難産で死んだ故、此名があるとは言うが、形は伝えて居ない。唯浮動する怪し火の事になって居る。近世の幽霊が、提灯や面明りのように、鬼火を先き立てて居るのも、実は、魂のかげを二重に表して居るのだ。光り物が消えて後、妖怪の姿が現れる様に言う話の方が、古いのである。骸を覓《もと》めて居る魂は、唯の餓鬼ばかりではなかった。不完全な魂、村の男ともならぬ中に死んだ、条件つきでなければ生を享けられぬ魂も、預り親に無数に保たれながら、迷うて居たのである。（炉辺叢書「赤子塚の話」参照）

三　土車

謡曲以後の書き物に見える土車が、乞丐の徒の旅行具である事には、謂われがあろう。乗り物に制約のやかましかった時代に、無蓋の、地を這う程な丈低い車体を乞食の為に免してあったのである。土搬ぶ車を用いさせたのかとも思う、が恐らく、土を大部分の材料につかうたからの名であろう。

土車に乗るのは、乞食が土着せず、旅行した為である。而も、歩行自在でない難病者が、乞食に多くなって来た時代の事である。片居《かたい》・物吉《ものよし》など言う乞食を表す語が、癩病人を言う事になったのは、とりわけ其仲間に、此患者が多かったのを示していることは、言うまでもない。其他の悪疾・不具に到るまで、道に棄てられたのが、後代になる程、罪障消滅など言う口実を整えて来た。過去の罪業を思わしめる様な身を、人目に曝《さら》しながら、霊地を巡拝する事を、懺悔《ざんげ》の一方便と考える様になった。こうして、無数の俊徳丸が、行路に死を遂げたのである。俊徳丸も、謡曲弱法師《よろぼうし》には盲目としているけれど、古浄瑠璃の「しんとく丸」には癩病になっている。俊徳丸の譚が、弱法師をば、必しも原型と見ることの出来ぬ理由は別の時に言う。唯小栗浄瑠璃が、部分的に「しんとく丸」

の影響を見せている事は事実だ。土車に乗る様な乞食は、癩病人が主な者であった。だから、後々餓鬼阿弥を餓鬼やみと考えて、癩病の事と考えたのも無理はない。

小栗は餓鬼阿弥として土車で送られた。勿論業病の乞食としてである。私には餓鬼阿弥の名が、当意即妙の愛敬ある呼び名としての感じも伴うけれども、同時に、固有名詞らしい気持ちをも誘う。即実際、時衆の一人に、そうした阿弥号を持った者があったか、遊行派が盛りに達したある時代に、念仏衆の中でも下級の一団に、餓鬼衆・餓鬼阿弥など総称せられる連衆があったかして、小栗浄瑠璃の根柢をなす譚を、おのが身の上の事実譚らしく語って歩いた、懺悔念仏から出発して居るのではあるまいか。

室町時代の小説に、一つの型を見せて居る「さんげ物語」は、既に、後代の色懺悔・好色物の形を具えて来ているが、ある応報を受けた人の告白を以て、人を訓すという処に本意がある。而も、自己の経歴の如く物語る、袖乞い唱導者の一派が出来て来た。其所に、唱導者と説経の題名との一つになる理由がある。餓鬼阿弥の懺悔唱導が、餓鬼阿弥自身を主人公とするものとなるのである。説経類に多く、唱導者の名が、主要人物の名となって居ることの理由がここにある。

水の女

一　古代詞章の上の用語例の問題

口頭伝承の古代詞章の上の、語句や、表現の癖が、特殊な――ある詞章《ことば》限りの――ものほど、早く固定するはずである。だから、文字記録以前にすでに、時代々々の言語情調や、合理観がはいってくることを考えないで、古代の文章および、それから事実を導こうなどとする人の多いのは、――そうした人ばかりなのは――根本から、まちごうた態度である。

神聖観に護られて、固定のままあるいは拗曲したままに、伝わった語句もある。だがたいていは、呪詞諷唱者・叙事詩伝誦者らの常識が、そうした語句の周囲や文法を変化させて辻褄を合せている。口頭詞章を改作したり、模倣したような文章・歌謡は、ことに時代と個性との理会程度に、古代の表現法を妥協させて来る。記・紀・祝詞などの記録せられる以前に、容易に原形に戻すことのできぬまでの変化があった。古詞および、古詞応用の新詞章の上に、十分こうしたことが行われた後に、やっと、記録に適当な――あるものは、まだ許されぬ――旧信仰退転の時が来た。奈良朝の記録は、そうした原形・原義と、ある距離を持った表現なることを、忘れてはならぬ。たとえば天の御蔭・日の御蔭、すめらみこと・すめみまなどいう語《ことば》も、奈良朝あるいは、この近代の理会によって用いられている。中には、一語句でいて、用語例の四つ五つ以上も持っているのがある。

言語の自然な定義変化の外に、死語・古語の合理会を元とした擬古文の上の用語例、こういう二方面から考えてみねば、古い詞章や、事実の真の姿は、わかるはずはない。

二　みぬまという語

これから言う話なども、この議論を前提としてかかるのが便利でもあり、その有力な一つの証拠にも役立つわけなのである。
出雲国造神賀《かむよ》詞《ごと》に見えた「をち方のふる川岸、こち方のふる川ぎしに生立（おひたてるカ）若水沼間《わかみぬま》の、いやわかえに、み若えまし、すゝぎふるをとみの水のいや復元《をち》に、み変若《をち》まし、……」とある中の「若水沼間」は、ぜんたい何のことだか、国学者の古代研究始まって以来の難義の一つとなっている。「生立」とあるところから、生物と見られがちであった。ことに植物らしいという予断が、結論を曇らしてきたようである。宣長以上の組織力を示したただ一人の国学者鈴木重胤《しげたね》は、結局「くるす」の誤りという仮定を断案のように提出している。だが、何よりも先に、神賀詞の内容や、発想の上に含まれている、幾時代の変改を経てきた、多様な姿を見ることを忘れていた。

早くとも、平安に入って数十年後に、書き物の形をとり、正確には、百数十年たってはじめて公式に記録せられたはずの寿詞《よごと》であったことが、注意せられていなかった。口頭伝承の久しい時間を勘定にいれないでかかっているのは、他の宮廷伝承の祝詞の古い物に対したとおなじ態度である。

「ふる川の向う岸・こちら岸に、大きくなって立っているみぬまの若いの」というて来ると、灌木や禾本《かほん》類、ないしは水藻などの連想が起らずにはいない。時々は「生立」に疑いを向けて、「水沼間」の字面の語感にたよって、水たまり・淵などと感じるくらいにとどまったのは、無理もないことである。実は、詞章自身が、口伝えの長い間に、そういう類型式な理会を加えて来ていたのである。

一番これに近い例としては、神功紀・住吉《すみのえ》神出現の段「日《ひ》向《むか》の国の橘の小門《おど》のみな底に居て、水葉稚之出居《みつはもわか(?)にいでゐる》神。名は表筒男《うわつつのお》・中筒男・底筒男の神あり」というのがある。これも表現の上から見れば、水中の草葉・みずみずしい葉などを修飾句に据えたものと考えていたのらしい。変わった考えでは、みつはは水走で、禊《みそ》ぎの水の迸《ほとばし》る様だとするのもある。

みぬま・みつはは、おなじ語に相違ない。それに若さの形容がつきまとうている。だが神賀詞に比べると「出居」という語が「水葉」の用法を自由にしている。動物・人間ともとれる言い方である。ただそうすれば、みつはは云々の句に、呪詞なり叙事詩なりの知識が、予約せられていると見ねばならぬ。それにしても、この表記法では、すでに固定して、記録時代の理会が加っているものと言えよう。

この二つの詞章の間に通じている、一つの事実だけは、やっと知れる。それはこの語が禊ぎに関連したものなることである。みぬま・みつはと言い、その若いように、若くなるといった考え方を持っていたらしいとも言える。古代の禊ぎの方式には、重大な条件であったことで、夙《はや》く行われなくなった部分があったのだ。詞章は変改を重ねながら、固定を合理化してゆく。みつはは・みぬまと若やぐ霊力とを、いろいろな形にくみ合せて解釈して来る。それが、詞章の形を歪ませてしまう。

宮廷の大祓《おおはらえ》式は、あまりにも水との縁が離れ過ぎていた。祝詞の効果を拡張し過ぎて、空文を唱えた傾きが多い。一方また、神祇官の卜部《うらべ》を媒《なかだち》にして、陰陽道は、知らず悟らぬ中に、古式を翻案して行っていた。出雲国造の奏寿のために上京する際の禊ぎは、出雲風土記の記述によると、わりに古い型を守っていたものと見てよい。そうして少なくとも、ここにはあって、宮廷の行事および呪詞にない一つは、みぬまに絡んだ部分である。大祓詞および節折《よお》りの呪詞の秘密な部分として、発表せられないでいたのかもしれない。だが、大祓詞は放つ方ばかりを扱うたことを示している。禊ぎに関して発生した神々を説く段があって、その後新しい生活を祝福する詞を述べたに違いない。そして大直日《おおなおび》の祭りとその祝詞とが神楽化し、祭文化し、祭文化する以前には、みぬまと言う名も出て来たかもしれない。

三　出雲びとのみぬは

神賀詞を唱えた国造の国の出雲では、みぬまの神名であることを知ってもいた。みぬはとしてである。風土記には、二社を登録している。二つながら、現に国造のいる杵築《きづき》にあったのである。でも、みぬまとなると、わからなくなった呪詞・叙事詩の上の名辞としか感ぜられなかったのであろう。

水沼の字は、おなじ風土記仁多郡《にたのこおり》の一章に二とこまで出ている。

三津郷……大穴持命《おおなもちのみこと》の御子阿遅須枳高日子《あぢすきたかひこ》命……大神夢《ゆめ》に願《ね》ぎ給はく「御子の哭く由《の》を告れ」と夢に願ぎましゝかば、夢に、御子の辞通《ことかよ》ふと見ましき。かれ寤《さ》めて問ひ給ひしかば、爾時《そのとき》に「御津《みあさき》」と申《まお》しき。その時何処《いづく》を然《しか》言ふと問ひ給ひしかば、即、御祖《みおや》の前を立去《たちさりに》於坐《いでま》して、石川渡り、阪の上に至り留り、此処と申しき。その時、其津の水沼於《みぬまいで》（?）而《て》、御身沐浴《そそ》ぎ坐《ま》しき。故《かれ》、国造の神吉《かむよ》事奏《ごとまお》して朝廷に参向《まゐむか》ふ時、其水沼出而《いでゝ》用ゐ初むるなり。

出雲風土記考証の著者後藤さんは、やはり汲出説である。この条は、この本のあちこちに散らばったあぢすき神の事蹟と、一続きの呪詞的叙事詩であったようだ。おそらく、国造代替りまたは、毎年の禊ぎを行う時に唱えたものであろうと思う。禊ぎの習慣の由来として、みぬまの出現を言う条があり、実際にも、みぬまがはたらいたものと見られる。だが、その詞は、神賀詞とは別の物で、あぢすき神と禊ぎとの関係を説く呪詞だったのである。その詞章が、断篇式に神賀詞にもはいっていって、みぬまおよび関係深い白鳥の生き御調《みつき》が、わり込んできたものであるらしい。

水沼間・水沼・弥努波（または、婆）と三様に、出雲文献に出ているから、「水汲」と訂すのは考えものである。後世の考えから直されねばならぬほど、風土記の「水沼」は、不思議な感じを持っているのだ。人間に似たもののように伝えられていたのだ。この風土記の上《たてまつ》られた天平五年には、その信仰伝承が衰微していたのであろう。だから儀式の現状を説く古の口述が、あるいは禊ぎのための水たまりを連想するまでになっていたのかもしれぬ。もちろんみぬまなる者の現れる事実などは、伝説化してしもうていたであろう。三津郷の名の由来でも、「三津」にみつまの「みつ」を含み、あるいは三沢（後藤さん説）にみぬ（沢をぬ・ぬまと訓じたと見て）の義があったものと見る方がよいかもしれない。でないと、あぢすき神を学んでする国造の禊ぎに、みぬまの出現する本縁の説かれていないことになる。「つ」と「ぬ」との地名関係も「つ」から「さは」に変化するのよりは自然である。

四　筑紫の水沼氏

筑後三潴《みずま》郡は、古い水沼氏の根拠地であった。この名を称えた氏は、幾流もあったようである。宗像《むなかた》三女神を祀った家は、その君姓の者と伝えているが、後々は混乱しているであろう。宗像神に事《つか》えるがゆえに、水沼氏を称したのもあるようである。この三女神は、分布の広い神であるが、性格の類似から異神の習合せられたのも多いのである。宇佐から宗像、それから三潴というふうに、この神の信仰はひろがったと見るのが、今のところ、正しいであろう。だが、三潴の地で始めて、この家名ができたと見ることはできない。

それよりも早く神の名のみぬまがあったのである。宗像三女神が名高くなったのは鐘が岬を中心にした航路（私は海の中道に対して、海北の道中が、これだと考えている）にいて、敬拝する者を護ったからのことと思う。水沼神主の信仰が似た形を持ったがために、宗像神に習合しなかったとは言えぬ。そういうことの考えられるほど、みぬま神は、古くから広く行きわたっていたのである。三潴の地名は、みぬま・みむま（倭名鈔）・みつまなど、時代によって、発音が変っている。だが全体としては、古代の記録無力の時代には、もっと音位が自由に動いていたのである。

結論の導きになることを先に述べると、みぬま・みぬは・みつは・みつめ・みぬめ・みるめ・ひぬま・ひぬめなどと変化して、同じ内容が考えられていたようである。地名になったのは、さらに略したみぬ・みつ・ひぬなどがあり、またつ・ぬを領格の助辞と見てのきり棄てたみま・みめ・ひめなどの郡郷の称号ができている。

五　丹生と壬生部

数多かった壬生部《にぶべ》の氏々・村々も、だんだん村の旧事を忘れていって、御封《みぶ》という字音に結びついてしもうた。だが早くから、職業は変化して、湯坐《ゆえ》・湯母・乳母《ちおも》・飯嚼《いいがみ》のほかのものと考えられていた。でも、乳部と宛てたのを見ても、乳母関係の名なることは察しられる。また入部と書いてみぶと訓《よ》ましているのを見れば、丹生（にふ）の女神との交渉がうかがわれる。あるいは「水に入る」特殊の為事と、み・にの音韻知識から、宛てたものともとれる。

後にも言うが、丹生神とみぬま神との類似は、著しいことなのである。それに大和宮廷の伝承では、丹生神を、後入のみぬま神と習合して、みつはのめとしたらしいのを見ると、益、湯坐・湯母の水に関した為事を持ったことも考えられる。

事実、壬生と産湯との関係は、反正天皇と丹比《たじひ》ノ壬生部との旧事によってわかる。出産時の奉仕者の分業から出た名目は、おそらくにふ・みふの用語例を、分割したものであったろう。万葉には、赭土《はに》すなわち、丹《に》をとる広場すなわち、原《ふ》と解している歌もあるから、丹生の字面もそうした合理観から出ていると見られる。にふべからみふべ・みぶと音の転じたことも考えてよい。

産湯から育みのことに与《あずか》る壬生部は、貴種の子の出現の始めに禊ぎの水を灌《そそ》ぐ役を奉仕していたらしい。これが、御名《みな》代部《しろべ》の一成因であった。壬生部の中心が、氏の長の近親の女であったことも確かである。こうして出現した貴種の若子《わくご》は、後にその女と婚することになったのが、古い形らしい。水辺または水神に関係ある家々の旧事に、玉依媛《たまよりひめ》の名を伝えるのは、皆この類である。祖《おや》（母）神に対して、乳母神《おもかみ》をば（小母）と言ったところから、母方の叔母すなわち、父から見た妻《め》の弟《と》という語ができた。これがまた、神を育む姥（をば・うば）神の信仰の元にもなる。

大嘗の中臣天神寿詞《なかとみのあまつかみのよごと》は、飲食の料としてばかり、天つ水の由来を説いているが、日のみ子甦《そ》生《せい》の呪詞の中に、産湯を灌ぐ儀式を述べる段があったのであろう。「夕日より朝日照るまで天つ祝詞《のりと》の太のりと詞《ごと》をもて宣《の》れ。かくのらば、……」――朝日の照るまで天つ祝詞の……と続くのでない。祝詞の発想の癖から言うと、ここで中止して、秘密の天つのりとに移るのである。この天つ祝詞にそうした産湯のことが含まれていたらしいことは、反正天皇の産湯の旧事に、丹比《たじひ》ノ色鳴《しこめ》ノ宿禰が天神寿詞を奏したと伝えている。貴種の出現は、出産も、登極も一つであった。産湯を語り、飲食を語る天神寿詞が、代々の壬生部の選民から、中臣神主の手に委ねられていって、そうした部分が脱落していったものらしい。

けれども中臣が奏する寿詞にも、そうしたみふ類似の者の顕れたことは、天子の祓えなる節《よ》折《お》りに、由来不明の中臣女《なかとみめ》の奉仕したことからも察しられる。中臣天神寿詞と、天子祓えの聖水すなわち産湯とが、古くはさらに緊密に繋っていて、それに仕えるにふ神役をした巫女であったと考えることは、見当違いではないらしい。丹比氏の伝えや、それから出たらしい日本紀の反正天皇御産の記事は、一つの有力な種子である。履中天皇紀は、ある旧事を混同して書いているらしい。二股船を池に浮べた話・宗像三女神の示現などは、出雲風土記のあぢすきたかひこの神・垂仁のほむちわけなどに通じている。だから、みつはわけ天皇にも、生まれて後の物語が、丹比壬生部に伝っていたことが推定できる。

六　比沼山がひぬま山であること

みぬま・みつはは一語であるが、みつはのめの、みつはも、一つものと見てよい。「罔象女」と言う支那風の字面は、この丹比神に一種の妖怪性を見ていたのである。またこの女性の神名は、男性の神名おかみに対照して用いられている。「おかみ」は「水」を司る蛇体だから、みつはのめは、女性の蛇または、水中のある動物と考えていたことは確からしい。大和を中心とした神の考え方からは、おかみ・みつはのめ皆山谷の精霊らしく見える。が、もっと広く海川について考えてよいはずである。

竜に対するおかみ、罔象に当るみつはのめの呪水の神と考えられた証拠は、神武紀に「水神を厳《いつ》ノ罔象女《みつはのめ》となす」とあるのでもわかる。だがだいたいに記・紀に見えるみつはのめは、禊ぎに関係なく、女神の尿または涙に成ったとしている。逆に男神の排泄に化生したものとする説もあったかもしれぬと思われるのは、穢れから出ていることである。

阿波の国美馬郡の「美都波迺売《みつはのめ》神社」は、注意すべき神である。大和のみつはのめと、みつは・みぬまの一つものなることを示している。美馬の郡名は、みぬまあるいはみつま・みるめと音価の動揺していたらしい地名である。地名も神の名から出たに違いない。「のめ」という接尾語が気になるが、とようかのめ・おほみやのめなど……のめというのは、女性の精霊らしい感じを持った語である。神というよりも、一段低く見ているようである。みつはのめの社も、阿波出の卜部などから、宮廷の神名の呼び方に馴れて、のめを添えたしかつめらしい称えをとったのであろう。摂津の西境一帯の海岸は、数里にわたって、みぬめの浦（または、みるめ）と称えられていた。ここには汶売《みぬめ》神社があって、みぬめは神の名であった。前に述べた筑後の水沼君の祀った宗像三女神は、天真《あまのま》名井《ない》のうけひに現れたのである。だから、禊ぎの神と言う方面もあったと思う。が、おそらくは、みぬま・宗像は早く習合せられた別神であったらしい。

丹後風土記逸文の「比沼山」のこと。ひぢの郷に近いから、山の名も比治山《ひぢやま》と定められてしもうている。丹波の道主ノ貴《むち》を言うのに、ひぬま（氷沼）の……と言う風の修飾を置くから見ると、ひぬまの地名は、古くあったのである。このひぬまも、みぬまの一統なのであった。

第一章に言うたようなことが、この語についても、遠い後代まで行われたらしい。「烏羽玉《うばたま》のわが黒髪は白川の、みつはくむまで老いにけるかな」（大和物語）という檜垣ノ嫗《おうな》の歌物語も、瑞歯《みずは》含《く》むだけはわかっても、水は汲むの方が「老いにけるかな」にしっくりせぬ。これはみつはの女神の蘇生の水に関連した修辞が、平安に持ち越してわからなくなったのを、習慣的に使うたまでだろうと説きたい。この歌などの類型の古いものは、もっとみつはの水を汲む為事が、はっきり詠まれていたであろう。とにかく、老年変若《おち》を希《ねが》う歌には「みつは……」と言い、瑞歯に連想し、水にかけて言う習慣もあったことも考えねばならぬと思う。

丹比のみづはわけという名は、瑞歯の連想を正面にしているが、初めは、みつは神の名をとったことはすでに述べた。詞章の語句または、示現の象徴が、無限に譬喩《ひゆ》化せられるのが、古代日本の論理であった。みつはが同時に瑞歯《みずは》の祝言にもなったのである。だがこれは後についてきた意義である。本義はやはり、別に考えなくてはならぬ。

みぬま・みつは・みつま・みぬめ・みるめ・ひぬま。これだけの語に通ずる所は、水神に関した地名で、これに対して、にふ（丹生）と、むなかたの三女神が、あったらしいことだ。

丹後の比沼山の真名井に現れた女神は、とようかのめで、外宮《げくう》の神であった。すなわちその水および酒の神としての場合の、神名である。この神初めひぬまのまないの水に浴していた。阿波のみつはのめの社も、那賀郡のわなさおほその神社の存在を考えに入れて見ると、ひぬま真名井式の物語があったろう。出雲にもわなさおきなの社があり、あはきへ・わなさひことという神もあった。阿波のわなさ・おほそとの関係が思われる。丹波の宇奈韋《うない》神が、外宮の神であることを思えば、酒の水すなわち、食料としての水の神は、処女の姿と考えられてもいたのだ。これがみつはの一面である。

七　禊ぎを助ける神女

出雲の古文献に出たみぬまは早く忘れられた神名であった。みつはは、まず水中から出て、用い試みた水を、あぢすきたかひこの命に浴びせ申した。その縁で、国造神賀詞《かむよごと》奏上に上京の際、先例通りそのみつはが出て後、この水を用い始めるという習慣のあったことを物語るのである。風土記のすでに非常に曖昧なところがあるのは、古詞をある点まで、直訳し、また異訳して、理会できぬところはその俤《おもかげ》を出そうとしたからであろう。それが神賀詞となると、口拍子にのり過ぎて、一層わからなくなっているのである。あなたこなたの二か処の古川と言うのが、川岸と言うようになり、植物化して考えられていった。もっとも、神功紀のすら、植物と考えていたらしい書きぶりである。その詞章の表現は、やや宙ぶらりである。何としても「みつは……」は、序歌《じょか》風に使われてい、みつはの神の若いと同様、若やかに生い出ずる神とでも説くべきであろう。

思うに、みつはの中にも、稚みつはと呼ばれるものが、禊ぎの際に現れて、その世話をする。この神の発生を説いて、禊ぎ人の穢れから化生した、と言う古い説明が伝わらなくなったのかもしれぬ。とにかく、この女神が出て、禊ぎの場処を上・下の瀬と選び迷うしぐさをした後、中つ瀬の適《よろ》しい処に水浴をする。このふるまいを見習うて禊ぎの処を定めたらしい。これが久しく意義不明のまま繰り返され、みぬまとしての女が出て、禊ぎの儀式の手引きをした。それが次第に合理化して、水辺祓除《ばつじょ》のかいぞえに中臣女のような為事をするようになり、そのことに関した呪詞の文句がいよいよ無意義になり、他の知識や、行事・習慣から解釈して、発想法を拗《ねじ》れさせて来た。そこに、だいたいはきまって、一部分おぼろな気分表現が、出て来たのだろう。

大湯《おおゆ》坐《え》・若湯《わかゆ》坐《え》の発生も知れる。みぬまに、候補者または「控え」の義のわかみぬまがあったのであろう。大和宮廷の呪詞・物語には、みつはをただの雨雪の神として、おかみに対する女性の精霊と見た傾きがあり、丹生女神とすら、幾分、別のものらしく考えた痕があるのは、後入の習合だからであろう。

いざなぎの禊ぎに先だって、よもつひら坂に現れて「白《もう》す言《こと》」あった菊理《くくり》媛（日本紀一書）は、みぬま類の神ではないか。物語を書きつめ、あるいはもともと原話が、錯倒していたため、すぐ後の檍原《あわきはら》の禊ぎの条に出るのを、平坂の黄泉《よもつ》道《ち》守《もり》の白言と並べたのかもしれぬ。その言うことをよろしとして散去したとあるのは、禊ぎを教えたものと見るべきであろう。くくりは水を潜《くぐ》ることである。泳の字を宛てているところから見れば、神名の意義もしれる。くくり出た女神ゆえの名であろう。いざなぎの尊ばかりの行動として伝えたため、この神は陰の者になったのであろう。例の神功紀の文は、このくくり媛からみつはへ続く禊ぎの叙事詩の断篇化した形である。住吉神の名は、底と中と表《うえ》とにいて、神の身を新しく活した力の三つの分化である。「つつ」と言う語は、蛇（＝雷）を意味する古語である。「を」は男性の義に考えられて来たようであるが、それに並べて考えられた汶売《みぬめ》・宗像・水沼の神は実は神ではなかった。神に近い女、神として生きている神女なる巫女であったのである。海北ノ道ノ主ノ貴《むち》は、宗像三女神の総称となっているが、同じ神と考えられてきた丹波の比沼ノ神に仕える丹波ノ道ノ主ノ貴は、東山陰地方最高の巫女なる神人の家のかばねであった。

八　とりあげの神女

国々の神部《かむべ》の乞食《こつじき》流離の生活が、神を諸方へ持ち搬《はこ》んだ。これをてっとりばやく表したらしいのは、出雲のあはきへ・わなさひこなる社の名である。阿波から来経《きへ》——移り来て住みつい——たことを言うのだから。前に述べかけた阿波のわなさおほそは、出雲に来経たわなさひこであり、丹波のわなさ翁・媼も、同様みぬまの信仰と、物語とを撒《ま》いて廻った神部の総名であったに違いない。養い神を携えあるいたわなさの神部は、みぬま・わなさ関係の物語の語りてでもあった。わなさ物語の老夫婦の名の、わなさ翁・媼ときまるのは、もっともである。論理の単純を欲すれば、比沼・奈具の神も、阿波から持ち越されたおほげつひめであり、とようかのめであり、外宮の神だとも言えよう。だが、わなさ神部の本貫については、まだまだ問題がありそうである。

私は実のところ、比沼のうない神は禊ぎのための神女であり、その仕える神の姿をも、兼ね示すようになったものと信じている。丹波ノ道主ノ貴《むち》の家から出る「八処女《やおとめ》」の古い姿なのである。この神女は、伊勢に召されるだけではなかった。宮廷へも、聖職奉仕に上っている。この初めを説く物語が、さほひめ皇后の推奨によるものとしていたのである。知られ過ぎた段だが、後々の便宜のために、引いて置く。

亦、天皇、其后へ、命詔《みこともた》しめて言はく、「凡《およそ》、子の名は必、母名づけぬ。此子の御名をば、何とか称へむ。」かれ、答へ白《もう》さく、……。又詔命《みこともた》しむのは、「いかにして、日《ひ》足《た》しまつらむ。」答へ白さく、「御母《みおも》を取り、大湯坐《ゆゑ》・若湯坐《ゆゑ》定め（御母を取り……湯坐に定めてと訓《よ》む方が正しいであらう。又、取御母を養護《とり》御母《みおも》の様に訓んで、……に――としての義――大湯坐……を定めてとも訓める）て、ひたし奉らば宜《よ》けむ。」かれ、其后の白しに随《したがひ》 以《もち》て日足し奉るなり。。。。。。。

又、其后に問ひて曰はく、「汝所堅之《ながかためこし》美豆能《みづの》小《を》佩《ひも》（こおびか）は、誰かも解かむ。」答へ申さく、「旦波比古多々須《たにはのひこたたす》美智能宇《みちのう》斯王《しのみこ》の女、名は兄比売《えひめ》・弟《おと》比売、此二女王《ふたみこ》ぞ、浄き公民《おほみたから》（?）なる。かれ、使はさば宜けむ。……」

又、其后の白しのまゝに、みちのうしの王の女等、比婆《ひば》須《す》比売命、次に弟比売命（次に弟比売命……命……命とあるべき処だ）次に、歌凝《うたごり》比売命、次に円野《まとの》比売命、併せて四柱を喚上《めさ》げき。（垂仁記）

唯、妾死すとも、天皇の恩を忘れ敢へじ。願はくは、妾の掌《つかさど》れる后宮の事、宜しく好仇《よきつま》に授け給ふべし。丹波国に五婦人あり。志並《とも》に貞潔なり。是、丹波道主王の女なり。（道主王は、稚日本根子大日々天皇の子（孫）彦坐王の子なり。一に云はく、彦湯産隅王の子なり。）当《まさ》に掖廷《えきてい》に納《い》れて、后宮の数に盈《あ》つべしと。天皇聴《ゆる》す。……丹波の五女を喚《め》して、掖廷に納る。第一を日葉酢《ひはす》姫と曰ひ、第二を渟葉《ぬは》田瓊入《たぬいり》媛と曰ひ、第三を真砥野《まとぬ》媛と曰ひ、第四を瓊 入《あざみぬいり》媛と曰ひ、第五を竹野《たかの》媛と曰ふ。（垂仁紀）

この後が、古事記では、弟王二柱、日本紀では、竹野媛が、国に戻される道で、一人は恥じて峻淵に（紀では自堕輿とある）堕ち入って死ぬ。それから、堕国《おつ》国と言うた地名を、今では弟《おと》国と言うとあるいわながひめ式の伝えになっている。

思うに、悪女の呪いのこの伝えにもあったのが、落ちたものであろう。ほむちわけのみこのもの言わぬ因縁を説いたのが、古事記では、すでに、出雲大神の祟りと変わっている。出雲と唖王子とを結びつけた理由は、ほかにある。紀の自堕輿而死の文面は「自ら堕《おち》り、輿《ことあげ》して死す」と見るべきで、輿は輿の誤りと見た方がよさそうだ。「おつ」「おちいる」という語の一つの用語例に、水に落ちこんで溺れる義があったのだろう。自殺の方法のうち、身投げの本縁をいう物語を含んだものである。水の中で死ぬることのはじめをひらいた丹波道主貴の神女は、水の女であったからと考えたのである。

九　兄媛弟媛

やをとめを説かぬ記・紀にも、二人以上の多人数を承認している。神女の人数を、七処女《ななおとめ》・八処女《や》・九処女《ここの》などと勘定している。これは、多数をおよそ示す数詞が変化していったためである。それとともに実数の上に固定を来《きた》した場合もあった。まず七処女が古く、八処女がそれに替って勢力を得た。これは、神あそびの舞人の数が、支那式の「佾《いつ》」を単位とする風に、最も叶うものと考えられ出したからだ。ただの神女群遊には、七処女を言い、遊舞《あそび》には八処女を多く用いる。現に、八処女の出処比沼山にすら、真名井の水を浴びたのは、七処女としている。だから、七《なな》――古くは八処女の八も――が、正確に七の数詞と定まるまでには、不定多数を言い、次には、多数詞と序数詞との二用語例を生じ、ついにつねの数詞と定まった。この間に、伝承の上の矛盾ができたのである。

神女群の全体あるいは一部を意味するものとして、七処女の語が用いられ、四人でも五人でも、言うことができたのだ。その論法から、八処女も古くは、実数は自由であった。その神女群の中、最も高位にいる一人がえ（兄）で、その余はひっくるめておと（弟）と言うた。古事記はすでに「弟」の時代用語例に囚われて、矛盾を重ねている。兄に対して大《おお》あるごとく、弟に対して稚《わか》を用いて、次位の高級神女を示す風から見れば、弟にも多数と次位の一人とを使いわけたのだ。すなわち、神女の、とりわけ神に近づく者を二人と定め、その中で副位のをおとと言うようになったのである。

こうした神女が、一群として宮廷に入ったのが、丹波道主貴の家の女であった。この七処女は、何のために召されたか。言うまでもなくみずのおひもを解き奉るためである。だが、紐と言えば、すぐ連想せられるのは、性的生活である。先達諸家の解説にも、この先入が主となって、古代生活の大切な一面を見落とされてしもうた。ことは、一続きの事実であった。「ひも」の神秘をとり扱う神女は、条件的に「神の嫁」の資格を持たねばならなかったのである。みずのおひもを解くことがただちに、紐主にまかれることではない。一番親しく、神の身に近づく聖職に備るのは、最高の神女である。しかも尊体の深い秘密に触れる役目である。みずのおひもを解き、また結ぶ神事があったのである。

七処女の真名井の天女・八処女の系統の東遊《あずまあそび》天人も、飛《ひ》行《ぎよう》の力は、天の羽衣に繋っていた。だが私は、神女の身に、羽衣を被るとするのは、伝承の推移だと思う。神女の手で、天の羽衣を着せ、脱がせられる神があった。その神の威力を蒙って、神女自身も神と見なされる。そうして神・神女を同格に観じて、神をやや忘れるようになる。そうなると、神女の、神に奉仕した為事も、神女自身の行為になる。天の羽衣のごときは、神の身についたものである。神自身と見なし奉った宮廷の主の、つねも用いられるはずの湯具を、古例に則る大嘗祭の時に限って、天の羽衣と申し上げる。後世は「衣」という名にこだわって、上体をも掩うものとなったらしいが、古くはもっと小さきものではなかったか。ともかく禊ぎ・湯沐みの時、湯や水の中で解きさける物忌みの布と思われる。誰一人解き方知らぬ神秘の結び方で、その布を結び固め、神となる御躬《みきゆう》の霊結びを奉仕する巫女があった。この聖職、漸く本義を忘れられて、大嘗の時のほかは、低い女官の平凡な務めになっていった。「御湯殿の上《うえ》の日記」は、その書き続がれた年代の長さだけでも、為事の大事であったことがわかる。元は、御湯殿における神事を日録したものらしい。宮廷の主上の日常御起居において、もっとも神聖な時間は、湯を奉る際である。この時の神ながらの言行は記し留めねばならない。こうしてはじまった日記が、聖躬《せいきゆう》の健康などに関しても書くようになり、果ては雑事までも留めるに到ったものらしい。由緒知らぬが棄てられぬ行事として長い時代を経たのである。御湯殿の神秘は、古い昔に過ぎ去った。髪やかずらを重く見る時代が来て、御櫛笥《みくしげ》殿の方に移り、そこに奉仕する貴女の待遇が重くなっていった。

一〇　ふじわらを名とする聖職

この沐浴の聖職に与るのは、平安前には「中臣女」の為事となった期間があったらしい。宮廷に占め得た藤原氏の権勢も、その氏女なる藤原女の天の羽衣に触れる機会が多くなったからである。

わが岡の靇《おかみ》に言ひて降らせたる、雪のくだけし、そこに散りけむ（万葉巻二）

天武の夫人、藤原ノ大刀自《おおとじ》は、飛鳥の岡の上の大原にいて、天皇に酬いている。この歌のごときは「降らまくは後《のち》」とのからかいに対する答えと軽く見られている。が、藤原氏の女の、水の神に縁のあったことを見せているのである。「雨雪のことは、こちらが専門なのです」こういった水の神女としての誇りが、おもしろく昔の人には感じられたのであろう。藤井が原を改めて藤原としたのも、井の水を中心としたからである。中臣女や、その保護者の、水に対する呪力から、飛鳥の岡の上の藤原とのりなおして、一つに奇瑞を示したからであろうと考える。中臣寿詞を見ても、水・湯に絡んだ聖職の正流のような形を見せている。中臣女の役が、他氏の女よりも、恩寵《おんちょう》を得る機会を多からしめた。光明皇后に、薬湯施《やくとうせ》行《ぎょう》に絡んで、廃疾人として現れた仏身を洗うた説話の伝わっているのも、中臣女としての宮廷神女から、宮廷の伝承を排して、后位に備るにさえ到った史実の背景を物語るのである。藤原の地名も、家名も、水を扱う土地・家筋としての称えである。衣通媛《そとおりひめ》の藤原郎女《いらつめ》であり、禊ぎに関連した海岸におり、物忌みの海藻の歌物語を持ち、また因縁もなさそうな和歌ノ浦の女神となった理由も、やや明るくなる。

私は古代皇妃の出自が、水界にあって、水神の女であること、並びに、その聖職が、天子即位甦生を意味する禊ぎの奉仕にあったことを中心として、この長論を完了しようとしているのである。学校の私の講義のそれに触れた部分から、おし拡げた案が、向山武男君によって提出せられた。それによると、衣通媛の兄媛なる允恭《いんぎょう》の妃の、水盤の冷さを堪えて、夫王を動かして天位に即かしめたという伝えも、水の女としての意義を示しているとするのだ。名案であると思う。穢れも、荒行に似た苦しい禊ぎを経れば、除き去ることができ、また天の羽衣を奉仕する水の女の、水に潜《かず》いて冷さに堪えたことを印象しているのである。水盤をかかえたと言うのは、斎《ゆ》河水《かわみず》の中に、神なる人とともに、水の中にいて久しきにも堪えたことをいうのらしい。やはりこの皇后の妹で、衣通媛のことらしい田《た》井中比売《いのなかつひめ》の名《な》代《しろ》を河部と言うたことなどもおほどのみこの家に出た水の女の兄媛・弟媛だったことを示すのだ。

だが、衣通媛の名代は、紀には藤原部としている。藤原の名が、水神に縁深い地名であり、家の名・団体の名にもなって、かならずしも飛鳥の岡の地に限らなかったことを見せる。ふぢはふちと一つで「淵《ふち》」と固定して残った古語である。かむはたとべの親は、山背ノ大国ノ不遅（記には、大国之淵）であった。水神を意味するのが古い用語例ではないか。ふかぶちのみづやればなの神・しこぶちなどから貴《むち》・尊《むち》なども、水神に絡んだ名前らしく思われる。神聖な泉があれば、そこには、ふちのいる淵があるものと見て、川谷に縁のない場処なら、ふちはらと言うたのであろう。

みづのをひものみづは瑞《みづ》と考えられそうである。だが、それよりもまだ原義がある。このみづは「水」という語の語原を示している。聖水に限った名から、日常の飲料をすら「みづ」と言うようになった。聖水を言う以前は、禊ぎの料として、遠い浄土から、時を限ってより来る水を言うたらしい。満潮に言うみつも、その動詞化したものであろう。だから、常世《とこよ》波《なみ》として岸により、川を溯り、山野の井泉の底にも通じて春の初めの若水となるものである。みつみつしは、このみづをあびたものの顔から姿に言う語で、勇ましく、猛々しく、若々しく、生き生きしているなどと分化する。初春の若水ならぬつねの日の水をも、祝福して言うたところから拡がったものであろう。満潮時をば、人の生まれる時と考えるのも、常世から魂のより来ると考えたためであるらしい。みつぬかしわ（三角柏・御綱柏）や、みづきと通称せられるいろいろの木も、禊ぎに用いた植物で、海のあなたから流れよって、根をおろしたと信じられていたものらしい。

みつはまた地名にもなった。そうした常世波のみち来る海浜として、禊ぎの行われた処である。御津とするのは後の理会で「つ」そのものからして「み」を敬語と逆推してとり放したのであった。常世波を広く考えて、遠くよりより来る船の、その波に送られて来着く場処としてのみつを考え、さらに「つ」とも言うようになったのである。だから、国造の禊ぎする出雲の「三津」、八十島《やそしま》祓えや御禊《ごけい》の行われた難波の「御津《みつ》」などがあるのだ。津《つ》と言うに適した地形であっても、かならずしもどこもかしこも津とは称えないわけなのである。後にはみつの第一音ばかりで、水を表して熟語を作るようになった。

一一　天の羽衣

みづのをひもは、禊ぎの聖水の中の行事を記念している語である。瑞《みづ》という称え言ではなかった。このひもは「あわ緒」など言うに近い結び方をしたものではないか。

天の羽衣や、みづのをひもは、湯・河に入るためにつけ易《か》えるものではなかった。湯水の中でも、纏うたままはいる風が固定して、湯に入る時につけ易《か》えることになった。近代民間の湯具も、これである。そこに水の女が現れて、おのれのみ知る結び目をときほぐして、長い物忌みから解放するのである。すなわちこれと同時に神としての自在な資格を得ることになる。後には、健康のための呪術となった。が、最も古くは神の資格を得るための禁欲生活の間に、外からも侵されぬよう、自らも犯さぬために生命の元と考えた部分を結んでおいたのである。この物忌みの後、水に入り、変若《おち》返って、神となりきるのである。だから、天の羽衣は、神其物《かむながら》の生活の間には、不要なので、これをとり匿《かく》されて地上の人となったと言うのは、物忌み衣の後の考え方から見たのである。さて神としての生活に入ると、常人以上に欲望を満たした。みづのをひもを解いた女は、神秘に触れたのだから「神の嫁」となる。おそらく湯棚・湯桁は、この神事のために、設けはじめたのだろう。

御湯殿を中心とした説明も、もはやせばくるしく感じ出された。もっと古い水辺の禊ぎを言わねばならなくなった。湯と言えば、温湯を思うようになったのは「出《い》づるゆ」からである。神聖なことを示す温い常世の水の、しかも不慮の湧出を讃えて、ゆかわと言い、いづるゆと言うた。「いづ」の古義は、思いがけない現出を言うようである。おなじ変若水《おちみず》信仰は、沖縄諸島にも伝承せられている。源河節の「源河走河《じんがはりかあ》や。水か、湯か、潮《うしゅ》か。源河みやらびの御甦生《うすじ》どころ」などは、時を定めて来る常世浪に浴する村の巫女《みやらび》の生活を伝えたのだ。

　常世から来るみづは、つねの水より温いと信じられていたのであるが、ゆとなるとさらに温度を考えるようになった。ゆはもと、斎《ゆ》である。しかしこのままでは、語をなすに到らぬ。斎用水《ゆかわ》あるいはゆかはみづの形がだんだん縮って、ゆ一音で、斎用水を表すことができるようになった。だから、ゆは最初、禊ぎの地域を示した。斎戒沐浴をゆかわあみ（紀には、沐浴を訓《よ》む）と言うこともある。だんだんゆかわを家の中に作って、ゆかわあみを行うようになった。「いづるゆかは」がいでゆであるから推せば、ゆかわも早くぬる水になっていたであろう。ゆかわが家の中の物として、似あわしくなく感じられ出して来ると、ゆかわを意味するゆが次第にぬる水の名となっていくのは、自然である。

一二　たなばたつめ

ゆかわの前の姿は、多くは海浜または海に通じる川の淵などにあった。村が山野に深く入ってからは、大河の枝川や、池・湖の入り込んだ処などを選んだようである。そこにゆかわだな（湯河板挙）を作って、神の嫁となる処女を、村の神女（そこに生れた者は、成女戒《せいじょかい》を受けた後は、皆この資格を得た）の中から選り出された兄処女《えおとめ》が、このたな作りの建て物に住んで、神のおとずれを待っている。これが物見やぐら造りのをさずき（また、さじき）、懸崖《かけ》造りなのをたなと言うたらしい。こうした処女の生活は、後世には伝説化して、水神の生け贄《にえ》といった型に入る。来るべき神のために機《はた》を構えて、布を織っていた。神御服《かむみそ》はすなわち、神の身とも考えられていたからだ。この悠遠な古代の印象が、今に残った。崖の下の海の深淵や、大河・谿谷の澱《よどみ》のあたり、また多くは滝壺の辺などに、筬《おさ》の音が聞える。水の底に機を織っている女がいる。若い女とも言うし、処によっては婆さんだとも言う。何しろ、村から隔離せられて、年久しくいて、姥となってしもうたのもあり、若いあわれな姿を、村人の目に印したままゆかわだなに送られて行ったりしたのだから、年ぱいはいろいろに考えられて来たのである。村人の近よらぬ畏《おそろ》しい処だから、遠くから機の音を聞いてばかりいたものであろう。おぼろげな記憶ばかり残って、事実は夢のように消えた後では、深淵の中の機織る女になってしまう。

　七夕の乞巧奠《きこうでん》は漢土の伝承を、まる写しにしたように思うている人が多い。ところが存外、今なお古代の姿で残っている地方々々が多い。

　たなばたつめとは、たな（湯河板挙）の機中にいる女ということである。銀河の織女星は、さながら、たなばたつめである。年に稀におとなう者を待つ点もそっくりである。こうした暗合は、深く藤原・奈良時代の漢文学かぶれのした詩人、それから出た歌人を喜ばしたに違いない。彼らは、自分の現実生活をすら、唐代以前の小説の型に入れて表して、得意になっていたくらいだから、文学的には早く支那化せられてしもうた。それから見ると、陰陽道の方式などは、徹底せぬものであった。だから、どこの七夕祭りを見ても、固有の姿が指摘せられる。

でも、たなばたが天の川にいるもの、星合いの夜に奠《おきまつ》るものと信じるようになったのには、都合のよい事情があった。驚くばかり多い万葉の七夕歌を見ても、天上のことを述べながら、地上の風物から享《う》ける感じのままを出しているものが多い。これは、想像力が乏しかったから、とばかりは言えないのである。古代日本人の信仰生活には、時間空間を超越する原理が備わっていた。呪詞の、太初《はじめ》に還す威力の信念である。このことは藤原の条にも触れておいた。天香具山《あめのかぐやま》は、すくなくとも、地上に二か所は考えられていた。比沼の真名井は、天上のものと同視したらしく、天《あめ》ノ狭田《さだ》・長田は、地上にも移されていた。大和の高市は天の高市、近江の野洲川は天の安河と関係あるに違いない。天の二上は、地上到る処に、二上山を分布（これは逆に天に上《のぼ》したものと見てもよい）した。こうした因明《いんみょう》以前の感情の論理は、後世までも時代・地理錯誤の痕を残した。

湯河板挙《ゆかわだな》の精霊の人格化らしい人名に、天ノ湯河板挙があって、鵠《くぐい》を逐《お》いながら、御禊ぎの水門《みなと》を多く発見したと言うている。地上の斎河《ゆかわ》を神聖視して、天上の所在と考えることもできたからである。こうした習慣から、神聖観を表すために「天《あめ》」を冠らせるようにもなった。

一三　筬もつ女

地上の斎河《ゆかわ》に、天上の幻を浮べることができるのだから、天漢に当たる天の安河・天の河も、地上のものと混同して、さしつかえは感じなかったのである。たなばたつめは、天上の聖職を奉仕するものとも考えられた。「あめなるや、弟たなばたの……」と言うようになったわけである。天の棚機津《たなばたつ》女《め》を考えることができれば、それにあたかも当たる織女星に習合もせられ、また錯誤から来る調和もできやすい。

おと・たなばたを言うからは、水の神女に二人以上を進めたこともあるのだ。天上の忌服殿《いむはたどの》に奉仕するわかひるめに対するおおひるめのあったことは、最高の巫女でも、手ずから神の御服を織ったことを示すのだ。

古代には、機に関した讃え名らしい貴女の名が多かった。二、三をとり出すと、おしほみみの尊の后は、たくはた・ちはた媛（また、たくはた・ちち媛）と申した。前にも述べた大国不《ふ》遅《ぢ》の女垂仁天皇に召された水の女らしい貴女も、かりはたとべ（いま一人かむはたとべをあげたのは錯誤だ）、おと・かりはたとべと言う。くさか・はたひ媛は、雄略天皇の皇后として現れた方である。

神功皇后のみ名おきなが・たらし媛の「たらし」も、記に、帯の字を宛てているのが、当たっているのかもしれぬ。

ひさかたの天《あめ》かな機。「女鳥《めとり》のわがおほきみの織《おろ》す機。
誰《た》が料《たね》ろかも。」

記・紀の伝えを併せ書くと、こういう形になる。皇女・女王は古くは、皆神女の聖職を持っておられた。この仁徳の御製と伝える歌なども、神女として手ずから機織る殿に、おとずれるまれびとの姿が伝えられている。機を神殿の物として、天を言うのである。言いかえれば、処女の機屋にいてはたらくのは、夫なるまれびとを待っていることを、示すことになっていたのであろう。

天孫又問ひて曰はく、「其秀《かのほ》起《だ》たる浪の穂の上に、八尋《やひろ》殿起《た》てゝ、手玉《ただま》もゆらに織紝《はたお》る少女《をとめ》は、是誰が女子《むすめ》ぞ。」答へて曰はく、「大山祇《おおやまつみ》ノ神の女等、大《え》は磐長《いはなが》姫と号《なの》り、少《おと》は、木華開耶《このはなさくや》姫と号る。」……（日本紀一書）

これは、海岸の斎用水《ゆかわ》に棚かけわたして、神服《かむはた》織る兄《え》たなばたつめ・弟《おと》たなばたつめの生活を、やや細やかに物語っている。丹波道主貴の八処女のことを述べた処で、いわなが媛の呪咀は「水の女」としての職能を、見せていることを言うて置いた。このはなさくや媛も、古事記すさのおのよつぎを見ると、それを証明するものがある。すさのおの命の子やしまじぬみの神、大山祇神の女「名は、木花知《このはなち》流《る》比売」に婚《あ》うたとある。この系統は皆水に関係ある神ばかりである。だから、このはなちるひめも、さくやひめとほとんどおなじ性格の神女で、禊ぎに深い因縁のあることを示しているのだと思う。

一四　たなという語

漢風習合以前のたなばたつめの輪廓は、これでほぼ書けたと思う。だが、七月七日という日どりは、星祭りの支配を受けているのである。実は「夏と秋とゆきあひの早稲のほの〴〵と」と言うている、季節の交叉点に行うたゆきあい祭りであったらしい。

初春の祭りに、ただ一度おとずれたぎりの遠つ神が、しばしば来臨するようになった。これは、先住漢民族の茫漠たる道教風の伝承が、相混じていたためもある。ゆきあい祭りを重く見るのも、それである。春と夏とのゆきあいに行うた鎮花祭と同じ意義のもので、奈良朝よりも古くから、邪気送りの神事が現れたことは考えられる。鎮花祭については、別に言うおりもあろう。ただ、木の花の散ることの遅速によって、稲の花および稔りの前兆と考え、できるだけ躊躇《やすら》わせようとしたのが、意義を変じて、田には稲虫のつかぬようにとするものと考えられた。それと同時に、農作は、村人の健康・幸福と一つ方向に進むものと考えた。だから、田の稲虫とともに村人に来る疫病は、逐《お》わるべきものとなった。春祭りの「春田打ち」の繰り返しのような行事が、だんだん疫神送りのような形になった。

一五　夏の祭り

七夕祭りの内容を小別けしてみると、鎮花祭の後すぐに続く卯月八日の花祭り、五月に入っての端午の節供や田植えから、御霊・祇園の両祭会・夏神楽までも籠めて、最後に大祓え・盂蘭盆までに跨っている。夏の行事の総勘定のような祭りである。

柳田先生の言われたように、卯月八日前後の花祭りは、実は村の女の山入り日であった。おそらくは古代は、山ごもりして、聖なる資格を得るための成女戒を享《うけ》けたらしい日である。田の作物を中心とする時代になって、村の神女の一番大切な職分は、五月の田植えにあるとするに到った。それで、田植えのための山入りのような形を採った。これで今年の早《さ》処女《おとめ》となる神女が定まる。男もおおかた同じころから物忌み生活に入る。成年戒を今年授かろうとする者どもはもとより、受戒者もおなじく禁欲生活を長く経なければならぬ。霖雨《ながあめ》の候の謹身《つつみ》であるから「ながめ忌み」とも「雨《あま》づつみ」とも言うた。後には、いつでもふり続く雨天の籠居を言うようになった。

このながめいみに入った標《しるし》は、宮廷貴族の家長の行うたみづのをひもや、天の羽衣ようの物をつけることであった。後代には、つねもとりかくようになったが、これは田植えのはじまるまでのことで、いよいよ早苗をとり出すようになると、この物忌みのひもは解き去られて、完全に、神としてのふるまいが許される。それまでの長雨忌《ながめい》みの間を「馬にこそ、ふもだしかくれ」と歌われた繫《かい》・絆《ほだし》（すべて、ふもだし）の役目をするのが、ひもであった。こういう若い神たちには、中心となる神があった。これら眷属を引き連れて来て、田植えのすむまでいて、さなぶりを饗《う》けて還る。この群行の神は皆簑を着て、笠に顔を隠していた。いわば昔考えたおにの姿なのである。

第二部 常世と他界

妣が国へ・常世へ——異郷意識の起伏

一

われわれの祖《おや》たちが、まだ、青雲のふる郷を夢みていた昔から、この話ははじまる。しかも、とんぼう髷《まげ》を頂に据えた祖父《じじ》・曾祖父《ひじじ》の代まで、萌えては朽ち、絶えては蘖《ひこば》えして、思えば、長い年月を、民族の心の波のうねりにつれて、起伏して来た感情ではある。開化の光は、わたつみの胸を、一挙にあさましい干潟《ひがた》とした。しかし見よ。そこりに揺るなごりには、すでに業《すで》に、波の穂うつ明日《あす》の兆しを浮かべているではないか。われわれの考えは、ついに我々《われわれ》の考えである。まことに、人やりならぬ我が心である。けれども、見ぬ世の祖々《おやおや》の考えを、今の見方に引き入れて調節すると言うことは、それがたとい、よいことであるにしても、少なくとも真実ではない。幾多の祖先精霊《しょうりょう》をとまどいさせた明治の御代の伴《ばん》大納言殿は、見飽きるほど見て来た。せめて、心の世界だけでなりと、知らぬ間のとてつもない出世に、苔の下の長夜《ちょうや》の熟睡《うまい》を驚かしたくないものである。

　われわれの文献時代の初めに、すでに見えていた語に、ひとぐに・ひとの国というのがある。自分たちのと、寸分違わぬ生活条件を持った人々の住んでいる、と考えられる他国・他郷を斥《さ》したのである。「ひと」を他人という義に使うことは、用語例の分化である。これと幾分の似よりを持つ不定代名詞の一固りがある。「た（誰）」「いつ（＝いづ）」「なに（何）」などいう語は、未経験な物事に冠せる疑いである。ついでに、その否定を伴うた形を考えてみるがよい。「たれならなくに」「いづこはあれど（＝あらずあれど）」「何ならぬ……」などになると、経験も経験、知り過ぎるほど知った場合になって来る。言い換えれば、疑いもない目前の事実、われ・これ・ここのことを斥すのである。たれ・いつ・なにが、その否定文から引き出されて示す肯定法の古い用語例は、むしろ、超経験の空想を対象にしているようにも見える。われ・これ・こ。こで類推を拡充してゆけるひとぐにすなわち、他国・他郷の対照として何その国・知らぬ国あるいは、異国・異郷ともいうべき土地を、昔の人々も考えていた。われわれが現に知っている姿《なり》の、日本中のいずれの国も、万国地図に載ったどの島々も皆異国・異郷ではないのである。ただ、まるまるの夢語りの国土は、もちろんのことであるが、現実の国であっても、空想の緯糸《ぬきいと》の織り交ぜてある場合には、異国・異郷の名で、よんでさし支えがないのである。

われわれの祖々が持っていた二元様の世界観は、あまり飽《あっ》気《け》なく、われわれの代に霧散した。夢多く見た人々の魂をあくがらした国々の記録を作って、見はてぬ夢の跡を逐《お》うのも、一つは末の世のわれわれが、亡き祖々への心づくしである。

心身ともに、あらゆる制約で縛られている人間の、せめて一歩でも寛《くつろ》ぎたい、一あがきのゆとりでも開きたい、という解脱に対する憧憬《しょうこう》が、芸術の動機の一つだとすれば、異国・異郷に焦がるる心持ちと似すぎるほどに似ている。過ぎ難い世を、少しでもよくしようというのは、宗教や道徳の為事《しごと》であっても、凡人の浄土は、いま少し手近なところになければならなかった。

われわれの祖《おや》たちの、この国に移り住んだ大昔は、それを聴きついだ語部《かたりべ》の物語の上でも、やはり大昔の出来事として語られている。その本つ国については、先史考古学者や、比較言語学者や、古代史研究家が、若干の傍証《ぼうしょう》を提供することがあるのに過ぎぬ。その子・その孫は、祖の渡らぬ先の国を、わずかに聞き知っていたであろう。しかし、それさえすぐに忘られて、ただ残るは、父祖の口から吹き込まれた本つ国に関する恋慕の心である。その千年・二千年前の祖々を動かしていた力は、今もなお、われわれの心に生きていると信じる。

十年前、熊野に旅して、光り充つ真昼の海に突き出た大王が先の尽端《じんたん》に立った時、はるかな波路の果てに、わが魂のふるさとのあるような気がしてならなかった。これをはかない詩人気どりの感傷と卑下する気には、今もってなれない。これはこれ、かつては祖々の胸を煽《あお》り立てた懐郷心（のすたるじい）の、間歇《かんけつ》遺伝（あたいずむ）として、現れたものではなかろうか。

すさのおのみことが、青山を枯山《からやま》なすまで慕い歎き、いなひのみことが、波の穂を踏んで渡られた「妣《はは》が国」は、われわれの祖たちの恋慕した魂のふる郷であったのであろう。いざなみのみこと・たまよりひめの還《かえ》りいます国なるからの名というのは、世々の語部の解釈で、まことは、かの本つ国に関する万人共通の憧れ心をこめた語なのであった。

しかも、その国土を父の国と喚《よ》ばなかったのには、わけがあると思う。第一の想像は、母権時代の俤《おもかげ》を見せているものと見る。すなわち、母の家に別れて来た若者たちの、この島国を北へ北へ移って行くにつれて、いよいよ強くなって来た懐郷心とするのである。しかし今では、第二の想像の方を、力強く考えている。それは異族結婚（えきぞがみい）によく見る悲劇風な結末が、若い心に強く印象したために、その母の帰った異族の村を思いやる心から出たものと、見るのである。こういった離縁を目に見た多くの人々の経験の積み重ねは、どうしても行かれぬ国に、値いがたい母の名を冠らせるのは、当然である。

二

民族の違うた遠い村は、たとい、母の国であっても、生活条件を一つにしているものと考えなかったのが、大昔の人心であろう。さればこそ、とよたまひめの「ことどわたし」にも、いわながひめ等の「とこい」にも、八尋鰐《やひろわに》や木の花のような族霊崇拝（とうてみずむ）の俤が、ちらついているのだと思う。こちらは、こういう事実が、この島での生活が始まってからも、やはり行われていて、それに根ざして出て来たもの、と見てもかまわぬ。

また、右の二つの想像を、都合よく融合させて、さしさわりのない語原説を立てることもできる。

ともかく、妣が国は、本つ国土《くにつち》に関する民族一列の惝怳から生まれ出て、空想化された回顧の感情の的である。母という名に囚われては、ねのかたすくになり、わたつみのみやなりがあり、至りがたい国であり、自分たちの住む国の俗の姿をしたところと考えていなかったことは一つである。これは、妣が国の内容が、一段進んで来た形と見るべきで、語部の物語は、この形ばかりを説いている。いなひの命と前後して、波の穂を踏んでみけぬの命の渡られた国の名は、常世《とこよ》と言うた。

過ぎ来た方をふり返る妣が国の考えに関して、別な意味の、常世の国のあくがれが出て来た。ほんとうの異郷趣味（えきぞちしずむ）が始まるのである。気候がよくて、物資の豊かな、住みよい国を求め求めて移ろうと言う心ばかりが、彼らの生活を善くして行く力の泉であった。彼らの歩みは、富の予期に牽《ひ》かれて、東へ東へと進んで行った。彼らの行くてには、いつまでもいつまでも未知之国《しられぬくに》が横たわっていた。その空想の国を、祖《おや》たちの語では常世《とこよ》と言うていた。過去《すぎに》し方の西の国からおむがしき東《ひむがし》の土への運動は、歴史に現れたよりも、さらに多くの下積みに埋れた事実があるのである。大嘗会《だいじょうえ》のおりの悠紀《ゆき》・主基《すき》の国が、ほぼ民族移動の方向と一致して、行くてと過ぎ来し方とに、だいたい当たっているのも、わたしの想像を強めさせる。東への行き足が、久しく常陸《ひだち》ぎりで喰い止められて延びなかったことは事実である。祖たちのあえてせなかったことを為遂げたのは、毛の国からさらに移り住んだ帰化人の力が多い。これは、飛鳥《あすか》・藤原から、奈良の都へかけての大為事であった。

祖たちが、みかど八洲《やしま》の中なる常陸の居まわりに、常世並びに、日高見《ひたかみ》の国を考えたのも、ここに越えがたいみちのおくとの境があって、空想を煽《あお》り立てたからであった。常世を海の外と考える方が、昔びとの思想だとする人の多かろうと言うことは、私にも想像ができる。しかし今のところ、左袒《さたん》多かるべきこちらに、説を向けることができぬ。

書物の丁づけ通りに、歴史が開展して来たものと信じている方々には、初めから向かぬお話をしているのである。常世と言う語の、記・紀などの古書に出た順序を、すぐさま意義分化の順序だ、との早合点に固執してもろうていては、はなはだお話がしにくいのである。ともあれ、海のあなたに、常世の国を考えるようになってからの新しい民譚《みんたん》が、古い人々の上にかけられていることが多いのだ、とそう思うのである。海のあなたの大陸は、蒲葵《あじまさ》の葉や、椰子《やし》の実《み》を波うち際に見た位では、空想出来なかったであろう。それだから、大后一族の妣《はは》が国の実在さえ信じることが出来ないで、神の祟《たた》りを受けられた帝は、古物語を忘れられた神人として、この例からも、呪われなされたわけになる。彼らは、もっと手近い海《うな》阪《ざか》の末に、わたつみの国と言う、常世を観ずるようになって来た。いろこの宮を、さながら常世と考えることは、やはり後のことであるらしい。

鰭《はた》の広物《ひろもの》・鰭の狭物《さもの》・沖の藻葉・辺の藻葉、尽くしても尽きぬわたつみの国は、常世と言うにふさわしい富の国土である。かつては、妣が国として、恋慕の思いをよせたこの国は、現実の悦楽に満ちた楽土として、見かわすばかりに変わってしもうた。けれども、ほをりの命のような、たまたま択《えら》ばれた人ばかりに行かれて、凡人には、依然たる常世の国として懸っていた。富の国であるがゆえに、貧窮《まじ》を司ることもできたのが、わたつみの神の威力であった。ほをりの命の授って来られたのは、汐の満ち干る如意宝珠《にょいほうじゅ》ばかりでなく、おのが敵を貧窮ならしめ、失敗せしめる呪咀の力であった。

さてまた、あめのひぼこの齎《もたら》した八種《やくさ》の神宝を惜しみ護った出石《いずし》びとの妣が国は、新羅《しらぎ》ではなくて、南方支那であったことは、今では、討論が終結した。その出石人の一人で国の名を負うたたじまもりの、時じくの香《かぐ》の木実《このみ》を取り来よとの仰せで渡ったのは、橘実る妣が国なる南の支那であった。出石人のための妣が国は、大和びとには常世の国と感ぜられていたのである。ここに心とまることは、この常世が、なり物の富の国であったばかりでなく、ただ一点だが、後の浦島ノ子の物語と似通う筋のあることである。八縵《やかげ》・八矛《やほこ》のかぐのこのみを持って、常世から帰りついたときは、すでに天子崩御の後であった。「命《おお》せの木の実を取って、只今参上」と復奏したまま、御陵の前に哭《な》き死んだと言う件は、常世と、われわれの国との間で、時間の目安が違うていたと言う考えが、裏に姿をちらつかせているようである。ごくごく内端《うちわ》に見積っても、右の話から、これだけのことは、引き出すことができる。地上の距離はるかなところに、常世の国を据えて考えたこと、したがって、そこへの行きあしは、手間どらねばならぬはず、往復に費した時間をあたまに置かないで、この土に帰りついたときのようすを、彼《か》の地にいたわずかばかりの時間にひき合わせてみれば、なるほどたまげるほどの違いが、向うとこちらとの時間の上にある。

たじまもりの話は、一見浦島のに比べれば、理窟には適《かの》うている。それかと言うて、橘を玉櫛笥《たまくしげ》の一つ根ざしと見るはまだしも、これを彼の親根と考えては辻褄《つじつま》が合い過ぎる。常世の中路《なかみち》は、時間勘定のうちにははいっていない。目を塞いだ間に行き尽くすことができるのも、そのためである。粟稈《あわがら》のいわば一弾みにも、行き着かれる。この不自然な昔人の考えを、下に持った物語として見なければ、香《かぐ》の木実《このみ》ではないが、匂いさえも嗅《か》ぎ知ることができないであろう。してみれば、古人の目《め》の子《こ》勘定を、今人の壺算用に換算することは、それこそ、杓子定規である。このことこそは、世界共通の長寿の国の考えに基づいているのである。常世人にあやかって、その国人と均《ひと》しい年をとっていたために、束《つか》の間《ま》と思うた間に、この世では、家《いえ》どころも見知りごしの人もなくなるほどの、巌《いわお》の蝕む時間が経《た》っていたのである。

常世《とこよ》では、時間はもとより、空間を測る目安も違うていた。生活条件を異にしたものと言えば、ずいぶん長い共同生活に、かなり観察の行き届いていているはずの家畜どもの上にすら、年数の繰り方を別にしている。これとて、猫・犬が言い出したことではない。人間が勝手に、そうときめているのである。まして、常世の国では、時・空の尺度は、とほうもなく寸の延びたのや、時としては、恐ろしくつまったのを使うていた。齢《よ》の長人《ながびと》を、そこの住民と考える外に、大きくも、小さくも、この土の人間の背丈とよほど違うた人の住みかとも考えたらしい。前にも引き合いに出たすくなひこなの神なども、常世へ行ったと言うが、実は蛾《ひむし》の皮を全剝《うつは》ぎにして衣とし、蘿摩《かがみ》の莢《さや》の船に乗る仲間の、矮人《ひきうど》のいる国に還住したことを斥《さ》すのであろう。

とこよなる語の用語例は、富と長寿との空想から離れては、考えていられないようである。すなわち、それが、第一義かどうかは問題であるが、常住なる齢と言う民間語原説が、祖々《おやおや》の頭に浮かんで来た時代に、長寿の国の連想が絡みついたので、富の国とのみ考えた時代がいま一層古くはあるまいか。

飛鳥・藤原の万葉《まんにょう》びとの心に、まず具体的になったのは、仏道よりも陰陽五行説である。幻術者《まぼろし》の信仰である。常世と、長寿と結びついたのは、実はこのころである。記・紀・万葉に、老人・長寿・永久性など言う意義分化を見せているのも、やはり、その物語の固定が、この間にあったことを示すのである。浦島ノ子も、雄略朝などのつがもない昔人でなく、実はやはり、初期万葉びとの空想が、これまであったわたつみの国の物語に、はなやかな衣を着せたのであろう。「春の日の霞める時に、澄ノ江ノ岸に出で居て、釣り舟のとをらふ見れば」と言う、語部の口うつしのような、のどかな韻律を持ったあの歌がまとまり、民謡として行われ始めたものと思う。燃ゆる火を袋に裹《つつ》む幻術者どものしい語りには、不老・不死の国土の夢語りが、かならず、主な題目になっていたであろう。

三

しかしもう一代古いところでは、とこよが常夜《とこよ》で、常夜経《ゆ》く国、闇かき昏《くら》す恐ろしい神の国と考えていたらしい。常夜の国をさながら移した、と見える岩屋戸隠《ごも》りの後、高天原のあり様でも、その俤は知られる。常世の長鳴き鳥の「とこよ」は、常夜の義だ、と先達多く、宣長説に手をあげている。ただ、明くる期《ご》知らぬ長夜のあり様としているが、しかも一方、鈴ノ屋翁はまた、雄略紀の「大漸」に「とこつくに」の訓を採用し、阪ノ上ノ郎女《いらつめ》の常呼二跡《とこよにと》の歌をあげて、均しく死の国と見ているあたりから考えると、翁の判断も動揺していたに違いない。長鳴き鳥の常世は、異国の意であったかもしれぬが、古くは、常暗の恐怖の国を想像していたと見ることはできる。翁の説を詮じつめれば、夜見《よみ》あるいは、根《ね》と言う名にこめられた、よもつ大神のうしはく国は、祖々に常夜と呼ばれて、こわがられていたことがある、と言い換えてもさし支えはないようである。みけぬの命の常世は、別にわたつみの宮とも思われぬ。死の国のまたの名と考えても、よいようである。

大倭の朝廷《みかど》の語部は、征服の物語に富んでいる。いたましい負け戦の記憶などは、光輝ある後日譚《ごにち》に先立つものの外は、伝わっていない。出雲・出石その他の語部も、あらた代の光に逢うて、暗い、鬱陶《うっとう》しい陰を祓い捨て、裏ぎるものとては、物語の筋にさえ見えなくなった。天語《あまがたり》に習合せられるためには、つみ捨てられた国語《くにがたり》の辞《こと》の葉《は》の腐葉《いさは》が、かなりにあったはずである。

されど、祖々の世々の跡には、異族に対する恐怖の色あいが、きわめて少ないわけである。えみしも、みしはせも、遠い境で騒いでいるばかりであった。時には、一人ぼっちで出かけて脅す神はあっても、たいていは、こちらから出向かねば姿も見せないのであった。さわって、神の祟りを見られたのは、葛城《かつらぎ》ノ一言主《ひとことぬし》における泊瀬《はつせ》天皇の歌である。手児《てこ》ノ呼《よび》坂《さか》・筑紫の荒ぶる神・姫社《ひめこそ》の神などの、人殺《と》る者は到るところの山中に、小さな常夜の国を構えていたことと察せられる。国栖《くず》・佐伯・土蜘蛛などは、山深くのみひき籠っていたのではなかった。炊《かし》ぎの煙の立ち靡《なび》く里の向つ丘《を》にすら住んでいた。まきもくの穴師《あなし》の山びとも、空想の仙人や、山賤《やまがつ》ではなく、正真正銘山蘰《かずら》して祭りの場《にわ》に臨んだいわば今の世の山男の先祖に当たる人々を斥《さ》したのだ、と柳田國男先生の言われたのは、動かない。その山人のたいがいは、隘勇線《あいゆうせん》を要せぬ熟蕃《じゅくばん》たちであった。むしろ、愛敬《あいぎょう》ある異風の民と見た。国栖・

隼人の大嘗会に与《あずか》り申すのも、遠皇祖《とおつすめろぎ》の種族展覧の興を催させ奉るためではなかった。彼らの異様な余興に、神人ともに異郷趣味を味わうためであった。ほんとうに、祖々を怖《お》じさせた常夜は、比良坂の下に底知れぬよみの国であり、ねのかたす国であった。いざなぎの命の据えられた千引《ちび》きの岩も、底の国への道を中絶えにすることが出来なかった。いざなぎの命の鎮《しずま》りますひのわかみや（日少宮）は、実在の近江の地から、逆に天上の地を捏《でっ》ちあげたので、書紀ごろの幼稚な神学者の合理癖の手が見えるようである。もっとも、飛鳥・藤原の知識で、皇室に限って天上還住せしめ給うことを考え出したようである。神《かむ》あがりと言う語は、地の岩戸を開いて高天原に戻るのが、その本義らしい。浄見原《きよみはら》天皇・崗宮《おかのみや》天皇（日並知皇子尊《ひなしのみこのみこと》）ともに、この意味の神あがりをしていさせられる。柿ノ本ノ人麻呂あたりの宮廷歌人だけの空想でなく、そのころではもう、貴賤の来世を、そう考えなくては、満足出来ぬほどに、進んでいたのであろう。ひのわかみやが、天上へ宮移しのあったのも、同じくそのころのことと思う外はない。

　飛鳥の都の始めのこと、富士山の麓に、常世神《とこよがみ》と言うのが現れた。秦《はた》ノ河勝《かわかつ》の対治《たいじ》に会うまでのはやり方は、すばらしいものであったらしい。「貧人富みを致し、老人少《わか》きに還らむ」と託宣した神の御正体《みしょうだい》は、蚕のような、橘や、曼椒《ほそき》に、いくらでもやどる虫であった。しかも民どもは、財宝を捨て、酒・薬・六畜を路側に陳《つら》ねて「新富入り来つ」と歓呼したとあるのは、新船《いまき》来の神を迎えて踊り狂うたものと見える。これも、常世から渡った神だ、と言うのは、張本人大生部《おおふべ》ノ多《おお》の言明で知れている。「此神を祭らば富みと寿とを致さむ」とも多は言うているが、どうやら、富の方が主眼になっているようである。この神は、元、農桑の蠱術《まじ》の神で、異郷の富を信徒に頒《わ》けに来たもの、と思われていたのであろう。

　話は、また逆になるが、仏も元は、凡夫の斎《いっ》いた九州辺の常世神に過ぎなかった。それが、公式の手続きを経ての還《かえ》り新参《しんざん》が、欽明朝のことだと言うのであろう。守屋は「とこよの神をうちきたますも（紀）」と言う讃め辞《ことば》を酬《むく》いられずに仆《たお》れた。

　ただえさ、おおまがつび・八十まがつびの満ちうかがう国《くぬ》内《ち》に、生々した新しい力を持った今来《いまき》の神は富も寿も授ける代わりに、まかり間違えば、恐ろしい災を撒き散らす。いったん、上陸せられた以上は、機嫌にさわらぬようにして、精々禍を福に転ずることに努めねばならぬ。しかし、なるべくならば、着岸以前に逐っ払うのが、上分別である。このために、塞《さ》えの威力を持った神をふなどと言うことになったのかもしれぬ。一つことが二つに分かれたと見える、あめのひぼこ・つぬがのあらしとの話を比べて見ると、その辺の事情は、はっきりと心にうつる。この外に、語部の口や、史《ふびと》の筆に洩れた今来の神で、後世、根生いの神のように見えて来た方々も、かならず、多いことと思われる。

古代生活の研究——常世の国

一　生活の古典

明治中葉の「開化」の生活が後ずさりをして、今のありように落ちついたのには、わけがある。古典の魅力が、私どもの思想を単純化し、よなげて清新にすると同様、私どもの生活は、功利の目的のついて廻らぬ、いわばむだとも思われる様式の、由来不明なる「為《し》来《きた》り」によって、純粋にせられることが多い。その多くは、家庭生活を優雅にし、しなやかな力を与える。門松を樹《た》てた後の心持ちのやすらいを考えてみればよい。日の丸の国旗を軒に出した時とは、心の底の「歓び」——下笑《したえ》ましさとでもいうか——の度が違う。いわゆる「異教」の国人の私どもには、何の掛り合いもないくりすますの宵の燈に胸の躍るのを感じるのは、古風な生活の誘惑に過ぎまい。

くりすますの木も、さんた・くろうすも、実はやはり、昔の耶蘇《やそ》教徒が異教の人々の「生活の古典」のみやびやかさを見棄てる気になれないで、とり込んだものであったのである。家庭生活・郷党生活に「しきたり」を重んずる心は、近代では著しく美的に傾いている。大隅の海村から出た会社員の亭主と磐城の山奥から来た女学生あがりの女房との新家庭には、どんな春が迎えられているだろう。東京様《よう》を土台にして、女《め》夫《おと》双方のほのかな記憶を入りまじえた正月の祝儀が行われているに違いない。そうした寂しい初春にも、やすらいと下えましさとが、家の気分をずっと古風にしていることと思う。

生活の古典なるしきたりが、新しい郷党生活にそぐわない場合が多い。たびたびの申し合わせで、その改良を企てても、やはり不便な旧様式の方に縒《よ》りを戻しがちなのは、その中から「美」を感じようとする近世風よりは、さらに古く、ある「善」——少なくとも旧文化の勢力の残った郷党生活では——を認めているからである。この「善」の自信が出て来たのは、辿《たど》れば辿るほど、神の信仰に根ざしのあることが顕れて来る。

数年前「東《ひがし》」の門徒が、これまでかた門徒連のやった宗風のすたれるのを嘆いて「雑行《ぞうぎょう》雑修《ぞうしゅ》をふりすてて」という遺誡をふりかざして、門松・標《し》め縄を廃止にしようとした時は、一騒動があった。攻撃した人達も「年飾《としかざ》り」をやめることが、国人としての気分の稀薄になった証拠だ、という論拠を深く示そうとしなかった。ただ漠然と道徳的でない感じがした、というほどのところにあったようである。ところがあれなどは、神道家がもっと考えてみなければならない古義神道、あるいは「神道以前」の考察をおろそかにしていた証拠になるのである。陰陽神道・両部《りょうぶ》神道・儒教的神道・衛生神道・常識神道などに安住して、自由に古代研究をせなかったためである。

古代研究家の思いを凝《こ》らさねばならぬのは、私どもの祖先からくり返して来た由来不明のしきたりが、時にはそうした倫理内容まで持って来たわけについてである。いうまでもない。神に奉仕するものの頼りと、あやまちを罪と観ずる心持ちとである。これが信仰から出ているものと見ないで、何と言おう。

神道家の神道論にもいろいろある。私の思うところをぶっきらぼうに申せば、文献の上に神道と称せられている用語例は、だいたい二つにはいって来る。

素朴な意義は、神の意思の存在を古代生活の個々の様式に認めて言うのであった。しかし、畢竟《ひっきょう》は、それら古代生活を規定する統一原理ということに落ちつくようである。それを対象とする学問が、私どもの伝統を襲《つ》いで来ている「国学」である。だから、神道の帰するところは、日本本来の宗教および古代生活の軌範であり、国学は神道のための神学、言い換えれば、古代生活研究の一分科を受け持つものなのである。

神道の意義は、明治に入って大いに変化している。憲法に拠る自由信教を超越するために、倫理内容を故意に増して来た傾きがある。出発点が宗教であり、過程が宗教であり、現にも宗教的色彩の失われきっていぬところをみれば、神道を宗教の基礎に立つ古代生活の統一原理と見、その信仰様式がしきたりとして、後代に、道徳・芸術、あるいは広意義の生活を規定したと見て、よいと思う。

日本の古代生活は、これまであまりに放漫な研究態度でとり扱われて来た。江戸時代に、あれまで力強く働いた国学の伝統は、明治に入って飛躍力を失うた。ために、外側からの研究のみ盛んに行われた。古代人の内部の生活力を身に動悸うたせて、再現に努めようとする人はなくなった。数種の文献に遺った単語は、世界の古国や、辺陬《へんすう》の民族の語彙と、無機的に比較研究せられた。これは伝統的事業を固定させていた私どものしくじりであった。

私どもはまず、古代文献から出発するであろう。そうしてその注釈としては、なるべく後代までながらえていた、あるいは今もわずかに遺っている「生活の古典」を利用してゆきたい。時としては、私どもと血族関係があり、あるいは長い隣人生活を続けて来たと見える民族のしきたり、または現実生活と比べて、意義を知ろうと思う。まれには「等しい境遇が、等しい生活及び伝承を生む」という信ずべき仮説の下《もと》に、かけ離れた国々の人の生活・しきたりを孕んだ心持ちから、暗示を受けようと考えている。

三月の雛祭り・端午の節供《せっく》・七夕・盂蘭盆《うらぼん》・八朔……などを中心に、私どものやすらいを感じるしきたりが毎年くり返される。江戸の学者が、一も二もなく外来風習ときめたものの中にも、多くは、固有の種がまじっている。私は、今門松のことを多く言うた縁から、元旦大晦日にわたるしきたりの最初の俤《おもかげ》を考えて、古代研究の発足地をつくる。

二　ふる年の夢・新年の夢

海のあなたの寂《しず》かな国の消息を常に聞き得た祖先の生活から、私の古代研究の話は語りはじめるであろう。

それは、暦の語原たる「日数《よ》み」の術を弁《わきま》えた人によって、月日の運《めぐ》り・気節の替り目が考えられ、生産のすべての方針が立てられた昔から説き起こす。暦法が行われても、やはり前々の印象から、新暦に対立して、日よみの術が行われており、昔日よみをもって民に臨んだ人の末が、国々に君となり、旧来の伝承は、その部下の一つの職業団体の為事《しごと》として、受け継がれているようになっていた。

大倭の国家が意識せられたころには、もうこの状態に進んでいた。暦法は、最も遅く移動して来たと思われる出石人《いずしびと》（南方漢人）などの用いたものが、一等進んでいたであろう。道・釈の教えが、記録の指定する年代よりもはるか以前に、非公式に将来せられていたのと同様、暦法もまた、史の書き留めを超越しているものと見てよい。天日矛《あめのひぼこ》や、つぬがのあらしとなどを帰化民団と見ずに、侵入者と認めた時代の、古渡《こわた》りの流寓民の村々にくっついて渡って来たものと思われる。だから、表向き新暦法の将来せられた時は、ずっと遅れるわけである。ただ一般になったというまでであろう。こうした村々で、いろいろな暦法を用い、また次第に相融通するようになりかけた時代にまたがって話を進める。したがって記録の上では、新暦の時代にはいっていても、古代研究の立場からは逆にまた、新旧暦雑多の時代と見ねばならぬことも多い。

概算することもできないが、祖先が、日本人としての文明を持ち出したことは、今の懐疑式の高等批評家の空想しているところよりも、ずっと古代にあると考えねばならない多くの事実を見ている。この古代研究の話も、落ちつくところは、その荒見当を立てるくらいのことになるであろう。考証と推理とに、即《つ》かず離れないで、歩み続けなければならないのは、記録の信じられない時代を対象とする学問の採るべきほんとうの道である。

暦の話ばかりでなく、古代を考えるものが、ある年数を経た後世の合理観を多量に交えた記録にたよるほど、かえってあぶないものはない。私はだいたい見当を、大昔というところに据えて話してゆきたい。そこにはすでに、明らかに国家意識を持った民もあれば、また村々の生活にさえ落ちつかなかった人々もあったものと、見ておいていただきたい。強いて問われれば、飛鳥の都以前を中心にしているのだが、時としては飛鳥はもちろん藤原の都の世にも、同様の生活様式を見出すこともあり、さらにさがって奈良の時代にも、古代生活の俤を見ることがあろう。私の言い慣れた言い方からすれば、すなわち、「万葉びと以前」及び「万葉びとの生活」に通じて、古い種を択り分けながらお話する次第である。

陰暦・陽暦・一と月遅らしと、ほぼ三通りの暦法をまちまちに用いている町々村々が、境を接しているという現状も、実は由来久しいことなのである。暦法を異にした古代の村々が、だんだん帰一して来る間に、それぞれの暦にからんだ風習が、たがいにこんがらかって来て、きわめて複雑な民間年中行事をつくるようになった。

たとえば、大晦日と元日、十四日年越しと小正月（上元）、節分と立春との関係を見ると、もともと違ったそれぞれの日の意味が、たがいに接近して考えられて来たのは事実である。私は暦の上に、元日と立春との区別の茫漠としていた昔語りを試みる。

三　夜牀の穢れ

地震以後「お宝お宝」「厄払いましょう」も聞くことまれに、春も節分も寂しくばかりなって行く。「生活の古典」が重んぜられていた東京の町がこうでは、今のうちに意義を話して、偲《しの》びぐさとしたくなる。

宝船は、初夢と関連しているために、聡明な嬉《き》遊笑覧《ゆうしょうらん》の著者さえも、とんだ間違いをして、初夢を節分の夜に見るものを言うとしている。元は、宝船が役をすました後に現れる夢を、初夢と言うたらしいのである。だが、暦法のこぐらがりから、初夢と宝船とが全然離れ離れになったり、宝船その物が、好ましい初夢を載せて来るもののように考え縺《もつ》らかしたりしてしもうたのであった。

初夢と宝船とに、少しの距離を措《お》く必要があったからこそ、江戸の二日初夢などの風ができた。除夜の夢と新年の夢とには、区別を立てねばならなかった。除夜の夢のための宝船が、初夢と因縁深くなってからは、そうした隠約の間の記憶は二つの間に区画をつけておるにかかわらず、初夢のつき物として、宝船まで二日の夜に用いられるのであった。ともかくも初夢が、元朝《がんちょう》目の覚めるに先だって、見られたものを斥《さ》したことは疑いがない。

ところで、宝船の方は、節分の夜か除夜かに使うのが原則であった。宮廷や貴族の家々で、その家内に起居する者はもちろん、出入りの臣下に船の画《え》を刷った紙を分け与えることは、早く室町時代からあった。牀《とこ》の下に敷いて寝たその紙は、翌朝集めて流すか、埋めるかしている。だから、この船は悪夢を積んで去るものと考えたところから出たことがわかる。今見ることのできる限りの宝船の古図は、それが昔物ほど簡単で、七福神などは載せてはいない。しかしあまり形の素朴なものもかえって、擬古のまやかし物という疑いがあるから信じられないが、石橋臥波《いしばしがは》氏の研究によると、荒っぽい船の中に稲を数本書き添えたものが、一等古いものと考えられている。画の脇に「かゞみのふね」と万葉書きがしてある。次は米俵ばかりを積んだ小舟の画という順序である。ここまでは疑わしい。が、その後の物になると帆じるしに「獏《ばく》」の字があり、船の外に⊠のしるしが書いてある。さらにこれが意匠化して、向い鍵の紋になり、獏の字も縁起のよい字か、紋所と変わっている。それからはだんだん七宝の類を積み込み、新しいところで、七福神を書きこんでいる。⊠のしるしは疑いもなく呪符✕の転化したものであり、この画まで来る間に、年月のたっていることを見せている。獏は、凶夢を喰わせるためであるから、「夢違《ちが》え」または「夢払《はら》え」の符と考えられていたに違いない。一代男を見ても、「夢違い獏の符《ふだ》」と宝船とが別物として書かれている。畢竟《ひっきょう》除夜または節分の夜、去年中の悪夢の大掃除をして流す船で、室町のころには、節分御船など言われたものが、いつか宝船に変わったのであった。船にすっかり乗せてしもうた後、心安らかに元旦または立春の朝の夢を見たものであった。

こういう風に、ほとんど一紙の隔てもないところから、初夢を守るための物という考えも出て来た。逐《お》いやろうべき船が、こうして宝の入り舟として迎えられることになったわけだ。が、宝船もとを洗えば獏の符なのであった。さらに原形に溯《さかのぼ》って見ると、たんに夢を祓うためではなかったろう。神聖なる霊の居所と見られた臥《ふ》し所《ど》に堆積した、有形無形数々の畏るべき物・忌むべき物・穢わしい物を、物に托して捐《す》てて、心すがしい霊のおちつき場所をつくるためである（臥し所・居所をその人の人格の一部と見たり、それを神聖視する信仰は、古代はもちろん近世までもあった）。

この風習の起こりの一部分は、確かに上流にある。上から下に船の画を与える様子は、大祓《おおはらえ》そのままである。穢れた部分全体を托するものとして「形代《かたしろ》」という物が用いられた。これで群臣の身を撫でさせたのを、とり集めて水に流したのが、大祓の式の一等衰えた時代の姿であった。この船の画は、とりもなおさず大祓式の分岐したものなることは、その行う日からしても知れる。その上、なお大殿祭《おおとのほかい》に似た意味も含まれている。その家屋に住み、出入りする者に負せた一種の課役のようなものである。それらの無事息災よりも、まずその人々の宗教的罪悪（主として触穢《そくえ》）のために、主人の身上・家屋に禍いの及ばないようにするのであった。この風が陰陽師《おんみようじ》等の手にも移ったものとみえて、形代に種類ができて、禊《みそぎ》のための物の外、こうした意味の物が庶民にも頒《わか》たれるようになり、ついには呪符のような観念が結ばれて来たらしい。神社などの中にも「夢違い」の呪符の意味で、除夜・節分の参詣者に与える向きができたのである。しかしこうした風習の民間に流布したのは、陰陽師の配下の唱門師等の口過ぎに利用した結果が多いのである。

けれども、これが庶民の間にとり容れられたにはわけがある。前々からあった似た種に、新来の様式がすっぽりとあてはまったからなのだ。宝船に書き添えた意味不明の廻文歌《かいぶんか》「ながき夜のとおの眠《ねぶ》りの皆目覚め……」は一種の呪文である。不徹底なところに象徴的な効果があるのだが、釈《と》ける部分の上の句は、人間妄執の長夜の眠りをいうようではあるが、実は熟睡を戒しめた歌らしい。海岸・野山の散居に深寝入りを忌んだ昔の生活が、今も島人・山民などの間に残っている。夜の挨拶には「お安み」の代りに「お寝敏《いざと》く」の類の語《ことば》を言い交わす地方が、かなりある。この考えが合理的になると、百姓の夜なべ為事に居眠りを戒しめるものとして「ねむりを流す」風習が、ずいぶん行われている。柳田先生の考えでは、奥州の佞武多《ねぶた》祭りも、夜業の敵なる睡魔を祓える式だとせられている。熟睡を戒しめる必要のなくなったために、そうした解釈をして、大昔の祖先からの戒しめを、無意味に守っているのである。この「眠り流し」の風も元は船に積む形を採ったことと思われる。

四　蚤の浄土

しかも、まだ海河に祓え捐《す》つべき物が、臥《ふ》し処《ど》にはおる。それは牀虫《とこむし》の類で、蚤《のみ》をもって代表させている。おなじ奥州仙台附近には「蚤の船」という草がある。節分の夜（？）に、その葉を寝牀の下に敷いて寝れば、蚤はその葉に乗って去る、と伝えているよしを谷川磐雄氏から聞いた。

さて、その牀虫は「蚤の船」に便乗して、どこへ流れて行くのか。縁もゆかりもなさそうな琉球本島では、初夏になると、蚤は麦稈《むぎわら》の船に乗って、麦稈の竿をさして、にらいかないからやって来ると言い「にらいかないへ去ってしまえ」と言うて蚤を払う。にらいかないの説明が、私どもの祖先の考えていたとこよの国と近よって来るのである。

にらいかないというのは、海の彼方の理想の国土で、神の国と考えられているところである。儀来河内《ぎらいかない》・じらいかないなど、いろいろに発音する。神はここから、時に海を渡って、人間の村に来るものと信じている。人にして、死んでにらいかないに行って、神となったものの例として遺老説伝には記している。南方、先島《さきじま》列島に行くと、この浄土の名をまやの国という。先島列島の中、ことに南の島々の寄百姓からできた八重山の石垣島は、この場合挙げるのに便宜が多い。
宮良《めいら》という村の海岸洞窟から通う地底の世界にいる（また、にいる底《すく》）というのがあるのは、にらいと同じ語である。この洞からにいるびと（にらい人）またはあかまた・くろまたという二体の鬼のような巨人が出て、酉年ごとに成年式を行わせることになっている。青年たちは神という信念から、その命ずるままに苦行をする。しかも村人の群集する前に現れて、自身踊って見せる。暴風などもにいるから吹くと言っている。そういえば、本島でも風凪《かざな》ぎを祈って「にらいかないへ去れ」と言うことを伊波普猷《いはふゆう》氏が話された。にらいかないは本島では浄土化されているが、先島では神の国ながら、畏怖の念を多く交えている。全体を通じて、幸福を持ち来す神の国でもあるが、禍いの本地とも考えているのである。ただ先島でさらに理想化しているのは、にいるを信じる村と、以前は違った島々に違うた事情で住んでいた村々の間で言う、まやの国である。春の初めにまやの神・ともまやの神の二神、楽土から船で渡って来て、蒲葵笠《くば》に顔を隠し、簑を着、杖をついて、家々を訪れて、今年の農作関係のこと、その他家人の心をひき立てるような詞《ことば》を陳べて廻る。つまり、祝言を唱えるのである。にいるびともやはり成年式のない年にも来て、まやの神と同様に、家々に祝言を与えて歩くことをする。

五　祖先の来る夜

こうした神々の来ぬ村では、家の神なる祖先の霊が、盂蘭盆のまっ白な月光の下を、眷属《けんぞく》大勢ひき連れて来て、家々にあがりこむ。これは考位《おとこかた》の祖先の代表という祖父《おしゅめい》と、妣位《おんなかた》の代表と伝える祖母《あっぱあ》というのが、その主になっている。大人前《おしゅめい》は、家人にいろいろな教訓を与え、従来の過ち・手落ちなどを咎めたりする。皆顔を包んで仮装しているのだから、評判のわるい家などでは、ずいぶん恥をかかせるようなことも言う。その家では、これに心尽しの馳走をする。眷属どもは楽器を奏し、芸尽しなどをする。

この行事は「あんがまあ」と言う。語原は知れぬが、やはり他界の国土の名かと考えられる。私はある夜この行列について歩いて、人いきれに蒸されながら考えた。有名な「千葉笑い」、京都五条天神の「朮《うけら》祭り」の悪口、河内野崎祭りの水陸の口論、各地にあったあくたい祭りは、皆こうしたところに本筋の源があるのではなかろうか。そう思っているうちに、大人前がずっと進んで出て、郡是《ぐんぜ》として、その年から励行することになった節約主義を、哄笑《こうしょう》を誘うような巧みな口ぶりであてこすった。村の共通な祖先が出て来て、子孫の中の正統なる村君のやり口を難ずるのに対して、村君も手のつけようがなかった理由が知れる。それがなお他の要素を含んで、あくたいの懸け合いが生まれて来たのであろう。

この三通りの人と神との推移の程度を示す儀式が、石垣一島に備っているのである。この神も人も皆、村の青年の択《えら》ばれた者が、厳重な秘密の下に扮装して出るのである。先島の祖先神は、琉球本島から見ればきわめて人間らしいありようを保っている。にいる人という名は、神の中に人間の要素を多く認めているからなのである。しかも、島人の中には、にいるをもって奈落の首将と考えている人もあるほどに、畏怖せられる神である。それは、地下の死後の世界の者で、二体と考えているのは、大人前・祖母の対立と同じ意味であろう。さすれば、死の国土に渡って後、そうした姿になったと考えたか、もともとそうした者の子孫としていたのか識《し》らぬが、同根の語のにらいかないの説明には役立つ。

にらいに対するかないは対句としてできた語で、にらいが知れれば、だいたいは釈《と》ける。にらいかないはもと、村の人々の死後に霊の生きている海のあたりの島である。そこへは、海岸の地の底から通うことができると考えることもある。「死の島」には、恐ろしいけれど、自分たちの村の生活に好意を期待することのできる人々がいる。こうした考えが醇化《じゅんか》して来るにつれて、そうした島から年の中に時を定めて、村や家の祝福と教訓とのために渡って来るものと考えることになる。しかも、この記憶が、そうなって久しい後まで断篇風に残っていて、楽土の元の姿を見せているのである。

琉球諸島の現在の生活——ことに内部——には、万葉びとの生活を、そのまま見ることもできる。また、万葉人以前の俤さえうかがわれるものも、決して少なくない。私どもの古代生活の研究に、暗示というより、そのままをむき出しにしてくれることすらたびたびあった。私は今、日琉同系論を論じているのではない。ただ、東亜細亜《あじあ》の民族と同系を論ずる態度と一つに見られたくない。この論が回数を重ねるほど、私の語は、いよいよ裏打ちせられてゆくであろう。

六　根の国・底の国

祓禊《はらえみそぎ》の基礎となる観念は、やはりただ海原に放つだけではなく、この土の穢れを受けとる海のあなたの国を考えていたものと思われる。船に乗せて流す様式が、祓の系統にあるということは、その行き着く土を考えに持っているのである。「かくかゝ呑みてば、気吹戸《いぶきど》にいますいぶきどぬしと言ふ神、根《ね》の国・底《そこ》の国にいぶき放ちてむ。かくいぶき放ちてば、根の国・底の国にいますはやさすらひめと言ふ神、持ちさすらひ失ひてむ」とある六月晦大祓《みなづきつごもりのおおはらえ》の詞《ことば》は、かならずしもこの土にいた古代人の代表的な考えと言いきることもできまいし、また祝詞《のりと》の伝誦が、久しく口頭に委ねられている間の自然の変化や、開化時代相応の故意の修正のあることが考えられるのであるから、多少注意はいる。が、日本の宗教が神学体系らしいものを持って後も、根の国を海に絡めて言っているのは、ただの平地や山辺から入るものとし、たんに地の底とばかりで、海を言わぬ神話などよりは、形の正しさを保っているものということができる。出雲風土記出雲郡宇賀郷《いずものこおりうかのさと》の条に、

> 即、北海の浜に磯《いそ》（大巌石の意）あり。名はなつきの磯と言ふ。高さ一丈許《ひとつえばかり》。上に松の木を生ず。磯までは、邑人《さとびと》朝夕に往来する如く、又木の枝も人の攀引《よじひき》する如くなれども、磯より西の方に窟戸《いはやど》あり。高さ広さ各六尺許。窟内に穴あり。人入ることを得ず。深浅を知らず。夢に此磯の窟の辺に至る者は、必《かならず》死す。故に俗人古より今に至るまで号《なづ》けて黄泉《よみ》の阪黄泉の穴と云へり。

夢にでも行けば死ぬというので、正気では、巌の西に廻らないのである。（伯耆《ほうき》の夜見島、大根島などを夜見の国・根の国に連想した先人の考えも、地方《ぢかた》から近きに過ぎるように思われるが、島を死の国と見たところは、しばらく棄て難い。海上はるかな死の島への道が、海底を抜けて向こうへ通じているという考えが一転すると、海底にある国というように変わる。出雲風土記のも、あるいはそうした時代の考え方に属しているのかもしれない。大祓詞の方も、底の国という語に重きをおいて考えれば、海中深く吹き込むと説ける。しかしまた、遠隔した死の島へ向けて吹きつけるともとられるようで、どうでも、解釈はできる。いずれにしても、出雲びとも、大倭《やまと》びとも海と霊冥界《かくりょ》とを連絡させて考えていたと思うてもよいようである）。

七　楽土自ら昇天すること

奄美大島から南の鹿児島県下の島々は、どの点からでも、琉球と一と続きの血筋であるが、琉球の北端から真西に当る伊平屋《いへや》群島をこめて、なるこ・てるこという理想国を考えている。伊平屋は、南方のまやの国の考えも持っていたようだし、琉球本島のにらいかないをも知っていたことは、巫女の伝誦していた神文をば証拠にすることができる。なお、琉球本島の宗教で、にらいかない以上のものとしたをぼつかぐらという地の名さえ唱えたようである。本島では、天のことをあまみやと言ったように見えるが、これも神の名あまみきょ・しねりきょから想像できるあまみ・しねりも楽土の名から出たものらしい。をぼつかぐらなる天上の神の国が琉球の信仰の上に現れたのは、当時の人の考え得た限りでの、全能な神を欲するようになってからのことであろう。私どもの今の宗教的印象を分解してみても、幽冥界《かくりょ》に属している者は、一つに扱うている場合が多い。たんに神の住みかというだけではない。悪魔の世界なる内容も持っている。神・悪魔・死霊など、その性質に共通した点が少なくない。その著しい点は、皆夜の世界に属することである。鶏鳴《けいめい》とともに顕明界《うつしょ》に交替するからだ。一番鶏に驚いて、こと遂げなかったのは、魔や霊にからんだ民譚だけではない。神々すらしばしば鶏の時を

つくる声のために、失敗したことを伝えている。尊貴な神にすら、祭りの中心行事は夜半鶏鳴以前に完《お》えることになっている。

わが国の神々の属性にも、存外古い種を残しているので、太陽神と信じて来た至上神の祭りにすら、暁には神上げをしなければならなかった。古今集大歌所《おおうたどころ》の部と、神楽歌とに見えた昼目《ひるめの》歌を見れば、祭りの暁の気持ちは流れこむように、私どもの胸に来る。昔になるほど、神に恐るべき要素が多く見えて、至上の神などは影を消して行く。土地の庶物《しょぶつ》の精霊、および力に能わぬ激しい動物などを神と観じるのも、進んだ状態で、記録から考え合わせてみると、それ以前の髣髴《まぼろし》さえ浮かんで来るのである。それが果たして、この日本の国土の上であったことか、あるいはそれ以前の祖先がいた土地であったことかを、疑わねばならぬほどの古い時代の印象が、今日の私どもの古代研究の上に、ほのかながら姿を顕して来ることは、そうした生活をした祖先に恥を感じるよりも、堪えられぬ懐しさを覚えるのである。庶物の精霊に「媚び仕え」をした時代に、私どもの祖先の生活にだんだん力を持って来、至上の神に至る段階になった神と、神の国との話をしなければならなくなった。

くどいまでに、琉球の例をとって来たのは、この話をすらりと通すためである。生物・無生物が、少しの好意もなしに人居を廻《めぐ》っていることを、絶えず意識に持った祖先の生活を考えてみればよい。古風土記には、いずれもそういう活き物としての自然と闘うた暮らし方の、後々まで続いていたことを示す幾多の話を書きとめている。記録に載って、私どもに最も遠い「古代」を示す祖先たちは、海岸から遠ざかることを避けた村人であったと思われる。山地に村を構えた人々の上は、今語る古代には、まだ現れなかったのである。記録の年立《としだて》に随《したが》うなら、神武以前の物語をすることになる。

八　まれびとのおとずれ

祖先の使い遺した語で、私どもの胸にもまだある感触を失わないのは「まれびと」という語である。「まろうど」という形をとって後、昔の韻を失うてしまうたことと思われる。まれびとの最初の意義は、神であったらしい。時を定めて来り臨む神である。大空から、海のあなたから、ある村に限って、富と齢《よわい》とその他若干の幸福とを齎《もたら》して来るものと、村人たちの信じていた神のことなのである。この神は宗教的の空想には止らなかった。現実に、古代の村人は、このまれびとの来って、屋の戸を押《おそ》ぶるおとずれを聞いた。音を立てるという用語例のおとずるなる動詞が、訪問の意義を持つようになったのは、本義「音を立てる」が戸の音にばかり偏倚《へんい》したからのことで、神の来臨を示すほとほとと叩く音から来た語と思う。まれびとと言えばおとずれを思うようになって、意義分化をしたものであろう。戸を叩くことについて、根深い信仰と連想とを、いまだに持っている民間伝承から推して言われることである。宮廷生活においてさえ、神来臨して門におとずれ、主上の日常起居の殿舎を祓えてまわった風は、後世まで残っていた。平安朝の大殿祭《おおとのほがい》はこれである。

夜の明け方に、中臣《なかとみ》・斎部《いむべ》の官人二人、人数引き連れて陰《おん》明門《めいもん》におとずれ、御巫《みかむこ》（宮廷の巫女）どもを随えて、殿内を廻るのであった。こうした風が、一般民間にもつねに行われていたのであるが、ことがあまり刺激のないほどきまりきった行事になっていたのと、原意の辿り難くなったために、伝わること少なく、伝えてもその遺風とは知りかねるようになってしもうていたのである。これよりも古い民間の為来《しきた》りでは、万葉集の東歌《あずまうた》と、常陸風土記から察せられる東国風である。新嘗《にいなめ》の夜は、農作を守った神を家々に迎えるため、家人はすっかり出払うて、ただ一人その家々の処女か、主婦かが留って神のお世話をしたようである。この神は、古くは田畠の神ではなく、春のはじめに村を訪れて、一年間の予祝《よしゆく》をして行った神だったらしい。

このまれびととなる神たちは、私どもの祖先の、海岸を逐うて移った時代から持ち越して、後には天上から来臨すると考え、さらに地上のある地域からも来ることと思うように変わって来た。古い形では、海のあなたの国から初春毎に渡り来て、村の家々に、一年中の心躍るような予言《かねごと》を与えて去った。このまれびとの属性が次第に向上しては、天上の至上神を生み出すことになり、したがってまれびとの国を高天原に考えるようになったのだと思う。しかも一方まれびとの内容が分岐して、海からし、高天原からする者でなくても、地上に属する神たちをも含めるようになって、来り臨むまれびとの数は殖え、度数は頻繁になったようである。私の話はまれびとと「常世《とこよ》の国」との関係を説かねばならなくなった。

九　常世の国

常世の国は、記録の上の普通の用語例は、光明的な富と齢との国であった。奈良朝以前からすでに信仰内容を失うて、だんだん実在の国のこととして、我国の内に、これを推定して誇る風ができて来たようである。常陸風土記に、自らその国を常世の国だとしたのは、その一例である。人麻呂の作と推測される「藤原ノ宮の役《え》ノ民《たみ》の歌」を見ても「我が国は常世にならむ」と言うているのは、藤原の都の頃すでに、常世を現実の国と考えていたからである。これらから見ると、海外に常世の国を求める考え方は古代の思想から当然来る自然なものである。出石《いずし》びとの祖先の一人たるたぢまもりが「時じくの香《かぐ》の木実《このみ》」を採りに行ったと伝える常世の国は、だいたい南方支那に故土《こど》を持った人々の記憶の復活したものと見ることができる。この史実と思われている事柄にも、若干民譚の匂いがある。垂仁天皇の命で出向いたところ、還ってみれば、待ち歓ばれるはずの天子崩御の後であったと言う。理において不都合な点は見えぬが、常世の国なる他界と、我々の住む国との間に、時間の基準が違うているという民譚の、世界的類型を含んでいることを示している。浦島子の行ったのも、やはり常世の国であった。この物語では「家ゆ出で、ゝ三年《みとせ》のほどに、垣も無く家失せめやも（万葉集巻九）」と自失したまでに、彼土とこの国との時間の物さしが違うていた。浦島の話は、さらに一つ前の飛鳥の都の頃に、すでにまとまっていたものらしいが、早くもわたつみの宮ととこよの国とを一つにしている。海底と海のあなたとに相違を考えなくなったことは、前にも述べた通りである。

常世の国を理想化するに到ったのは、藤原の都ころからのことである。道教信者の空想した仙山は、不死常成の楽土であった。その上、帰化人の支那から持ち越した通俗道教では、仙境を恋愛の理想国とするものが多かった。我国のとこよにも恋愛の結びついているのは、浦島の外に、ほおりの命の神話がある。これは疑いなく海中にある国としている。ただ浦島と変わっている点は、時間観念が彼此《ひし》両土に相違のないことである。この海中の地はわたつみの国と言われている。この神話にも、富と恋との常世の要素が十分にはいって来ている。富の豊かな側では、古代人の憧れがほのめいている。海《み》驢《ち》の皮畳《かわだたみ》を重ね敷いた宮殿にいて、歓楽の限りを味いながら、大き吐息《なげき》一つしたというのは、万葉歌人に言わせれば、浦島同様「鈍《おそ》や。此《この》君」と羨み嗤《わら》いをするであろう。ほおりの命の還りしなに、わたつみの神の釣《つ》り鈎《ばり》を手渡すとて訓《おし》えた呪言は「此鈎《はり》や、呆鈎《おぼち》・噪鈎《すすち》・貧鈎《まじち》・迂鈎《うるち》」というのであった。この鈎を受けとった者は、これこれの不幸を釣り上げろと呪うのである。その上に水を自在に満干させる如意珠を贈っているのは、農村としての経験から出ているので、富の第一の要件を握ることになるのである。貧窮を与えることのできる神のいる土地は、とりもなおさず、富についても、如意の国土であったわけである。

とこよという語がつねに好ましい内容を持っているにかかわらず、ただ一つ違った例は皇極天皇紀にある。秦《はた》ノ河勝《かわかつ》が世人から謳われた「神とも神と聞こえ来る常世の神」を懲罰した、その事件の本体なる常世神は、長さ四寸ほどの緑色で、黒い斑点のあった虫だったとある。橘の樹や蔓椒《ほそき》に寄生したものを取って祀ったのである。「新しき富入り来れり」と呼んで、家々にこの常世神を取って清座《しきい》に置き、歌い舞うたと言う。巫覡《ふげき》の託言に「常世神を祭らば、貧人は富みを致し、老人は少《わか》きに還らむ」とあった。こうした邪信と見るべきものだが、根本の考えは、やはり変わっていない。常世並びに常世から来る神の内容を明らかに見せている。

一〇　とこよの意義

とこよという語は、どういう用語例と歴史とを持っているか。とこは絶対・恒常あるいは不変の意である。「よ」の意義は幾度かの変化を経て、ことごとくその過程を含んで来たために「とこよ」の内容が、したがってきわめて複雑なものとなったのである。「よ」という語の古い意義は、米あるいは穀物を斥《さ》したものである。後には、米の稔りを表すようになった。「とし」という語が、米穀物の義から出て、年を表すことになったと見る方が正しいと同じく、これと同義語の「よ」が、齢《よ》・世《よ》などいう義を分化したものと見られる。さらに万葉集以後、あるいは「性欲」「性関係」という義を持ったものがある。これは別系統の語かもしれぬが、常世の恋愛・性欲方面の浄土なる考えに、脈絡があるようだからあげておく。

とこよを齢の長い義に用いた例はたくさんにある。「とこよ」という語は、古くは長寿者をただちにいうことになっている。だが、長寿《とこよ》の国の義から出たと説くのは逆である。「とこよ」の義には、まだ前の形があるのである。「常世の国に住みけらし」と万葉びとが、老いの見えぬ女の美しさを讃えたのは、長寿の国の考えの外に「恋愛の国にいたから」という考え方も含まれているようである。

とこよの第一義は、はるかに後までも忘れられずにいた。奈良盛時の大伴坂上郎女《いらつめ》が、別れを惜しむ娘を諭《さと》して「常夜にもわが行かなくに」と言うたのは、海のあなたを意味したものとも取れるが、多少そうした匂いをも兼ねて、その原義をはっきり見せたのである。宣長も、冥土・黄泉などの意にとって、常闇《とこやみ》の国の義としている。常闇は時間について言う絶対観でなく、物所について言うもので、絶対の暗黒ということである。この意味に古くから口馴れた成語と思われるものに「常夜《とこよ》行《ゆ》く」というのがある。こうした「ゆく」は継続の用語例に入るもので、絶対の闇の日夜が続く義である。

皇后（神功）南の方、紀伊の国に詣りまして、太子に日高に会ふ。……更に小竹《しぬ》ノ宮に遷る。是時に適《あた》りて、昼暗きこと夜の如し。已に多くの日を経たり。時人常夜行くと言ふ。

と日本紀にあるのは、この暗さを表すのに、語部《かたりべ》の口にくり返されたと思われる、成語を思い合わせて「これが昔語りの天窟戸の条《くだり》に言う天照大神隠れて常夜行くと言うたありようなのだ」と考えたものであろう。この常夜は、ある国土の名とは考えられていなかったように見えるが「とこよ」の第一義だけは、釈《と》けるようである。しかしなお考えてみると、単純に「常夜の国に行っている」ようなありようという感じを表す語であったかもしれない。そう思えば、古事記の「爾《かれ》高天原皆暗く、葦原《あしはら》中つ国悉《すで》に闇し。此に因《よ》りて常夜往く……」とあるとこよゆくも、はなはだ固定した物言いで、あるいは古事記筆録当時すでに、一種の死語として神聖感を持たれたために、語部の物語りどおりに書いたものであろう。第一義としての常闇の国土なる「とこよ」が、祖先の考えにあったことは想像してよい。

一一　死の島

宝船の話から導いた琉球宗教の浄土にらいかないがもと、死の島であったことを説いた。私どもの国土に移り住んだ祖先のにらいかないは、実はとこよのくにという語で表されていたのであった。村々の死人はもとより、あらゆる穢れの流し放たれる海上の島の名であったのである。その恐ろしい島が、富と齢《よわい》ないしは恋の浄土としての常世とはなった過程は、にらいかないの思想の展開が説明してくれている。海岸に村づくりした祖先の、亡き数に入った人々の霊は、皆生きてはるかな海中の島に、ただ稀にのみあるものとせられていたのである。そうして、児孫の村をおとずれて、幸福の予言《かねごと》を与えて去る。その来るや常世浪に乗りて寄り、去る時もまた、常世浪に揺られて帰るのである。

時に、天照大神、倭姫ノ命《みこと》に誨《をし》へて曰く、是の神風の伊勢の国は、常世の浪の重浪《しき》帰《よ》する国なり。傍国《かたくに》の美国《うましくに》なり。是国に居らむと思ふ。(日本紀)

子らに恋ひ、朝戸を開き我が居れば、常世《とこよ》の浜の浪の音《と》聞ゆ(丹後風土記逸文)

これらは、いかにも極楽東門に向かうというような感じであるが、さらに語の陰にある古い印象をうかがうと、神の徂徠の船路を思わせるものがある。すくなひこなの神はこの浪に揺られて、蘿摩《かがみ》の実の皮の船に乗って、常世の国から流れ寄った小人《ひきうど》の神であった。そうして去る時も粟島の粟稈《あわがら》に上って、稈に弾《はじ》かれて常世に渡ったという。最も古いものと言われる宝船の画に「かがみのふね」と書いてあるのは、この船がすくなひこなの命の乗り物なることを示したもので、学者の入れ知恵の疑われる点である。ただすくなひこなの古ごとを忘れて後も、蘿摩の皮に嫌うべきものを載せて海に棄てた風習があったものとすれば、蚤の船の類のものとしてその古さが加わるわけなのである。

とこよの国と根の国とが、一つと見え、また二つとも思われるようになったのは、とこよが理想化せられて、死の島と言う側は、根の国で表されることになってしまった後のことである。しかも、とこよは海上の島、あるいは国の名となり、根の国は海底の国ときまったのである。

まれびとの来る島として、老いず死なぬ霊の国として、とこよは常夜ではなくなって来た。あたかもよし、同音異義の「よ」に富(穀物)または齢の意義があった。連想が次第にこちらに移って、事実と語とあいまって、ついに動かされぬ富と齢の浄土となったことであった。

常世浪

児らに恋ひ、朝戸を開き　我が居れば、常世《とこよ》の浜の浪の音《と》　聞ゆ（丹後国風土記逸文）

ほうっと大息一つついて、海龍宮の歓びを飽き離れて来た浦島児《うらしまご》の歌と伝えるものが、此である。

「浦島子伝」と言う中篇小説——日本文学の形式から言えば、そう言わねばならぬ。が今の分類からすれば、短篇である——が、一種にとどまらない。其から見ても、恐らくもっと多く代々の文人が、この極めて稀な文学的な題材を、古き我々自身の中にあったことを見遁して居はしなかったであろう。

この歌の風から見ると、藤原・奈良の都の頃に居た伊予部《いよべ》ノ馬養《うまかい》など言う学者の息のかかって居る短歌と見てもよいようである。又そう謂ってもよいほど、旧い叙事詩の間に挿まれ遺った歌群と違った新しい「文学」を持って居るようである。

そうだとすれば、丹後の国宰《こくさい》であった馬養が、此歌を含めて作った浦島子伝なるものは、一つの飜作叙事文であったと見てよいのである。即、この晋唐式な小説には、更に原型のあったものと見るのが、ほんとうである。丹後国与謝ノ郡日《ひ》置《おき》ノ里筒川ノ村の旧族日下部氏等の間に伝った物語が、其一等古い形だったと見てよいと思われる。

「筒川」は、昔の地理観念から言えば、竹野の郡にも跨っているものと考えられて居たであろう。

こうした言い分は、以前からあった浦島生地の争いを仲裁して居るようなことになる。

ここは遠く東北に唯「越前崎」を望み、北は海阪《うなざか》を越しても更に海波《かいは》たゆとう海である。此等旧国の人々の持った想像が、我々の心にも浮んで来ずには居ない。

その荒浪を越えて、つぬがのあらしとの来りよった岸も、田道間守《たじまもり》がときじくのかくの木の実を覓《もと》めに出かけた海も、ここから続いて東西に望み見ることが出来たのである。

海の彼方に在るとした古代日本人の空想の土《つち》「常世《とこよ》の国」は、丹波丹後の人々の考えでは、此あたりの渚から、真向うに当るとして居たのであろう。もっとずっと西へ赴いて、出石人《いずしびと》の国々を越えた向うの出雲《いずも》びとたちは、亦やはり海彼岸《かいひがん》に同様な楽土を想うて居た。海岸の窟から、そこへの通い路があって、其島から小さな神が異風な船に乗って来たなどと伝えを残している。富みに満ち、齢《よわい》足り、其上恋幸さえ思いのままの理想郷は、だから、此村人の一《いち》「島児《しまご》」の眼前にも、ゆくりなく出現したのであった。

後世、別の伝えもあって、浦島の這入《はい》ったのは、名越《なごや》の窟と言ったとしている。元は「藐姑射《はこや》の仙室」と語ったのを、源平盛衰記では、武人の感情に近い地名名越《なごや》に連想して語り伝えたのかとも思われる。海のあなたの国土への通い路が、単に波の上を航するばかりでなく、もっとてっとり早く、海岸の巌窟からも開けているとすることに、同じ陸続きの出雲古風土記にも類例があった。常世を棄てて還った浦島児ばかりが、海のあなたの国に、やる方ない憧れを放ったのではなかった。山陰道においてこそ、常世の浜は北の煙波を隔てて想い見られたが、国により地勢によって、様々の方向にあくがれの島を想像したのであった。南に淼漫《びょうまん》を擁く土地では、だから南方の海上に、西に大洋を望む地方では日の入る所に、各常世の国を考えて居たのである。

此ほど信じられて居た常世の国だが、何時か其名称は消え失せてしまって、今日では方言にも凡、その痕跡の見るべきものがなくなって居る。唯其かとも思えるし、又そう考えるすら気のさす語がある。七草を囃す時に唱えた、

とおとの鳥が、日本の土地へ渡らぬさきに、七《なな》ぐさ　な
づな……

など大同小異の呪詞のとおとが、或は其かとも思われないでもない。

東方は日の生れ出ずる処として、常世の国を考えるのに適当であったらしく、伊勢・常陸その他の国々にも、そう伝えて居た。

時に、天照大神、倭姫ノ命に誨《をし》へて曰はく、
この神風の伊勢の国は、則、常世《とこよ》の浪の重浪帰《しきなみよす》る国なり、傍国《かたくに》の可怜国《うましくに》なり。この国に居らまく欲りす……。（垂仁紀）

常世の渚に向った土地、常世の波のうち寄する国と言うことが、古代人の国讃美《くにぼめ》に使われた様子が察せられる。ちょうど日向《ひむかい》と言う語が、後に国の名として「日向《ひむか》」と固定したが、之は東受けの水潔く家作りに叶うた土地の頌《たた》え詞《ごと》であったのと同じである。

「常世の浜の浪の音」と言う語も、我々を心ゆかするほど幽《かす》かな韻《ひび》きを持っている。が、「杳《はる》かな海のあなたの楽土の岸拍つ浪が聞える」と詩的に解釈しては、力負けする訣である。常世で聞いた浜の浪の音が、ここもとにもうち寄せると言うものと思わねば、島児の歌にはならないだろう。歌は浦島子伝に即《つ》かず離れずの意味を持って居ると思われる。唯の恋歌

などではなく、常世浪に神秘を感じた時代の信仰を寓して居るのである。「とこよ」の語音は、何時か同義の他の語と変替して、其痕跡すら近世に残さなくなったが、其心意の上に於ける伝承は、今におき色々な形で保存せられている。常世浪に乗って来訪する異人の物語は、今が今咄すこととしても、咄嗟《とっさ》に緒口を見つける事の出来ぬほど、多様に伝わり変っている。私にも、春の初潮《はつじお》の話だけなら、ここにも書くことが出来る。

俳諧に今も使われて居る季題の「はつ汐」は、八月の大潮《おおしお》を言う様になっている。其で、葉《は》月汐《つきしお》だろうと言う風の説もある。けれども月々の大潮を初汐とも若汐《わかしお》とも言うことから考えれば、其では語原の解釈にはならない訣である。私は、多くの類例から推して言うことが出来る。一年の初潮の名が、毎月の大潮の名にも、又最注意を惹く八月十五日の大潮にも言うようになったとするのだ。

「小正月」の十五日が、凡《およそ》古代の暦法における真の元日と考えてもよいのだから、此月の潮が、初汐と言われるのは、不思議はない。後世までも正月元日の外に、小正月《こしょうがつ》が、一つの元日と言う風に考えられて来たのである。そうして見れば、初汐と言う語が、何時までも活きた感覚を伴うて居たことも察せられよう。だが初汐に関連した信仰は、暦の考え方の変化によって、次第に移らずには居なかった。年の初めの最吉い日に寄せ来る浪が、即、常世の潮だとするようになる。つまり吉い日のとり方によって、其日の潮を特殊なものと感じるようになったのである。だが直観的には、最盛んに汐の漲り来る日を択《と》るものでありそうに思われる。だが、其は単なる常識である。邑落の分立は、又其々風俗の他と違った、孤立した形を作って来る。だから真の大潮の日は、目に見て知って居ても、必しも其日が常世浪寄る日とも考えない村が多くなって来た。早い話が、元旦を其とするのもあるが、土地によっては、七日（六日）・十一日・十五日（十四日）・節分などに印象を止めている。田の作事をはじめたり、器具類を水に洗ったり、又水に浸ったり、七夕の様に立て厳《かざ》りの物や、書き物を流したりするのも、皆新しい、幸多い水の来る日と信じるからである。其うち、六日・十四日は「七日」の前夜、「十五日」の宵と言う考えからするので、今もある祭りの宵日の、神事を厳重に行う考えと一つである。

若水を迎える役は、大体家の男――年男《としおとこ》・若男《わかおとこ》など言う名で称せられる者の為事の一つと言う風になって居る。が、必しも女が之をしないとも、又之をするのが後代風だとも言えないと思う。ともかくも、此朝の水を其程神聖視するのは、常用の井川《いかわ》の水路に、通う水が其日だけ違うと考えたのである。即、常世の浪が通い来るものと信じて居たからだ。常世の水なら、鹹味《しおけ》を持たねばならぬ筈と思われるが、なぜか淡《ま》水《みず》と考えて居た。

我々の信仰では、禊ぎは何時でも臨時に行うことが出来ると考えて居る。けれども、やはりそうでなかった。恒例の禊ぎは、時期がかっきりときまって居た。即、常世浪よる日、其海岸で水浴みをしたのだ。その浪も、地下を潜って何処までも行くと考えられて居ながら、同時に亦きまった海岸、きまった井川にしか源頭《げんとう》が現れないものと見られて居た。常世の水は、元、老いを知らぬ国の所産だから、之を浴み又之を呑む人は若やいだ。即、若さが返《かえ》って来るのだ。此作用を「若《わか》ゆ」と言い「おつ」とも称した。変若水《へんじゃくすい》と書いて、おちみずと訓ましている。変若水がもてはやされた結果、字面は変水と書いても訣るようになって居た。友人武田祐吉が「恋水」を「変水」と見て、変若水即、おちみずと訓を下すまでは、恋の水だから涙だと謂った、落し咄にもならない旧説が行われていた。万葉集には「月のをち水」とあって、月の世界にあるものと考えた様にも思われるが、元来、満月の大汐《おおしお》との関係を思えば、必しも、

天梯《あまはし》も長くもがも。高山も高くもがも。月読《つくよみ》の所持《もた》る変《を》若《ち》水《みづ》いとり来て、君《きみ》に献《まつ》りて、変《を》若《ち》得しむもの (巻十三、三二四五)

とある様に、月の所有と考えたものとばかりも思わないでよい。月が之を自由にしていると謂った意味での「月のをち水」・「月読《つくよみ》のもたるをち水」と言う語であったものと私は思う。

此おつ・おちと言う語も、万葉時代にはもっと広くも使われた様だが、後にはさっぱり跡を断って唯伝説の上に命のないものとなった。此と同じ筋道を辿ったとこよについて、今一度ふりかえって見よう。先に述べようとした「とおとの鳥」など言うのも、いろいろに考えられて居る。唐土《とうと》の鳥とするのが普通である。柳田先生が「年中行事標目」にも採用せられたが、信州上水内郡辺の暮の魂祭りを「とうどたで」と言うのも、年末歳始に訪れるものの本土が「とうど」だったことを示している。ある時には、七草を敲《たた》く時の囃し詞かと考えた。其と一つ系統の左義長《さぎっちょう》のどんど焼き、之をとんどと言うのと、とんとと言うのが、上方風だから、とうとはとんとだ。即、囃しは囃しでも左義長の囃し詞と一つの語だと考えたこともある。が、其も尚苦しい説明のようだ。とこよの鳥が何時か、とうきよ、とうよなど言う径路を経ている中に、音韻以外の連想による言語変化の作用によって、飛躍してとうとと言う風になったと見られそうに思う。だから、「とうとの鳥と日本の鳥が」と謂い「とうとの鳥と田舎の鳥が」と言う、皆何か古代人の感情を忘却しきらずに、ある俤《おもかげ》を留めているように思う。異郷の鳥と言う連想は、つき纏っているのである。但、その鳥は此土《ど》の人に災いを与えるように思われているが、其とて別にとりとめた伝えもない。

鳥を忌んで避けようとする気分が、此呪詞に出ているのは、一つは鳥追い行事の影響を甚しく受けているのである。寧、七草の儀式については、常世の鳥が渡って来るのが、待ち遠

なる事を言う詞だったのが、推移を重ねて、ああした続き合いの文句になって行ったものと思う方がよい様だ。

鳥追いの式は、大抵二人かけ合いになって居た。よくよくの場合には、一人で行う場合もあったかして、近代には「一人鳥追い《ひとりとりお》」など言う乞士《ほかい》の役もあった。「これは誰《た》が鳥追い」と、鳥追いの目的を問う者と、其に答える鳥追いの大夫《たゆう》とも言うべきものがあって、「誰其《だれそれ》の鳥追い」「何々殿の鳥追い」と言う風に、段々高い所から低い所へ唱え及して行く。

若水迎えとおなじ考え方だが、少し抽象的になった言い方に、「若菜迎え」と言うのがある。することはやはり同じで、七草を俎板の上で叩くのである。片手に庖丁はまず普通だが、今片手は擂子木《すりこぎ》を把る地方も、杓子を持つ処もある。杓子は特にでりけいとな意義がこもって居るのだが、擂子木の方は、単にそうした形に似よって行《や》ったと言うだけで、此類の棒は、色々の木で色々の形に出来ている様である。結局、卯杖《うづえ》など言われた物と、根柢の考えは一つで、子を孕ませる呪いの嫁叩き棒・果実を成らせるほんだり棒など言うものと共通する信仰を持って居たのである。此七草敲き《ななくさたた》の音色をなるべく効果あらせるよう、様々工夫せられたものである。だから、其音を持って鳥を逐いやるのだとか、鬼魅を払うのだとか言うのはいけない考えだ。此新しい食物に霊的な機能を持たせる為、権威ある魂を之につけようとするものであろう。ああ謂う共鳴腔の様な形を持ったものは、其を叩くことによって、よい活力の魂を呼び起すものと信じていたからである。正月四日にも七草にもする初山《はつやま》入りに、山の鴉《からす》を呼んで、食物を投げ与える農家の行事は極めて広く行われている。

餅や粢《しとぎ》や米を持って山へ行って呼び立てると、鴉が忽然と姿を顕して来るもののように、大抵どこでも言って居る。此だって鳥を集めて食い分《ぶん》を投げ与え、又更に新しく放逐するのだと見れば其までだが、其には如何にも手順が混み入り過ぎている。私どもは寧、初山に招かれる鳥が、鴉にきまった原因の方が知りたい位で、以前はもっと変った鳥の来るとした地方も多かったのだろうと思う。鳥でなくて、年の始めには、鼠などにもそうした形はある。此は我等の先生にも其考えがおありのようだ。唯、鴉を以て迎えられて来るものがあったと見ることに、私の考えが傾いて居る。魂は多く鳥の形で、人界《にんがい》に現れると考えて居たからである。

とおとの鳥が、数次の音韻変化を経た常世の鳥であり、早く唐土と謂った連想を伴うて居たとする語原説などは、なり立っても、なり立たなくとも、七草敲きの意義は知れるのである。逐《お》う方《ほう》を主として考えるのは後代の事で、其は鳥追いの領分に喰いこんだ訣である。七草では寧、鳥の形をした常世の稀客《まれびと》や魂を呼び迎えて、優れた力を食物の中にみいらせようとするにあったのであろう。

其でなくては、そうした敲き菜を以て作った七草粥を祝う理くつが立たないのである。七草の唱え詞なども、早く訛り散らして日本全国の分を皆集めて比較研究して見たところで、原形は辿る事が出来なくなって居る。ちょうど、「お月さまいくつ」の童謡なるものが、つきつめて行っても、も一つと言う最後の形に達する事が出来ないと同様である。つまりは、常世の鳥を考えて居た昔から七草を敲く式があったとも言えないし、其を粥に入れて羹の様にすると言った風が、ずっと一続きに整うたままで伝って来たとも断言出来る訣でもない。時によってわりこんで来たものもあろうし、中途で消えたのもあるに違いない。其間に唱え詞ばかりが、素直に原形を伝えて、曲りなりにでもずっと残るなどとは、どうしても考えられないのである。

七草の事を言えば、まず第一に春の若草になぜ七種《ななぐさ》の草を択んだのか、そうして其が秋の七草と、どう言う関係があるのか、其よりも第一、若菜を煮た汁が、人間の生命に、どう言う幸福な変化を与えるものと考えたのか、こうしたことの方が問題になって来るのだ。

世間でする年中行事を、私は「生活の古典」と称している。我々は文学・文献の古典に、生命の新しい泉を求めるように、常人は、くめども尽きぬ民族生命の歴史を、此生活の古典から得ているのだ。生活の古典を忘れ行く我々の寂しさ。併し今また、常世の浪は、私どもの地下に幽かに沸る音を立てているではないか。

来世観

来世は、近代日本では、ありふれた表現として、あの世又は、みらい（未来）など言いなれて来た。現実の世界に対立した世界、そこには別の生活を持つものの住むと想像せられる社会があった。その世界における「生」は、単に人間の死によって初まるものではなく、此世と並んで、そうした世界があるものと信じられていた。だがそれと同時に、人間の一部には、死によってそちらの世界の一員として其生活に入るものがあるとして、未来と言う語を使った事も事実である。

古典学者の中には、古代人の持った神代観を抽象して、現世に対して冥界を考え、冥界を幸福なるものと、不幸なるものとの二つに分け、上の世界である神の国と、下の世界なる黄泉《よみ》の国とを考え、そうした三つの世界が、上下に並存している様に考える者が出て来た。元来、日本国中にいた多種の種族の間には、別々にいろんな名称が行われていて、内容も相当に差異があり、簡単に統一せられていたものとは考えられない。幽冥界を意味するかくりよと言う語は、殊に神道思想の光明的な方面が豊かに出て来ている。現世（うつしよ）の直ぐそばに幽《かく》り身《み》を持った神の世界がある様にさえ考えられていた。其には、神道家・国学者の理想化し過ぎたものが感じられ、神秘観を多く含んでいる。ただその世界が比較的近くて、我々の想見する事の出来る距離に、その境辺を見る事が出来、それから直に、奥深い所まで続いていると言う考えはあった様である。

それと同時に、人間のいる国土とは全然離れた所にあって、其所の住者は屢《しばしば》此世を訪れる理由は持っているが、人界からは選ばれた者が、稀に其処に至ることあるばかりで、容易に来往することが出来ないものと考えていた。そうした世界に祖先の霊魂が多く往き集っているものと考えていたことも事実である。其と同時にその他界に、奈落・地獄風の色彩を持たせて、善悪二つの世界の様に思わせるようになったのは必しも古いことではなく、或時は幸福な国土でありながら、恐るべき要素を持ち、恐ろしい所であると同時に、光明をそなえた所と言う風な考え方が多かった様である。

　だから中世以前既にあった常世にしても、多くは海中の国土或は島であるが、中には大地の続いた彼方と言う風に考える。そうしてそこには、神が住むとする文献もあり、後には仙人の住む島々の様にすら考えた。文字でも常世と書いて、常住の年齢、永久の富、不変の恋愛の存在する浄土の様に言っているが、常闇の国・死の国の様な意味で、つねの夜と解釈した時代も古くはあった。此意味では黄泉の国・底の国と同様な内容のあった事も想像出来る。而も人間とよく似て、最人間に好意を持つ老翁又は男女二人を考えて、之に永世《とこよ》と言う讃称をあたえた事すらあり、此常世人と言われる人達は、周期的に人間界を来訪した。其後、仏教の伝播と共に、煉獄・浄罪所風な考え方が多く加って来て、高山のうち人里の遠き河原などに、地獄に一歩手前とも、極楽におもむく為の煉成所とも言うべき血の池・賽の河原の信仰が現れて、村々里々の持っている他界を小さく区切って表現する様になった。日本の固有信仰の中にも、国土のうち或は海のあなたに楽土があって、其処から周期的に任意に、神或は霊的なものが来訪すると考える根柢には、祖先が死後その世界に去って、其処に個性を失った霊魂となって集っているものと見た所から出ている事が考えられる。山について見ても、そうした霊魂或は山の神を祭る為の特殊な山民が組織せられて、山と人界との間に、山人なるものの存在を見るに至ったらしい事が言える。恐らく海においても、海人がその中間的存在として、宮廷其他に属・不属の関係で交渉のあった事もうなずかれる。近来柳田先生の説き出された山の神を祖先とする考えは、此所に根拠があり、又力強い理由である。ただ日本の伝承説話の中には、海の信仰の記憶が稀薄になったのに比べて、山の方が遥かに濃厚である。山の信仰の中に、海の信仰における様に、祖先の純化した霊魂を考えるようになって、更に屢此感情を温めている間に、祖先即、山の神即、田の神と言う様な関係を考え出したのであろう。もともと日本人にとっては、多く山の神と田の神とは対立するもので、一方を山の神とすれば、一方の田は精霊である。もし田の精霊を圧伏し監視するのが、山の神の為事であれば、此部分の職能を田の神と見てよい。之も田を作る民がする田居の生活から出て、神へ移した信仰であろう。何にしても、山に他界のあるとする信仰は、中世の色彩の濃いもので、その以前には、山を階梯として続く大空を、他界としていた事は事実で、この極めて純化せられたものが高天原であろう。此他界から来るものに、霊的な鳥を考える事が多かった。天つ雁がねは空を飛ぶからではなく、空からの使者として言った名である。その雁は又、海のあなたの常世から来るものと信ぜられていた。

　こう言う風に、霊魂の鳥が他界に去り、又他界より来ると言う信仰が強く行われたのに、日本人の来世が、まず海のあなたに考えられた事を見せている。恐らくとうてむとしての動物・植物・鉱物を持った人間の他界身は、鳥であり獣であり、木草であり、水・風・光線であって、之が現世に姿を現す時は、夫々の動・植・鉱物である。本地浄瑠璃に見える神々の身は、もと人間で、苦難の上解脱して神となる事を得たと説くのも、来世と現世の対立感から出るものであって、人間身を以て満足なものと見る事は出来ないとするのであるが、単なる来世観の場合には、そのどちらをも特に重しとはしていない。唯神は現世に来れば現世身、彼の世界に居れば来世身を現している。其点では人間の場合に限って、此世を去れば霊化してそこに止るものと見るが故に、向上するものでなければならぬ。

民族史観における他界観念

永遠の信仰

此は、日本古代人の持っていた、他界観念研究ののうとである。何よりも前に言っておくことは、他界の用語例を、あまり自由に使いたくない。そうしないことには、古代における此観念が、非常にひろがってしまう虞れがある。

まず最初、我々生類《しょうるい》の住んでいる世界から、相応の距離があり、人間世界と、可なり隔っているが、そこまでは、全く行った人もなく、出向いて来た生類もなかった訣《わけ》ではなかった、そう言う地域である。其ばかりか、彼方から、時を定めて稀々ながら来る者があり、間々ひょっくり思いがけない頃に、渡って来ることもある。此偶然渡来するという形の方が寧、普通の形式のように思われていたほど、そう言う考え方が普通になって来たのである。何の為に渡来するのか、その目的を忘れてしまったよりも、だからも一つ古い姿のあったことを考えてよい。

こちらからも稀々は、船路の惑いや、或はまぐれあたりに、彼地に漂い著いたり、極めてたまにはそこの「神聖者」から呼び寄せられたとは知らず乍ら、この他界に到著した場合もある。――そう、考えられていた。

扨《さて》その他界の生類は、此土《ど》からの漂流者の目的を知る知らぬに繋らず、随分歓待して、時が来ると賓客を送るように還しておこせた。其等の帰還者の物語ったらしく見える内容を伝えて、人々は、他界の面影を、想像していたのである。

何としても、此土の人の考えでは、――こちらで彼土を考えるのとは反対に、――彼岸の人は、此岸を以て、他界とも、浄土とも考えていなかったのが普通らしく、あちらから欣仰尊敬せられていたとの伝えは、まずないようである。

右に言った、彼岸から来臨するのが通常であったのを忘れ――、その来迎の記憶すら、非常に神聖な伝えのようになってしまって、却て此世界からまぐれ当りに行き著いた者に関する伝えと言うのを、当然あった歴史事実のように考えていた。それだけに此考え方は、近代の我々にも理会せられ易いように、適当な用意があったようである。其上、神話伝説の類の、比較研究の上にも、殆同類の物語が多く見られる。

　我々の持った類型の中、浦島式のものは、純な民間説話のように、宮廷記録家から扱われたので、すっかり歴史的印象を失ってしまっているように見える。だがこれが、宮廷説話の様な外貌をとると、ひこほほでみ尊説話のように、前後に歴史解釈が附加せられて来る。此類の説話には、恋愛要素が、相当に重要な部分になっている。浦島式説話から之を除くことは、却て容易で、それが、自然でさえある様に感じる。歴史印象を抜くことの容易でなく見える「たぢまもり」式のになると、出石人の宮廷大喪に奉仕した慣例の伝承が重くなって、恋愛部分などは消えている。

　これは、他界の信仰と、喪葬儀礼の説明説話とが、繋った伝承と言うべきもので、出石人の鎮魂法が、果樹の蘰《かづら》と、その杔《ほこ》（立《た》ち枝《え》）を以てした伝承を示している。此も歴史と言うより、宮廷に移入せられた出石びとの慣例が、他界観をまじえている訣《わけ》だ。他界なるが故に、遠く遥かに海の彼岸にあり、他界なるが故に、時間の長さが、此世界と著しく違い、極めて信ずべき他界なるが故に、実在性が強くなっている。こう言う風に、曾てもっと重要なものと考えたものが、主体から離れて挿話のようになって来ることがあるのだ。

完成した霊魂

「常世」と言う語が、若し他界を言う出石人《いずしびと》の語であったら、常世の持っている他界性ということを、もっとこよという語に沿うて考えておく必要がある。われわれにとって、殆結論の出てしまったほど、親しみのある常世の国は言うまでもなく他界であり、他界は即神の所在だと考えられていたということである。

　併しその一方に、神ではない邪悪の屯聚する所と言う恐怖国の義も、此語の類語にはあるのである。清らかな宗教観からすれば、神の居処即他界であるはずだが、神ならぬ者の集る所も、他界は等しく他界である。之を整頓したものが、楽土と、煉獄（浄罪所）との関係になって、対立的の地域と現れて来るのだが、尚善悪の他界が、別々に散在することを信じている種族信仰も、多く見ることが出来るのである。

　何の為に、神が来り、又人がその世界に到ると言う考えを持つようになったか。そうして又何の為に、邪悪神の出現を思うようになったか。最簡単に霊魂の出現を説くものは、祖先霊魂が、子孫である此世の人を慈しみ、又祖先となり果さなかった未完成の霊魂が、人間界の生活に障碍を与えよう、と言った邪念を抱くと言う風に説明している。そうして、其が大体において、日本古代信仰をすら説明することになっている。此は、近代の民俗的信仰が、そう言う傾きを多く持っている為であって、必しも徹底した考え方ではない。私は、そう言う風に祖先観をひき出し、その信仰を言う事に、ためらいを感じる。この世界における我々――そうして他界における祖先霊魂。何と言う単純さか。宗教上の問題は、祖・裔即、死者・生者の対立に尽きてしまう。我々は、我々に到るまでの間に、もっと複雑な霊的存在の、錯雑混淆《こんこう》を経験して来た。祖裔《そえい》二元とも言うべき考え方は、近世神道家の合理観よりも、もっと甚しく素朴である。だが、一見そう見た考え方で、大体の解釈のつく近世の状態に到達するまでにも、又、その状態の中にも、もっとこみ入った信仰の紛乱があったし、ありもするのである。

邪悪の精霊或は邪神と言われるものも、そう簡明に不遇な魂魄の変質したものと言う訣にはいかぬ。順当に言わば、他界の神々からはじめるはずだが、便宜上、筋のとおり易い邪悪の精霊の側から説いて見る。

この訣り易い霊魂の問題だって、ざっと概説だけですますことは出来ない。人間の次期――数的に表現する次期という語は常識的だが――の姿なる完成した霊魂――。

それから其に成りきることが出来ないで、其為に、完全な霊魂の居る場所に屯集することを得ぬ未成熟な霊魂――或は欠陥ある霊魂――は、其はそれとして、不具な霊魂の到達すべき形貌を持ち、未完成なるものの集る地域に屯集し、又は孤独に居る。又安定せない状態からして、屢《しばしば》元の形――第一形貌――を現じる。但、この姿を未成醜悪なものとして、人の見ることを欲しない。そう言う形が考えられて来る。

此は、祖霊の場合でも、似たことがある。完成した霊魂の形貌としての「他界身」を現じながら、一方に前身――其と前身を其人間に認めさせる為に、人間身を現ずることも屢ある。

未完成の霊魂

日本における伝説は、ひろい意味において言う説話とは違い、偶然にも、地理・地物・地名に関連した伝承を持つもので、物自身固有名詞を伴い、固有名詞の説明のような形をとる。柳田國男先生の「伝説」の用語例は、その正しさと、周到において比類がない。だから普通伝説と一つに言われる昔噺とは、重大な相違点を持っていることは確実である。伝説は地物の歴史に関したもののうち、地物その物が伝説の中心であるばかりでなく、主体であり、人格は持たぬが、人格的な生命ある植物・建造物・鉱物、時としては其等から影響せられて、動物であることすらある。

人倫以外の非類物《ひるいもの》を主題とした口頭物語を書き留めた日本の御伽草子の多くは、伝説の最早く文字に移されたものであり、偶然伊曾保物語などと、主体の等類を等しくしている。が、此は飜案ではない。柳田先生の比較研究の正しさが、そう言う誤らぬ区画を立てたのである。

日本におけるあにみずむは、単純な庶物信仰ではなかった。庶物の精霊の信仰に到達する前に、完成しない側の霊魂に考えられた次期の姿であったものと思われる。植物なり巌石なりが、他界の姿なのである。だが他界身と言うことの出来ぬほど、人界近くに固著し、残留しているのは、完全に他界に居ることとの出来ぬ未完成の霊魂なるが故である。つまり、霊化しても、移動することの出来ぬ地物、或は其に近いものになっている為に、将来他界身を完成することを約せられた人間を憎み妨げるのである。此が、人間に禍いするでもん・すぴりっとに関する諸種信仰の出発点だと思われる。未完成の霊は、後来の考え方で言う成仏せぬ霊と同じように、祟りするものと言った性質を持っている。

近代では、念仏信仰が合理解釈を与えて、「無縁亡霊」なるものを成立させた。これは、昔からあった未完成霊を、さように解し、さように処置したのであった。考えて見ると、此飜訳は、必しも妥当であったとは言われない。無縁と言いながら、全く縁者を失うたものばかりではなく、祀られぬ霊を言う部分もあった。ここに祖先霊魂の一部なることを示しているものと見てよい。其と、木霊・石魂とは、自ら大いな区別があったのである。祖先霊魂と生活体なる我々との間に、無縁亡霊を置いて、中間の存在のあることを示していた。

こう言うことが、近代と古代と順を逆にして語ることの様に思われるかも知れぬが、無縁の名は、近代まで残った邪霊信仰に、別様の名をつけたに過ぎない。

祖先聖霊と　祀られぬ魂魄

死祭に与らぬと称する神道の方面にも、尊親の葬式と解釈すべき様式があって、全く葬場其場きりに、忘却に委せたものでもなかったらしいことは考えられる。日本は元より広いのだから、相当、民俗の相違のあることは考えねばならぬ。神主家の主として、重大な式儀礼を勤めた人の死のとりおきは、やはり家族たちとは違っていた。喪葬を異にした理由は、聖格らしいものを持っていた身柄だから、普通の家族・氏人と類を異にし禁忌を経ないで、聖化させたものもあると考える方が、事実を無視せぬことになる。竹取物語を他の天女譚と区別した富士根元信仰などは、最古くから伝えて、近代の大行者の屍解《しかい》まで続いたものがあるようである。富士山の信仰など考え方によれば、修験風に多分の念仏味を加えたものが感じられ、神道離れしている為に、そうした法式を行うたものと見られる。併し今日の我々からでも、尚、同感し得る古代的要素は、死がこれを、ほの見せている。山上から更に他界に移動する式を伝えていて、そうしたものと考えれば、途方もなく変った方式によったと言うより、そうした方式を忘れていた、常人の生活の平凡化から来るのである。
特殊な山岳教の伝統を外にして考える。神主家の家族や、通常人と違って、生存時既に神の境までのり出していた――一歩すれば、直に神になりそうな時の続きの生活をした――人の死とを、同一視するのは、誤りである。そう言う人の死に対しては、殆同時に、他界の生活がはじまっているものと見ていたに違いない。近代と古代とでは印象が違うが、信仰の根本は、我々が瑣末な様式に対して、感じるほどには変らぬものと見てよい。

……天雲の八重かき別けて　神下《かむくだ》しいませまつりし高照す日《ひ》の御子《みこ》は、飛鳥の浄宮《きよみのみや》に、かむながら太しきまして、すめろぎのしきます国と　天の原石門《いはと》をわきて、神登りのぼりいましぬ。……（万葉集巻二、一六七）

此引用の切実な意義は、次のように説かなければ顕れないと思う。「古代以来の信仰の伝承では、天と地との治め別けの理由は、こう説いて来ている。日女《ひるめ》の命は、天をお治めなさるべきものと言い、……其からこの瑞穂の国をば、天と地の上下から、近づきあう所までお治めになる聖なる神言伝達者と言うので、八重たつ雲をかき分けて、くだしておよこしになった日の神の御子。その方は、この飛鳥の浄見《きよみの》宮で、神の意思どおりにおおさめなされ、其上で、宮廷の代々の祖先霊魂の領有しておいでになる国土だから……祖霊になった以上は、祖霊としてそこに居るべきものだ、と大空なる巌の大戸を聞いて神上りに上っておいでになった。……」

此は、天と地との二つの世界の間に、大きな石の門があつて閉してゐる。その両側の世界に住み別れてゐる尊い神人の関係は、天地開闢の時からきまつてゐる。天の方は日女命お治めなされよ。扨《さて》、地上の国は、その土地と天の青空とが交叉して行き合つてゐる局限の処までお治めになる神の命として、日の御子――天雲別けてお降しになつた日の御子なるこの天子は、飛鳥の浄見《きよみ》原の宮において、宮廷を占め、神の意思どほりにお治めになつて、其上で、（こゝは地上である。）我々のやうにもはや祖霊と（なつたものは、）祖霊の治め居る国だから、そこに行くと言はれて、天の原の石の門を開いて、神としてお登りなされた。……

これは明らかに、人間である間の天子は、地上に住まれ、死の後は大空の他界に戻られるのが、古代の人の考えた他界であった。こう信じているのである。此は、この歌詞に出ている天武天皇の御子日《ひ》並知《なめし》ノ皇子尊《みこのみこと》の為の挽歌《ばんか》で、その詞の中で、先帝天武天皇のことを述べた部分である。日並知皇子尊の為には「……いか様《さま》に思ほしめせか、つれもなき檀《まゆみ》ノ丘に宮柱太しきまし、みあらかを高しりまして……」と言う表現を後の節でしている。さすれば、尊い方でも、天子でおありでない方は、地上に留っていられることを、はっきり見せている。語を替えて言えば、この歌の初めの部分は、天武天皇が、歴代の日の御子の一人なる――すめみまの尊として、降って来られたことを言い、そうして日の御子から、皇祖《すめろぎ》となられる時――崩御――が来ると、他界なる天上に戻って行かれる。ここに注意すべきことは、別に際立って、天上をしろしめす様子は述べてないことだ。この歌の場合の原文には、すめろぎと言う語のままを「天皇」という慣用文字で宛てたのである。すめろぎ（又はすめらぎ）という語が祖先天皇を意味しながら、第二義的には、現天皇をも意味する時代に、この歌は作られたのだ。天子をすめろぎと言う常の字面と、現天皇より前に崩御せられた――前天子以前の――すべての皇祖霊をすめろぎと称えた古語の用語例との両面を使った例である。ここのすめろぎは古い意義であり、現在の天皇を意味しているのではない。

護国の鬼　私心の怨霊

　すめらみこと・日のみ子は天子であるが、文字には早くから、一歩進んで今上を意味する天皇にすめろぎ（又、すめらぎ）の訓を附けていた。皇祖の意のすめろぎが死語とならぬ先に、公式の文書などでは、天皇の字の用字例が変っていたのだ。厳格には、天皇はすめろぎではない。天子は天上から来て、また昇天せられてすめろぎとなられる。すめろぎとしては、昇天の後、前からおいでになるすめろぎと更迭せられると言うこともない。理を推して行って、日女命（ここでは天照大神に当てても、少しも不自然な所はない）も合理に替られるものとは考えていない。つまり他界に還った魂が個性を失う。そうして多くの場合、其等が混淆して、祖先霊魂の周辺に附属する幾個かの霊となるものと考えていた様である。

　他界にある霊魂の数の問題については考える拠はない。人間界における人間数と霊魂との数は一致しない様である。一つがここに消えて、彼土に生ずるものと考えていなかったようである。分割併合の割り合いなど考えた痕跡は求めにくい。他界における数の観念は、此土の数の考えからは、独立していた。分離・増殖は相当自由に行われるものと見ているが、其が人間界の魂の数と一致せない。人間界の魂が元ではないからである。

　昔招魂社を建立した当初の目的は、思いがけない変改を経た。神の性格にも、非常な変動があった。楠正成や維新殉難志士と言われた人々の冤べ難い思いを鎮めようとした時とは違って、奉祀の範囲も広く、祭神も概ね、光明赫々《かっかく》たる面が多くなった。この社の最初の目的に似た信仰は、中世の早期から近代を通じてあった。普通の神とは、別の祭りを以て祀り、其怨念の散乱を防ごうとした。則御霊信仰から分化した若宮信仰・山家《やんべ》・佐倉の名の知れたものから、名も言わぬ無縁万霊の類に到るまで、成仏を言わぬ昔から、神となれない人たちの、行くえなき魂の、永遠に浮遊するものあることを考えていた。招魂護国神には、疑いもなく浮んで神となる保証のある上に、又極めて短い時期に神と現じて、我々あきらめ難き遺族の、生きてさ迷う魂をも解脱させる様になった。明治の神道は、此点で信仰の革命を遂げたものであった。併し第二世界戦争後、この短い期間に神生ずることについての問題が起ろうとしたが、やがて其も事無く過ぎそうである。

明治神道の解釈があまり近代神学一遍で、三界に遍満する亡霊の処置を、実はつけきっていない所がないではないか、と思われる所がある。

沖縄の神道では、「三十三年にして神を生ず」と言って、死人は此だけの年月がたつと、神化するものと見ていた。年月に異同はあっても、日本近代の民俗では、やはり亡者を何時までも宙有に迷っていなければならぬものとしていた訣ではない。僧家の手に管理を委ねた亡霊の中、実は年期既に到ったものすら、永久と言う長い時に渉って、成仏の時の到り難いものがあった。其をつい失念して、一度死んだ人間は、永えに仏の栄光に預り、仏性を得ることが出来ぬもののように考えてしまったものである。此は実は供養に廻向に礼を尽す情熱が、そんな風に、いつまで経っても、善き児孫の心に甘え、其を脱して独立の光明世界に生じようとせぬ亡霊ばかりと言う風に思い違いをさせたのであろう。此は我々民族の持つ迂遠なる循環性と、僧侶たちの仏教が、いつまでも儀礼を脱却することに努めなかった為でもある。

が又、亡霊自身が、世間の流風に泥み過ぎていたからというところもある。盂蘭盆及び其に似た幾度かの機会に、聖霊が祭りを享けに来る。此他界の存在が、時を定めてなじみ深い懇親者の歓宴を受けに来ることは、念仏踊りより、盆祭りよりも、更に以前からくり返されていた。

言うまでもなく、この論の初めから出て、随所に話の手順となる異郷・他界の訪問者の信仰が、無終とは言えぬか知らぬが、殆無始の過去世から続けて来た風である。此が祖霊及び祖霊に従い来る未成熟の新霊に到るまで、或機会を以てきり上げることは考えず、唯くり返して、如何にも、永遠の儀礼のようにしてしまった為である。此が又盂蘭盆の近世的感覚の基礎にもなったのである。

荒ぶるみ霊

純化した祖先聖霊、其にある時期において、昇格飛躍して、祖霊の中に加る筈の新盆の霊魂、其に殆浮ぶことなき無縁霊、この三種の区画の中、中間のものについて、熟慮することなく来たことが、大きな手落ちであった。

霊魂管理を托せられた寺や念仏者は、過去の久しい魂祭りの方法——寧精神を知らないで、唯継承した、と言うより寧旧弊を棄てて、新鮮なものに就くをよしとする様な心意気で、極めて疎略に魂祭りを処理したのであろう。

だからここに、新盆の聖霊或は無縁仏の一部として、告ぐることなくおしこめられていた、成熟を待つ間の「新盆霊」について考えて見る必要があるのであろう。

霊魂と言い、聖霊《しょうりょう》と言い、怨霊と言い、亡霊と言い、語は安易で、誤りもないように見えるが、何としても、混乱し易いものと見えて、我々に残されている霊類の知識は、頗混乱して来ている。霊（タマ）と言って、幸福な内容を感じることは、古代にも、常にそうだったとは言えなかった。つまりたまと言う語が既に早く分化して、霊の暴威・歪曲せられた霊の作用にも通じていた。其で、極めて古くは、悪霊及び悪霊の動揺によって、著しく邪悪の偏向を示すものを、「もの」と言った。万葉などは、端的に「鬼」即「もの」の宛て字にしていた位である。その「もの」の持つ内容の殆すべてが、「たま」と言う語の中に入って来た。此混乱に気がついて、区別を立てようとした所から、殊に悪質で人格的な方面を発揮する癖のあるものを、りょう或はりょうけ（霊気）と音を用いて言うことが多くなった。御霊は、――古くは――宮廷及び京師の市民に祟る悪霊の称であって、事実から言えば、神化していない人間の悪執である。霊気《りょうけ》即、やや新しく、知識的な言い方だが、普通はもののけである。執念を、個人又は、ある一家・一族に持つものが其であって、此れの範囲が拡り、禍が一般的になったものが御霊《ごりょう》である。古い歴史を持ったまま継続した「御霊」は、奈良から平安初期にかけて起ったものだから、奈良京・平安京の持ち主とも言うべき宮廷への怨念を、宮廷直轄の地とも言うべき京師《けいし》の民・作物に表現したものである。人間或は物品に寄せて、悪念のなす所を示すことが、たたるの語義である。その古きを一括して、上下の御霊社と斎うている。古く、別に猛威を振った歴史ある農村守護の荒《あら》神、祇園の神の管理に委ねるようになった。祇園は仏者の伝統による陰陽道によって性格は変えられたが、本来から言えば、一つの大きな常世神である。同時に又、他界よりして、猛威を振って、人間界を煩す邪神を逐う意味において、すさのを尊は、農村にとって偉大な訪れ神であった。邪霊の、とりわけ人間死者のなす所と解せられるものは、皆御霊《ごりょう》と謂われる様になった。多く土地百姓に祟り、疫病を行い、農業を妨げ、稲虫を生ぜしめた。必しも善人の不幸に横死したもののばかりではなかった。却て多く凶悪・暴戻《ぼうれい》な者が、死んで農村・産業を災したものが数えきれない程である。近世まで之を御霊と言ったり言わなかったり、いろいろしているが、その傾向のものは、後から後から頻りに出た。

御霊の類裔の激増する時機が到来した。戦争である。戦場で一時に、多勢の勇者が死ぬると、其等戦歿者の霊が現出すると信じ、又戦死者の代表者とも言うべき花やかな働き主の亡魂が、戦場の跡に出現すると信じるようになった。そうして、御霊信仰は、内容も様式も変って来た。戦死人の妄執を表現するのが、主として念仏踊りであって、亡霊自ら動作するものと信じた。それと共に之を傍観的に脇から拝みもし、又眺めもした――芸能的に――のである。戦場跡で行うものは、字義通りの念仏踊りらしく感じるが、近代地方辺鄙のものは、大抵盂蘭盆会に、列を組んで村に現れる。

念仏踊り

村を離れた墓地なる山などから群行して、新盆の家或は部落の大家の庭に姿を顕す。道を降りながら行う念仏踊りは、縦隊で行進する。家に入ると、庭で円陣を作って踊ることが多い。迎えられて座敷に上ることもあり、屋敷を廻って踊ることもあり、座敷ぼめ・厩ぼめなどもする。ある点から見れば、春の万歳や、獅子踊りと、目的が一つになってしまう。

念仏踊りは、大体二通りあって、中には盆踊り化する途に立っているものがある。だが其何れが古いか新しいかではなく、念仏踊りの中に、色々な姿で、祖霊・未成霊・無縁霊の信仰が現れていることを知る。墓山から練り出して来るのは、祖先聖霊が、子孫の村に出現する形で、他界神の来訪の印象を、やはりはっきりと留めている。行道の賑かな列を組んで来るのは、他界神に多くの伴神＝小他界神＝が従っている形として遺った祖先聖霊の眷族であり、同時に又未成霊の姿をも示している。而も全体を通じて見ると、野山に充ちて無縁亡霊が、群来する様にも思えるのは、其姿の中に、古い信仰の印象が、復元しようとして来る訣なのである。一方、古戦場における念仏踊りは、念仏踊りそのものの意義から言えば、無縁亡魂を象徴する所の集団舞踊だが、未成霊の為に行われる修練行だと言えぬこともない。なぜなら、盆行事（又は獅子踊）の中心となるものに二つあって、才芸（音頭）又は新発意《しんぼち》と言う名で表している。新発意は先達《せんだち》の指導を受ける後達《ごたち》の代表者で、未完成の青年の鍛煉せられる過程を示す。ここで適当な説明を試みれば、未完成の霊魂が集って、非常な労働訓練を受けて、その後他界に往生する完成霊となることが出来ると考えた信仰が、こう言う形で示されているのだ。若衆が鍛煉を受けることは、他界に入るべき未成霊が、浄め鍛えあげられることに当る。其故にこれは、宗教行事であると共に、芸能演技である。拝むことが踊ることで、舞踊の昂奮が、この拝まれる者と拝むものとの二つを一致させるのである。念仏踊りの主体の一つは、新発意と言うべき多くの青年（若衆）である。

信仰において、目的や、方向が並行しているように、芸能においても、三面の意義がある訣である。芸能の側にうける拷《しお》りは、霊魂を攻め虐げて完成させようと言う目的と合致する訣だ。虐げることと練り鍛えることとが、日本の古代近代に渉るしつけ・教育の上では、一つであったことも、此から来るからであった。

このように、魂の完成は、死者の上にのみ望まれたことではなく、生者にも、十分行われていなければならぬことであった。生前における修練が、死後に効果を発するものと考えられて来る。

成年式の他界に絡んだ意義

霊魂の完成者は、人間界ではおとなに当るものであった。人は、そう言う階梯を経て後、他界における老人《おきな》として、往生するものと考えたのではないか。このおきなと言う語には憂暗な、影のような印象が伴うている。併し、此語は常世という語と同じく、どの地方かの他界の老人を言うものであったのが、此土に現に生存し、この土における残世を生きながらえているものの名としても呼ばれるようになったものだろう。だから語の持つものは、光明ある連想であった。訣り易く言えば、此岸に生きる老人を以て、他界の尊いものと見なして言う尊称であった。

語形からすれば、おきなはおとなと対立しているように見えるが、今は述べない。おきなとおみな（嫗）、おきなとをぐな（童）などにも対立が見られるのだから、簡単にかたずく問題ではない。

おとなは現世生活の営まれる世間における生活の中心者で、社会的――宗教を中心とした――事務に通達し、其を処理する知識と力量が十分であって、指導するものであった。其内容が、次第に降り低くなり通俗化して来たが、其でも狭い社会全体においての指導権を失わなかった。稀に位置高い人の為に、先天的にその任務にある後見に当って為事をさせるようにはからう。宮廷や貴族の家では、そうした地位があった訣だが、武家時代になって、もっと表面に出て来た。

邑落生活では、若衆たちを監督する位置にある人である。こう言う組織のようなものが出来たのは、やはり他界との関係において考えられていたのだろう。こうした人々は、今生においての発達を遂げたのだから、彼世に行けば、とこよであり、おきなである人である。此世でおとなが更に生き延びると、之を祝福する意味の語を遣うて、この世乍《なが》ら常世であり、翁であるものとするのである。稀客来訪の儀礼を行う時、宴の主座に居て、礼を受ける。此は既に、この世の人でなく、他界人としての待遇である。

霊魂の完成は、年齢の充実と、完全な形の死とが備らなければならぬ。生年の不足は、他界に赴く資格の欠けていることになる。死が不完全であると言うのは、生が円満ならずして、中絶した場合を言う。横死・不慮の死・呪われた為の死などを意味する。日本古代において、複雑な特殊な考え方があったようで、出血（他人からせられるもの、自身出すもの）怪我の類が目立って感じられる。横死以下の場合は、霊魂の充足を以て、償うことの出来ぬ欠陥である。そう言う場合は、迷える魂・裏づけなき魂・移動することの出来ぬ魂として、永久に残らなければならないのだが、年齢不足の為に資格の欠た七霊の場合は、ある期間の苦行によって、贖われるものと考えた。年齢不足で死んだ——成年式を経ずして——人は、地獄に行って、爪を抜いた指を以て筍を掘らせられると言い、又葬送の際、花摘み袋に花を摘み入れて、焼き場で棺に入れてやることになっている地方もある。筍掘りと花摘みとでは、い、い、むごいのと、優なのと、一見殆かかわりないことのように見える。が、共に煉獄《れんごく》の苦役を、植物を採ることによって説明している。花摘みの方で苦しみの点は言わずに、「花」をもって、欠けたものを補充することを説くのは、そこに通ずるもののあることを示している。結婚期を以て、魂がある成熟期に達する。その徴《しるし》として特定の「花」或は「花」に象るものを身につける。其が日本では、古代において幾変転かして、主として、花蘰《はなかずら》をつけることになっていた。女の場合、花蘰を以て結婚期に達したことを示すが、男も亦頭にめぐらし纏う蘰の類を以てしたことは、成年期に達した貴族の少年が黒《こく》幘《さく》を以て示すことでも訣る。黒幘は「儀礼」の冠礼を見ても訣るように、支那古代の風を、国俗に調和させたので、蘰のように、頭に捲き、頂きのない布のような物だから、如何に外来の風の中に、日本古俗を活して行っていたかを察することが出来る。

　併しわが国では、結婚と成年式とについて、平安の貴族が結婚に迫って、成年式を挙げる——殊に女子のように急々行う場合の多かったのは、古風がそうだったのではない。一つの簡略化である成年式の完了していると言うことが結婚の前提であったからである。而も冠礼は必しも蘰をつける一方法でなかった。裳著（女）・袴著（男）を行うたから、謂わば二通りの成年扮装を以て身を装うたのである。尚その外にも角《すみ》入《い》れ・月代《さかやき》・眉剃りなど、男女を通じて、髪を剃るに関連した行事が多岐に亘って行われた。此等の成年行事が皆一度に行われたものでなく、少年時・青年時と区別のあることが多いようだが、其とて厳密に規定することは出来ない。

　元服がすまねば一人前の男になったのではないと考えているが、元服してもまだ男になっていなかったのではないかと思われる例も沢山ある。古代に若子《わくご》と言った青年貴族の称号は、「別《わけ》」という語尾と共に、青年的生活を続けていた為の名だと思われるに繋らず、多くの家族を持って後も、尚わくごと呼ばれた人たちが多い。天子などの場合には、天皇としての資格は、どの御代の方も皆一つだろうから、称号も一つであり、自ら其を称えても、すめらみこととか、日のみこととか言うに止るのだったろうから、後までも即位前のみ名を呼ぶ風であったろうとは思われる。ところが、中世以後にもおなじ筋を辿ったと見える名が多い。蒲冠者・清水冠者などの青年名で呼ばれとおした人々も少くないのである。冠者は成年式を経た後の唱えとも言えぬのは、儀式のすんで後何時までも元服当時の形でいる訣がない。元服の為の禁忌期間と、元服後とでは、人間としての格が違っている。中世には、元服前の禁忌期間が長びいて、其慣れからして、後々までも「何々冠者であった人」と言う意味で、授戒後にも、……冠者名を持続した親しみの情は察せられる。古代の若子名は、恐らく元服直前に立てたはたらき――其によって、成人となると共に、「何若子」として名をあげた人ということだったのであろう。

奴隷のある観察

併し一方亦、著冠期間がある信仰上の事情から長いこともあったらしいことは考えられる。比較の上からすれば、之を推測すべき事がおる。中世までの奴隷の悉くが、そうだとは言えないらしいが、少くとも一部の者は、主人に役せられている間は童形、或は童形の髪を髻にとりあげ、又垂髪して居た。此が某まろ――某丸と言われた奴隷の名詮自性の姿である。そうして可なり年を積み、人生の経験も履み、中には凶悪な犯罪を犯しながら、主公の傍に駆使せられ、時には枕席に侍したものもある。「奴《やっこ》」であることの為に成人の年齢に到達しても、成年礼を行わなかったものも相当にあったのである。童子と言うのが、其等の宗教的奴隷一部の者の名の語尾として用いられた。「丸」という語自体が「奴」を意味する語根であったのである。そう言う人々の中には、冠することなく、生涯仏寺に属していて、結ばぬ髪を表すわらはの義に宛てた童子と言う称を以て、身分と、その姿とを同時に表示することになっていたのである。寺や在家の法会に、貴族等の中から特志を以て、身躰の労役に仕えるものを「堂童子」と言うのは、一時、童子として仏に仕えることを意味していたのである。必しも寺の所属でなくても、童子を以て呼び名とせられた奴隷は多かった。彼等は宗教的にも魂の救済なく、一生を未完成の魂を持って生きなければならなかったのである。未成霊の所在は、何処と考えたものか。此も明らかではないが、推察の論理だけは辿られそうである。

若者――未成年である間に死んだものは、先に述べた浄罪所――煉獄のような所にいることになって居るらしいが、近代では未婚者を以て、若者・未成年者などのすべてを表示するが故に、未婚の児女は――地蔵経などでは、処女を問題とせぬことが多いが、之は認めなかったのでなく、成女でないから問題とせなかったまでである。――賽《さい》ノ河原《かわら》に集り、石の塔を積むと言う。所が一面此人たちは、通常遥かに若いものと考えられるのが常で、幼い子供が集るものと考えられてもいた。

賽ノ河原は地蔵菩薩の居る所で、其処に、死んだ幼児少年が集っているものとしている。近代においてすら、青少年両方ともに、賽ノ河原に関繫あるものと見られているのに、地蔵和讃系統の通俗仏教に言う所の賽ノ河原は、子供の行く所と考えている。此は全然誤りという訣ではない。元、少年の為・青年の為の未成魂の屯集所の信仰があったのを、そうした伝承を忘れた人々は、之を一つにした上に、又更に単純化して少年のみの浄罪所を考えて、青年は之に関係ないものの如くしたものなのである。

他界と　地境と

賽ノ河原は、地獄の所属で、鬼・羅刹《らさつ》がここに、出没する。時として地蔵尊の示現があり、小い霊魂が、その庇護を蒙ると言う風に考えるのが普通で、如何にも、中世人の空想の近世にかけて育ったものらしく思われて来ている。而も現実の賽ノ河原と称するものが、処々にあることが、却て単純な、昔びとの虚構らしく思わせて、何の為に、こんな笑いを誘う値もないものを残したかと、気の知れなさを感じさせることもある。

或は山中に在ることも、人離れた海岸などに在ることもある。稀には、人里近く寺の境内にあるものすらある。とりわけ甚しいのは、大和長谷寺の本堂脇にあるもので、そこには、曾我兄弟の亡魂の現れたことなども説いている。思いつき易いことよりも、思いより難いことを考えた古人の思想が、寧不思議なのである。数多い賽ノ河原が、申し合せた様に、寂しい水浜・山陰にあって、相当の距離ある、ある部落と次の部落との間の空地——普通村境と言うべき所にあることが、常である。而も常に、条件になっているのは、その殆行く人もない無人のような地に、何時とも知れず石が積まれる。処によっては、其を河童《かっぱ》のなす業と信じて居たのもあった程である。

仏説の賽ノ河原も、必しも厳密に娑婆と冥途の地境（地蔵和讃）とも、地獄極楽の境目とも言わぬが、一つの境界線にある所とは考えられて来た。一体地境は相接した地の何れに属するかと言うことになると、議論が出るが、此は境の観念が変った為に起ったことで、両方のいずれにも属せぬ地線の様なものを想像して居たのである。だが本来は、ここから向うまで、又向うからあれまでという風に見とおしの地物を連ねて考えていたのでは、実はなかった。中間にどちらから来ても、ふみ越えねばならぬ地帯があり、此が空虚——想像の上にばかりあったことも多い——な所である。坂という語は、此に関連している。坂を間において二つの土地の関係を考える時に、さかうという語を思うようになった。其観念的な語から具体的な地域に表して考えた時、さかいと言う語が使われるようになった。其境は横に山の尾や、地点を通し連ねて物を観察する語ではない。その道の堺になった地点だけを言うのである。道の通過する地点以外に神の固めている所はないが、——人はそう言う地点と地点とを横に連ねて、境界線というような脊梁《せきりょう》地帯を考える様になったに過ぎない。だから境は線ではなく点であったと言えば、少し比喩に近い言い方になるが、大体間違ってはいない。ここに神の知識があり、其によって、神と人――境より此方の住者、又は神と神との約束が守られ、いつまでも効果あることを信じていた。

信濃国北安曇郡の越後に接する所には、間を隔てて信濃界・越後界のさいの神が、二つ対立していた。信濃側のを「大《おお》ざいの神」と言い、越後側のを「小《こ》ざいの神」と言うていた。賽ノ河原のさいはさいの神（さえの神――道祖神）のさいであった。恐らく邑落に接して立てられた道祖神ばかりが注意に上って、山中・海涯の地境にあったさえの神は、固より必しも目に見える目標とてもなかったろうし、村の辻のものほどに、山海に入り立たぬようになった村人の関心を呼ばなくなっていたのだろう。そうして、村の遠い境目に在る神について、深い知識もなくなった世間では、さいの神と、賽ノ河原との因縁などは、忘れ果ててしまったものである。賽ノ河原を目に見て、陰鬱に感じるのは、日本在来のさえの神の河原になくて、唱導者の布教章句から来た冥途の賽ノ河原の連想である。併し元来、賽ノ河原として選び設けた地が、自然寂しい地点を求めた理由があるのだろう。

他種族の人々の通路は、必しも明らかに村人の賑い住む方向には考えなかった。我々と同じように生活しているものが来るのでない。来るは来ても、霊的な交通者だと――古人は異郷の人を他界人として考えたのである。そうした人々の来る所は、両方の村境にあって、後には両方から往き来せぬようになったのもある。

前「古代」における日本

その来る者とは、言うまでもなく、人間ではあったのだが、其を人と知っていても、久しい習慣で、之を他界の生類のように見る癖がついていた。又そうした習しが積って、更に他界の生類の中でも、特に妖怪のように考えあっていた。

史実としてわれわれの想像することの多い古代は、この近代に続いていると言う点から見れば、私の述べている古代の其前代の方が、其古代よりも、もっと更に時の隔りがあるような気がする。其ほど、古代と前古代との間に、知識の飛躍を持っている我々である。

さえの神と言う語は、古代語として解けるし、又さいの河原のさいとさえの神信仰との間の連絡は考えられるにしても、さえの神とさいの河原の信仰の対象との間には、関係が非常に薄れて来ている。だが其間に截断した傷口の肉がむくれあがって、不思議な形に癒著した部分を、目で見ないで、原の形を想像して見る――そう言う努力は容易なことではないが、必しも出来なくはない気がする。

当方から常設の防禦者を立てて、邪悪な性質を持っている――だろうと思われる他郷異郷の生類の来入を瞻《まも》って居させる段になると、その防禦は、我々の為に、碍《さ》え・障《さや》りの威力を発揮することが予期せられねばならぬ。其は人を置くか、神・精霊をおくか、此問題は容易でないとして、霊性の者を防ぐからには、やはり神又はものと言うべきものを考えたであろう。此がさえの神であるが、時としては当方自ら手を焼くと言った恐れもないではない。多少の邪悪性を持った霊魂或は神である。此は比較の結果による外はないが、部落の内部から出たものか、外からとって来たものか、断言出来るまでになっていない。日本だけのことなら、却て此は答え易いと思う。

さえの神一類の神は、中世以後の伝承や書き物で見ると、善良な神ではない。道饗祭《みちあえのまつり》に迎える神と、性質の通じる神なのだが、――道饗祭の神の方が外国的な所が感じられる。――此神も亦、気のゆるされぬ神であった。さいの神を祀る者は誰か、道饗祭の神に対して一所に固著して動かぬという特徴――中世の書き物には、道祖神の遊行の事などを、反省なく書いてもいるが――其に、神でありながら、人間における奴隷に似た性格、そう言う方面を調べて行けば、此神の出自を知ることが出来るかも知れぬ。相当「前日本」的な性質を持った霊性である。

近代における道祖神祭の伝承を見れば、正月のさいの神祭りを行う者は、村の少年たちであって、言わば其神主とも言うべき、祭りの主任者も、子供の中から択り出された者である。道祖神勧進を行うものも少年群なら、とんど焼きを行うのも子供等の行事となっていた。此等の少年の行動の中から抽象して、其に神の存在を考えるとすれば、其神は少年に深い縁故を持っている。近世的に、素朴に思えば、少年が特異な神を持ち、其を祀っていることになる。併し更に少年と神との関係を考えれば、少年の完成せぬ魂の霊化したものが、村を離れることの出来ない為、村に残り留っている。其が少年の祀る神の本源だとすれば、理会の出来る所もある。未完成なる故に、成人の墓地に入ることが出来ないとせられていた理由を説明することも出来る。沖縄に言う所のわらび墓――幼児墓も此であり、日本の賽ノ河原も同じ起原らしい。魂のとどまる所は、老人の場合は、死によって他界に趣くものと考えられる霊魂であるが、子どもの場合は、青年同様、未完成なことは一つである。其故、理想的な他界に行くことが出来ないで、彷徨《ほうこう》している。考え方によれば、物の霊魂のように宙有に浮遊し、又は無縁霊のようにもなっている。赤子塚の伝承、嬰子を持ちさすらう、姑獲鳥《うぶめ》怪談の類が信じられる様になる。

少年が村のさいの神を祀り、青年が村の氏神――うぶの神と考える方が正しいのではないか――を祀るとすれば、簡単に成年の順序と年齢階級とを認めることが出来るけれど、そうばかり言うのは、合理的に過ぎるかも知れぬ。独立せぬ霊魂或は、奴隷の霊魂が蓄力を現じて、おのが奉仕する者を護衛することは考えてよい。

今までの処では、少年青年に通過儀式に相応する奉仕神のあることを、日本の習俗の上に認めて来たが、必しもそれが古代から、変化なく続いて来たこととも言われぬ。少年青年の間の区画が、後代と同じく、はっきりして居たとすることも、尚習俗の上の幾多の変転を抽象して考えていることになるのだろう。

来訪神のあった時、此神の威力を表現し、其によって、邑落全体の生活が力強い威力に感染することが出来るようにするのは、そうした訓練や、表現が十分に保たれていなければならないはずだ。来訪神をとり囲んで、眷属の形を以て、荒《すさ》まじい行動を振わねばならぬ。

そう言う意味において、彼土における生活を表現するのは、この世の人間の表現力に俟つ外はない。其為には、彼土における成長した生類の動作を振舞う此土の青年が重ぜられた。だからこの役を勤めた上は、此土において、成人待遇を受けるのである。彼等の尊者が来迎する時、他界の事情はここに写し出され、此世と他界とを一つ現象として動いているものと実感するまでにせなければならなかった。古代人は、表現に、豊富な手段を持たなかった。感謝も畏怖と繋っていた。讃美も驚愕の中から捲き起されて来るのである。冥府への途のような賽ノ河原に、他界への通路としての輝きを感じたこともあるのであろう。来迎の神の道筋は、啻に賽ノ河原に限らなかった。最古くから考え伝えたと思われる海彼岸・海底・山上の空・山岳——そう言う風に、数限りなく分化して、浄土は、古代人の期待の向う所にあった。歓びに裂けそうな来訪人を迎える期待も、獰猛な獣に接する驚きに似ていた。楽土は同時に地獄であり、浄罪所は、とりも直さず煉獄そのものであった訣である。

海彼の猛獣

沖縄人が神の楽土としている「儀来河内《にらいかない》」と連称するにらいも、時として奈落の底を意味するにいる・すくと言う語で言い替えようとする者が、先島諸島には多くあった。蚤の船に乗せて流す害虫の漂著する所が、東方の河内《かない》であることは、理の通らぬこととする沖縄本島の識者もあった。此は必しも南島の人々の持った信仰の矛盾ばかりではなかった。又南島一帯に言う所の美《ちゅ》ら瘡《かさ》は、天然痘を逆に褒める阿《おもね》りであると言うが、必しもそうでない。性の病いの初患を、新人《みいびつ》——にいびと——と言うのは、日本本島の風神送りや疱瘡神送りに似た、新来神讃美の習俗を移して、邪悪退散を速かならしめる方法であった。海の彼岸から来るものは、病いと謂えども、——病気として偉力あるだけに——一往は讃め迎え、快く送り出す習しになっていたのである。流行病の神も亦、常に他界から来るものと思うている為にする作法であり、神を褒めると共に、災浅く退散してくれることを祈るのである。此は心理が二様に働いている様だが、古代日本以来、他界の訪客に対す態度は、いつもこうした重複した心理に基いていた。

性の病いがはじめて身に入るのを、一種の成年式のような立ち場から見たので、其新患者なることを新人と言うのである。だから美ら瘡《ちゅ》の名は、単なる反語でなく、讃美の意のある所が訣る。海の彼岸より遠来するものは、必善美なるものとして受け容れるのが、大なり小なり、我々に持ち伝えた信じ方であった。我々の祖先は、いつと言うことなしに、その到来より遥かに先だって海外の激しい生類を知っていたことは既に述べた。獅子・虎・象・鰐などを知っていたのも、時代による言語の差違ではなかった。此を書物によって知ったと見るのは、昔風の見方である。其が他界と言うべき遥かなる地と、偉力の根源とを連ねて考えた訣である。単に誇張する為にではなく、身に近い邪悪の霊を逐《お》う為に、鬼・大蛇・猛獣の類まで、実によく聞き知って、地方々々で言い伝えたのは、彼等の他界来訪者の狎るべからざる一面を、遠処の恐怖すべきものの上に、さながらに見ようとしたのだ。此土の界隈に住む人生を妨げる邪悪の物を追い退けてくれるものと信じ、恐れながら深く信頼していたのである。祖先の祀ったものの中には、此意義において、恐るべきものと信ずべきものとが、一つであることが多かった。

他界に安住して生きるものは、元は人間であっても、常の姿は人ではない。異類・動物の姿に変じているものと考えられていた。此は、祖先が、海外の動物について見聞せぬ時代から、そうであった。そうした予期に恰も応えるように、珍奇な動物があった訣である。中世初期よりも更に早く、祖先は、恐怖の念と関りない、実に幸福な喜びを催すことの出来る他界の生類のあることを知っていた。即、かの「常世《とこよ》の国」なる理想国が存在し、そこに美しく優なる人間や鳥・果実などのあることを思うていた。其間にも、生活を損う常世物《とこよもの》も存在することを知って居た。尺蠖虫《しゃくとりむし》のようなもので、桑類の枝を喰うものであった。恐らくそうした流行力の逞しい虫をすらも、常世神と呼んだ。此は中世より前のことである。仏教なども最初は常世神の一つであった所に、あの威力と迫害の原由を考えることが出来るであろう。われわれの居廻りにある、地物に固著する物の中に存在する庶物の霊。其に対して、海を越えて来た動物の中に、一往善意と神秘力の存在を信じていたのである。

他界の生物は、必しも恐しい形相と、性質をもったものではなかったであろう。其が次第に最適切な姿と心とを持って、自分らの前に出現させたのが、この国土の旧住者の選択であった。遠来の訪れ人を、愈《いよいよ》怖るべきものにして行ったのだ。元より、此土の人民と違った異様の姿と、その生活とを考えていたに相違ないが、その想像の拠り所となるものが、空想に任せて考えられる訣ではないから、実在の動物或は、それの空想化したものが多いのもその筈であるが、又それが何かの理由から、誇張せられて、特殊異様な形相に考えられて行ったのである。古代日本人の様に、多くの個々の島の中に、独立し、又は歩みよった伝承を持って生長したものは、多種多様の心的偶像を感じていた筈である。

其が更に、大海を隔てて、懸け離れた思想や伝承を持った、大きな又は、小さな種族・部族と、それぞれ交渉を持つ様になってからは、空想の中に、動揺していた来訪者の姿は、次第に固定して行ったのである。極めて遠い古代から持って来た巨人《おに》は、国内にも居るものと考えられていた。其が段々夜叉羅刹に近く成長する時到り、獅子も飛鳥・奈良人の芸能として演じた伎楽類の仮面どもから出た想像だけではなかった。海彼岸の国々に恐れられている生物を知識にし、表現することが出来るようになって行った。韓国《からくに》の虎も、西域の獅子・象《きさ》も、或は豹も、豺《さい》も、芳菲《ほうひ》も、極めて自然に、時を定めて来り訪うものの中に加えられて来たのである。

そうした猛き物どもを中心にした群行が行われた中に、一方清純な古代人の抱く清い素質は、邪霊を却《しりぞ》ける恐しい一面だけを訪れ人に与えるだけに止めなかった。我々の為のよき他界者の懇切と親昵すべき性質を主として、思い育てることによって、霊魂としての訪れ人は人間に近く考えられることが、愈多くなって行ったことと思う。

宮廷神道と真実性と

人間は死んで後、完成した霊魂ばかりか、此土の人のためを思うものとなって、他界にいる。そう言うことをほのかに感じる記憶と理念は予想せられていたようである。だから人間からは、其を祖先の霊魂であるように考えるに到るのは然るべきことであるが、霊魂そのものには、それ程はっきりと思慮記憶があるものとは、古人も思わず、霊魂を自由な状態において考えたのである。だがこの人間的な思い方が伸びて行けば、他界霊魂即、祖先霊魂という信仰が発育するのである。古代の日本人の考え方を概括した所では、＝多少宮廷神道の見方に傾くかも知れぬが――其より外には、考える方法も、資材もないのだから、＝他界にいる神の最新しい聖霊が此土に降って時の満ちるまで居て、他界に還る。之を代々くり返して居られるのが、歴代天子であるとするのである。勿論宮廷神道以外にも、此系統の考え方は行われていた。唯宮廷では、生き替り此世に現れ給う天子と、他界の霊魂とに、同じ生命力の連続を認めた点が、特殊なのであろう。而も他界に入って直に、その主たる神――霊になられるとも、明らかには伝えてはいない。恐らく之――他界の主に当るように考えられる天照大神は、常に天照大神で、之に対する代々の宮廷の主の聖霊は、すめろぎ（又すめらぎ）と称して、常に替る替る宮廷の祖先に当るものと信じるようになったのであろう。他界の主は、別にあって、一つの霊を遣して、この土に天子を生れしめるものと見ている。他界には主宰者があり、宮廷神道における祖先の霊の外にあるものと見ていたのでなければ、其とむすびの神と、性格の上の区別がなくなる。ともかく、他界には、主宰的な霊と、その外の多くの霊の存在は知っていた。併しその一々の霊が、人間界から彼土に転生し、其数だけ霊魂として生れているとは考えなかった。数の上の一致などは、考えられていなかった。他界においては、此土のゆきがかりと関係なく、霊魂は生きているものと考えたのであった。唯、唯一の霊魂と、其外の多数聖霊の往いてそこに在ることだけは信じていた。恐らく前世界身が誰であるか、今生身は何霊であるか、其は問題でなかったのであろう。宮廷信仰と離れて考えれば、主宰霊の外に、従属する多数の聖霊があったのである。其をきり放して居ることが、他界観念の根底なのである。我々の考え得ることは、他界と今生とでは、すべて時間・空間の関係が違っている。のみならず、数も、順序も、配置も、全然更まった形で在るのである。勿論因果関係の論理も、我々が今生を中心とするようなものではない。――そう言う状態にある他界というものを、古代の更に前なる古代人は考えていたのである。

他界における霊魂と今生の人間との交渉についての信仰を、最純正な形と信じ、其を以て「神」の姿だと信じて来たのが、日本の特殊信仰で、唯一の合理的な考え方の外には、虚構などを加えることなく、極めて簡明に、古代神道の相貌は出来あがった。其が極めて切実に、祖裔《そえい》関係で組織せられていることを感じさせるのが、宮廷神道である。之を解放して、祖先と子孫とを、単なる霊魂と霊魂の姿に見更めることが、神道以前の神道なのだと思う。併し宮廷以外の伝承を残した古代地方誌の類にも同じ傾向の信仰が見える。そうして中には、祖裔関係において、宮廷信仰よりも、もっと濃密に之を説いた地方の多かったことは考えられる。さすれば、単に此が宮廷政治の企図する所ではなく、古代神道の趣く方角であったことが知られる。祖先は海の彼方や、山の頂遥かにあって、子孫の為に、邪霊の禍を救おうとしてくれている。――こう言う風な考えが、古代から近世の地方邑落に及んで伝えられている。其祖先と言う存在には、今一つ先行する形があった。他界にいる祖裔関係から解放せられ、完成した霊魂であったことである。

近代民俗の反省

近代の民俗には驚くべく、古代風習の遺存を見ることは疑われないが、同時にある部分は、古い姿からは離れて、変化している。祖先の霊が、子孫の農作を見まもる為、春は田におりていると言う信仰なども、最古くそうであったようにも、又そうでなかったようにも見える。少くとも山の上にいる祖先を考えない場合には、浮んで来ない信仰である。其だけに此は相当人近い考えである。

恐らく日本人と言わず、他界の生類を人間の祖先と考えるものは、凡この理路を辿って到達したものが多いのであろう。歴史上の人格の記憶からする祖先観の外に、こうした祖先を考える径路があったものと見ねばなるまい。三代四代前に過ぎ去った血族に対する知識も、こう言う補充の道がなければ、思うにもっと空漠として放散してしまう――そう言う期間が長く続いた後、祖先を語り、又思い起す時代が来たのであろう。日本の前「古代」は、正にその最適切なものではないかと思う。祖先崇拝の最虔《つつ》ましく保たれていると信じているだけ、日本人は殊に内証の深い真実の探るべきものを持っているのである。

他界の生類のあるものは祖先と考えられ、他の者は単なる信仰或は恐怖の対象に過ぎないと言うことは、考えなければならぬものを含んでいるのでないか。日本だけにおいてすら、他界の生類はある系統を立てて考えられ、又は其を外れて考えられている。其は遥かに過ぎた古代のことばかりではなく、実に近代民俗の上にも、其古い俤《おもかげ》は捉えれば捉うべく、残っているのである。そこに民俗が近代生活の影響を受け過ぎるものとすることの外に、又はかり知られぬ過去生活を近代に印象するものだと感じ、信頼を新にせずには居られない。

私は、古代日本人が、他界として第一に考える天空の事を、故らに後廻しにしておいた。其は順序として当然そうあるべきものと感じた為であるが、又あまり以前のままの考え方に入れて考えられることを避けたいという所もあった為である。そのように我々は、まず天を以て神道の他界の如く信じて来た。私の考えを陳ねている中も、其世界が、われ等の上にたたなわる大空のあなたにあるものと言う思想が、最古いものと言おうとしている如く思われたかも知れぬ。そう考えることも、理のない事ではない。比較研究によると、天空を神のある他界とする民族は多いのである。現に日本自身すらも、他よりも先に天上他界を信じて来た時代が長かった。ただ私の場合、既に若干は、大空の彼方《おち》に他界を想望したばかりが、祖先の信仰ではなかったことを言って来た後だから、今すこし説明をひろげてもよい。高天原信仰は清澄な感じを与える。だが、海のあなた、又その底の世界又は洋上遥かな島、何とも知れぬ闇い阪の下――こう言う地に他界を考え、神の世界や、将又冥府・奈落を想像した事は事実である。其を皆他界と言っても、さし支えはない。だが、天を神の在り所とすることが、如何にも適切な気のする所から、其でもまだ、天空の信仰衰えて後の変化だと思う者もあるが、容易に賛成することは出来ない。歴史にひきあてて証明することも、正しく歴史以前の状態を考えることにならぬとすれば、歴史を偏信しての説明は、信仰に関する場合意味はない。日本人の場合、海を背景とする地域に長く住み、其後も又、ある部分は、海の生活を続けたのだから「海」に他界がないとすることは、我々採ろうと思わぬ方法である。其と同時に、海を離れて山野に住んだ時期の伝承ばかりを持つと思われる日本人だから、高天原他界説が正しいと言うのも、単に直感にのみ拠っていないだけに信じたい気が深く動くが、此とて日本国家以前・日本来住以前の我等の祖先の生活を思うと、簡単に肯うことは出来ない。他界には、二種類あって、浄土・楽園とも言うべき神の国だけではなく、奈落・鬼畜の国なる地獄がある。この一方を言って居って、必他方の連想を放すことは出来ない。併し亦、一つ一つ別に言うこともある。この場合、神の国の中に、若干鬼の国の意味を含めて、他界を語って行く方が、却て、他界論は片手落ちにならずに済むであろう。

大空の他界

「天空説」「海彼岸説」いずれによっても、日本古代の他界の所在は説明出来るが、どちらも事実であって、恐らく唯、何れが先に考えられていたかどうかについて、正しい立ち場がどちらかにあるに違いない。私は日本民族の成立・日本民族の沿革・日本民族の移動などに対する推測から、海の他界観まず起り、有力になり、後、天空世界が有力になり替ったものと見ている。

だから、天及び天につづく山に関しての場合、ある落ちつきのなさがあって、其が新しく起った思想に、如何にも適合しているかの感を与えるのではないかと思う。他界と祖霊との関繋《かんけい》は何としても合理的な点がある。之が天上説にたなびく根本の不安定感なのであろう。葬儀に関して、屍体処分の風習を思うと、海彼岸説が極めて自然で、寧その事に引かれて、海中に他界を観じる様になったと考えてよい。其は水葬についてである。其様式を含むことの出来ぬ「天空説」では、死の清浄化の点に、可なり重い問題がかかって居る。神道論では、凡此問題に触れることの容易でない事を感じさせる。唯富士信仰の持つ異風な屍体のとりおきが、纔《わず》かに天上他界観から来たことを示しているように見えるようである。屍化の思想と他界信仰とには、関連あることは明らかだが、同時に其は、水葬儀礼よりも、遅れて行われるようになったものと見てよい。古代日本について見れば、纔かに山上葬の存在をほのめかし得る程度より上強くは言うことは出来ない。日本だけで言うと、いずれも類例の多くない中にも、比べて見ると、前者の方は其でも、其痕跡は確かに探ることが出来る程度の普遍性を持っていると言うことは出来る。すべての根元でないにしても、一つの元となる山上葬は、そうは行かぬ。「天空他界思想」の方は、常世信仰より古いものとするには、根拠が乏しく、而も区々独立している傾きがある。高山の上に他界又は煉獄があったことの言い伝えや、天遥拝所のあったことは、疑われないが、若干の徹底せぬ処があり、山上と天空との関係が、天を元とするのか、山頂（又は中腹）を主とするのか、尠くとも、霊魂の在所としては、時に判断に苦しむことが多い。其から又、祖霊としてある変化はするだろうけれど、下界の子孫に対する愛情も人間的であって、他界の聖霊の如く純化せない。其が却て素朴で原形的だと思われるかも知れぬが、他界信仰はともかく霊魂の古代信仰の上に、一つの歴とした系統あるものである。そうでないものは崩壊した形と見るのが正しい。他界とても遠くは去らず、里の閑散期を奥山に居り、繁忙時を里におりて、その田畑を護るものとする。地方によっては、水の精霊ひょうすべ――河童のことらしく伝えている。主として近代式な懇親を感じさせる。尤その考え方も、中世以前に行われていたらしい点もある――秋社・春社の神地の移動から、春は田にさがって田の神となり、秋がすむと、山に上って山の神となると言う伝承も、近代になってからのことではない。其が前古代的な古い形とはきめられない。恐らく山と田とを循環する祖霊と、遥かな他界から週期的に来る――特に子孫の邑落と言うことでなく――訪客なる他界の生類との間に、非常な相違があり、その違い方が、既に人間的になっているか、其以前の姿であるかを比べて考えると、どちらが古く、又どちらが前日本的、或は更に前古代的かと言うことの判断がつくことと思う。又我々が他界と言うと、必まず祖霊を思い浮べるのは、正しく起る考え方でもない。近代民俗――比較的に言って――式に考えて抱く直観と言うだけである。他界にあるものは、我々の祖先霊魂だと考えているのが、民俗の一面であるが、全面に渉って行われていたとは言われぬ。況して実際生活では、古代と言えども、広い日本の諸地方に、別様の生活法が行われていた。水葬が偶然あんな形を採ったからと言って、古代人のすべてがそうした形式で葬儀を行ったと言う事にはならぬ。たとえば、水の上――水中に沈める法を外にして――の葬送で言えば、流すまでの方法は伝えた通りにしていても、其から先、海彼岸に漂著して後は、どう処置せられるのか、此は此岸における想像以外には考えられる問題ではない。我々の前代人が考えたのが、こうだというだけに過ぎない。だから山地における葬送も、ある時期以後のとり扱《お》きは、想像以外に出ない。地上なるが故に、かばねの始末は、現実的にはっきりと行うたと我々は思う。併し其は想像の陰から神秘の靄が包んで行ってしまったであろう。だから、生人のまま空際《そらぎわ》に紛れ入ったようにも伝えるものがある。山の世界では、他界と死とを関連していても、その表現が、後人にとって「死の民俗」と思い得ぬことが多かった。

　そう言う型の最空想的に見えるのは竹取のかぐや姫であり、其に大空に登ったあとで、不死の泉を煙として空に立ち上らす――部分をも、赫耶《かぐや》姫《ひめ》の行為として一続きに見れば、他界と、訪れ人が死によって完成する――其を焼く煙――こう言う風におき替えて見ると、秀れた人なるが故に、古代以前の死の問題や、屍体のとりおき、火葬などの問題も、関連して解けて来そうである。此らは寧伝えなかった歴史の事実で、却《かえっ》て信仰の上では、美しい夢になって語り継がれた。

墓を持った神主家の、墓山を以て他界への階段とは考えていなかったらしいのに比べれば、近代迄も、どうかすれば其手段によって大行者の屍解《しかい》を待った山の宗教は、自ら違う所がはっきりしている。

他界に入って、神や伴神《ともがみ》——其以前には霊魂及び霊魂群——になることが、私どもの問題とする所である。

他界の生物

この論説には、何を書こうとしたか。その計画を摑むに苦しんでくださる読者のために、短い章を書き加えて、不完全に、不器用な手入れをして置こうと思う。

人間が信仰の持ちはじめに考えていたことは、我々の世界に相対して、遠く距離を隔てて横わる他界の霊魂の上である。日本人などは極めて長い紀元の世紀の間に、他界の観察の視野を色々に易えて持って来た。併し外々の宗教民族ほどには、神や、高い霊性を思い入ることの浅かったように伝えられて来ている。が、その変化種類其に対する素朴な感情を考えると、この論文でも書いておくのが、この国の児孫への責任であると言った気がする。此は日本だけの事ではなくて、どの民族・種族だって、これを持たずに来たと言うものは、殆考えられない。

一番我々の熟知している日本での知識を中心に、他民族に共通している事実の中には、一往も二往も考え直すべき事、考え足らなかったことが多い。その中、他界に居る生物が、どんな考えから出ているか、相応に問題になる程の分量がある。其を書こうとして、初めたのだが、此分では、其さえ書き尽せぬ気がする。余程のべる風に語られた物なら昔話・伝説の中に、人間の住んでいる他界の噂を語っているが、多くのろまんちっくな味で、人に忘られない説話は、洋中の島や、山深い隈に動物の生を営む社会がある。その身に運あって——また不運の為に——そう言う処に漂い著き、迷い込んだりする。非常な優遇を受けて人間界に送られて還る人もあるが、時には何とも彼とも言われぬ怖しい目に逢って、此世へ逃げ戻って来る。そう言う話のうち、近代人の理会の上に珍奇な感じのするものは、多く支那伝奇の飜案《ほんあん》だろうと思う癖がある。例えば加賀の猫島の如きも、其等と類を等しくするものと並べて見ると、やはり人に最親しくして、最早人間と姿を極度に異にした獣類になって生活しているのである。

こう言う種類の話群を見ると、我々はお伽話として簡単に扱ってしまうが、我々ばかりでなく、何処の国々にも、こう言う説話があり、とりわけ感情から判断まで、人間的なものばかりの世界を伝えるものを、動物比喩譚などと称して、人間の上にあることを仔細あって、動物に準えて語るとしている。そう言う説話の中には、若干の人間が、動物群の中にまじっていることもある。とりわけ、首から上を人間以外のものにしたものが、日本には多くて、絵巻・絵詞にも、衣装つけた人間が、かぶり物して頭部だけ隠してでもいるもののように、動物の顔を描いている。動物に物言わせ動作させる時には、こんな方法を採るより外はないから、そうしたものと思って来た。併しも少し深く、思い潜めて見るべき所が残っていたのだ。

恐らく我々と世界を一つにして、そう言う禽獣だけが、物陰に集って、ああ言う風に私語し、交渉して、人間との触合ひ以外の生活面を持っていると考えたのではあるまい。猫たちが、人家のある村の外の草蔭によりあって、よくない相談をし、弥三郎婆の顔出しが遅いなどと言って、――その日のある時間に、そこをよぎることによって、僅かに交渉を生ぜむとしている人間に危害を加えようとしたなど言う、人獣同居の世界に、稀に別々の条件で、遭遇する人間の物語＝それすら実は、世界を別にした人間が、獣類ばかりの棲む他界に足を踏み入れた場合を根柢に想像している。他界に行った人間の話に、違った情趣を多く加えて表現したまでである＝に出て来る敵愾心《てきがいしん》を持った家畜・野獣の話は、あるにはある。併し其も大抵よく考えて見れば、二通りの別々の生き物が、おなじ宙有に呼吸を合せて棲んでいるなどとは考えたくなかったらしいのである。

ひらき直って、神話・伝説の類の上に見る人間と似ない神・霊物は、結局其が他界の生類であることを示す手段として、違った姿形《なり》が考えつかれたのである。此等の聖物・邪悪のいる所は、地理を伝え忘れたものも多いが、少くとも、人間界とは、やや遠くして境界を隔てて居たことを伝えていることは確かである。

人間と境をおいて住むことは、たとえば、他界と言うほど遠くない所にあっても、ある点までは、他界の霊的存在として遇せられる。其場合、訪れ人のような性格、容姿を考えるよりも、別の拠り所によって、その像を考えることになる。

神聖霊の性質形態は常に対立的に分化せられていったから、一方は邪悪の性格を深めて来る。ある神と対立的に分離せられた神は、古い神の考えの推移の為に変化した精霊（庶物霊）、異形を持つ霊体＝は、醜悪性を示そうとした動物身を以て表現せられる様に傾いて行った。そう言う事情で、後には精霊即庶物霊――庶物霊即妖怪像――と言う過程を経て、他界の霊魂の想像した姿が益他界霊と似て行くことになったのである。

ようろっぱやえぢぷとの神話の上に出て来る偉大な神及びでもん・精霊の類が、禽獣の姿で出現するもの非常に多く、殊にえぢぷとにおいて、頭部が鳥や獣で、胴体が人間と同様なのが、とりわけ重要な神の場合であるのは、他界生類が他界身を現じた時を以て最偉大を発揮するものと信じて来たからである。幾様にも変身を持つのは、欧洲の主要神に限らない。仏典の上にも、如来菩薩はじめ諸天の上にもあることであり、又変身の多くあることを、従来その神変力によって、そうなのだと説いているのは、其は其として、其前に源由があったのである。変身術は邪神すら最《もっとも》屢《しばしば》行う所で、――何故そうした威力を考えたのだろう。

ぜうす　と　らあ　と

元々、他界の存在に具っているもので、其らの他界身をわれわれの世界とひき放して考える所から出ている。其が逆に、他界の所属だと言うことを見せる変身だと考えられて来たのである。此が人間界に顕れては、他界身を現じて不思議を為す最偉力ある所以を示すものだから、遂には、此世界の生物も、その行動が、善意思であり、又は悪意思であるに限らず、力を発揮する条件として変身を持つことになった。ぜうすが人界の女人れだと遇い、卵形の子をなさしめたのは、白鳥の姿になってである。言うまでもなく白鳥は、世界中に渉って、霊その物の化したもの、或は霊魂を搬ぶ鳥と信じられて来た。他界に集り駐る浄き霊の化したものが、白鳥なのである。普通死者の霊だと言われるのと違ったことを示し又、極めて容易に他界なる霊魂が我々が神と考えるものに近いことを教えているのである。白鳥処女伝説と称せられるものは、相当に恋愛の色彩を持っている。此は日本古代にも、とりわけ此傾向が濃い。而も日本語の古語「とこよ」というのは、常夜《とこよ》を意味していた。此が第一義、永久の齢を用語例とする常世が第二義、不死にして愛の涸渇を経験する時なき楽土――そう言った意味を第三義とし、時としては意義相混じたり、又時には、どれか一方が著しく語の表に出ているのが、此語の常の用法である。此うち最語の構成が語義と緊密で、熟語的な連結に飛躍の感じられないのが、常夜即絶対の闇を意味する常世である。併し熟語は構成に先って、既に造語者の理会している意域を十分に言わず――ある意義飛躍を基礎にしている。其が造語努力を簡単にする。常齢《とこよ》・常愛《とこよ》よりも、幾分完全に近いからとて、之を第一意義として作り出されたとは言われない。「常闇の夜の国」が語原の初めの意義だから、日本古代の他界観は、底の国・地獄・浮ぶことなき霊魂の国と言った恐しい世界を意味していた。其が純化して第二義――普通常世の本義と考えられているような明るい他界観が生じて来たものと言う風に、以前は私も説いていた。――これは反省すべき欠点を持っている。

第三義としていた常愛《とこよ》も意義の成立は成程遅れ、仙界と恋愛とを連ねて考える傾きの最豊かな支那信仰の影響をとり入れてから、第三義と称するものは、非常に発達したらしいが、日本的にも、古代からないことではない。殊に老翁と処女――多くの場合は、一老人を囲む数人の処女、其に不老不死の説話の纏綿《てんめん》するものが相当に考え出される。

此が有度浜天人を中にして分化したと言えば、そうも見える竹取翁（万葉集巻十六）、羽衣天女の物語であって、皆白鳥処女式の要素を見せながら、他界の白鳥身を現じていない。併し常陸風土記・余吾天人その他、鳥の印象は十分見ることが出来る訣である。古代日本の動物では、羽衣を著ると言うことが、説明を俟たずして、大きな白鳥を現出することだったのである。

早く述べたように、雁《かり》は、鵠《くぐい》の類の大鳥で他界の霊魂を搬ぶ鳥だと考えられていた。其が一転したのか、或は寧他界者が、鳥自身になって、我等の世界を訪れるのか、如何様にも考えられるが、人は使者としての方を採るだろう。が、使と考えるには、他国の存在が偉大化せられて来たことが考えられるので、そう言う主位にあるものを客位又は従位に貶《おと》して考えるようになったと見るべきであろう。ともかく比較研究と共に古代日本の単独研究が、ある点まで古代世界信仰を説明してくれるのである。

白鳥処女譚は言わば、他界信仰の一分岐であって、いと早く世界的信仰が文学時代を暗示しているものと言うことが出来る。

白鳥はあのように、羽衣を脱ぐことによって、人となり、著ると即鳥――神となると言う根本思想を持っている。他界身は白鳥であって、現世身は処女である――此考え方に整理して、我々はこの物語の裏に、古代の他界身信仰を見て居る。

地下国

豊玉媛の現じた他界身は、大蛇であり、八尋鰐《やひろわに》であった。こう言うことは、外の立ち場から外の要素として説くことも勿論出来るが、同時に此側から説明すべき要素を十分持っていることは事実である。殊に明らかに、綿積宮《わたつみのみや》と此世界との間において、両界身を現じられたことが基礎になったものなのであるから。

此と様子は非常に違っているものと思われるが、実は何変る所なく、ある点では寧素朴な所さえ残っているのは、いざなみの尊の変身である。合理化が思いがけない程行き届いているので、誰も変身譚とは思わない。夫神が一つ火を照して見ると、妹神の体には、蛆たかり蕩《とろ》いで、身体の各部に、いかづちがついて、腐肉を貪っているかに感じられるような語り方である。いかづちは古代にも既に雷及び雷神であるが、一方、雷神の原躰としての蛇を同時に考えていた。妹神の屍についていた蛆《うじ》は、――恐らく巨人としての物語としての立ち場から――日本紀によれば八雷《やついかづち》以下のいかづちとある。古事記には、諸々のやまつみ及び雷神である。ここには古事記の方も蛇神が化成していたのだということには触れない。日本紀のいかづちは蛆を巨大化して言ったものだが、同時に此は妹神の変身――夜見の世界の姿と考えたものを伝えたのである。此場合もやはり蛇身が他界身であった。

おなじ地下国に郷里を持つにしても、そう言う伝えは誰の上にも伝え残されている訣ではなかった。大国主の妻すせり媛は、根の国から来た。だが夫と共に上の国に遁竄《とんざん》して住み果てている。出雲人の伝えに、其点の物語があったかも知れぬが、文献には残らなかった。唯他界の道徳とも言うべきものを、此土に齎《もた》らしている。すせり媛の名義の嫉妬を意味するすせりの心を、此土に留めたものらしい。此はぎりしゃのへるが地獄の嫉妬の女神であったことと似ている。

他界から此土に持ちこしたものには、そう言う心理的な遺産もあったものと見える。

途中から急速に発達した部分が多いらしくて、日本人生得の考えでない附加が考えられるが、薬方は、他界から伝えられたものと信じていたらしい。大国主・少彦名を以て、常世の医術を将来したもののように考えたことは古いことだが、其は常世から来て常世へ還ったらしい少彦名が、大国主と連帯して医術を行うたように考えた所に重点があるのだが、どうせ古代君主の幻影を幾重にも負わされている大国主が、医術及び古代においては其と同じものと認めていた呪術・医療法が、大国主からはじまったとせられるのは、問題のないことである。大国主は地下の他界から妻を求めて還ったが、常世の薬療は、少彦名の上に多く語られていた。記紀に伝えた神功皇后の薬としての酒を祝《ほが》いせられた歌は、少彦名が常世の国に住み、其くすりなる酒を以て、人間を療することが讃歎せられている。

常世の世界との交通を行うたものは、少彦名の外にもあった。最初に言ったたぢまもりが其だが、此には珍しい薬療の効能を持った果実が介在していた。即、「常世物花橘」である。此は見ても、喰っても、此岸には比類のない霊果であった。之を中心として、出石族の鎮魂は行われたのであろう。私は初めに言ったように、常世なる語は、出石人の言い出した語が、広く行われたもので、その他の民・氏人たちには、皆別様の語があったろうという予期を持っている。

他界の並行

唯古代以前或は古代日本における人々は、其に少くとも、二つ以上の他界を持ったろうという注意を書き添えることを、今まで延引していた。

他界の中には成長しきって、世界を移すと同時に、互に此世界の人だったことを完全に忘れる完成霊魂の集る所と、未完成の霊魂の留る地域とを考えていた。其が他界の対照的に存在する理由だが、又必しもそうでなく、完成した他界の生物の人間離れした恐しさから、別に未完霊の集る所と混同して恐しい鬼類の国の様なものを成立させるようになったこともある。其外元来完成の考えられぬ庶物の霊の世界、其等の各が対立すべきは対立し、対立すべからざるものも対立して、愈複雑化して、古代における他界観念が、そう簡明に理会することの出来ぬようになっていたのである。

なぜ人間は、どこまでも我々と対立して生を営む物のある他界を想望し初めたか。其は私どもには解き難い問題なるが故に、宗教の学徒の、将来の才能深い人を予期する必要があるだろう。私などに、智慧も短し、之を釈くには命も長くはなかろう。だが此までの経歴から言うと、はじめからの叙述が、ほのかに示しているように、人が死ぬるからである。死んで後永世を保つ資格あるものになるからだ。私の考えは、今までの宗教と毫も変る所がなかった。許されて彼世界を生きようと言う望みは、宗教の芳しさを知ったものは、そう思うだろうが、今において其を希うこと切実ならざる日本人の如きすらあるのだから、宗教家の教えどおり心を傾ける人ばかりはなからう。我々は宗教家の組織したものを考え直そうとするのでは、蒙昧なる霊魂の原野に宗教家以前の考えに生きていた人々――其が日本人である場合は、我々の了解に便りあるが、そうでなくても、其から類察出来る古代人の芽生えのまま、発育の遅れていた宗教心のありどころを覓めようとして、一つの拠り所らしいものを思いついた。即、他界信仰の発生である。一旦起ったものだから、其が発育して行ったので、こう言う風に向いたいと言う意思が、ちっとも関与していぬらしい他界の発生――其を唯つきとめて行けば、世界人の宗教心の発生点に到達するかも知れない。そう思っていることだが、この答えは、我々の先輩である所の泰西の学者が、既に幾度も、幾冊も書き積んでいる為事に過ぎない。

でも私は、こう言う学問に――一つの違った観察点を顧みなかった日本人が、更めて手を出してよいことだと思う。戦いは寂しい結果になって、我等も望みを加えた学の後継者を見失ったが、この学問では、まだ生き残って、指を染める学者の残っていることを忘れないのである。

とてみずむ起原の一面

我々の触れておかねばならぬ多くの話が残ったようである。唯日本人の古代生活に関繋なさ相に見られて来た仮面と、とてむの事には、其ままにしておけぬ繋りを覚えるのである。

この二つは古代日本には関連がないとしても、日本人以前には、其がないとは言いきれない。こう言う風にして考えている日本人は、必しも現日本の地を生活の主要根拠として居なかったかも知れぬ。或は既に我々の考える日本の地に一歩も二歩も乗り出していたことも考えられる。歴史上の日本人の痕跡は見られぬにしても、前日本人は必、行動を止めていた気遣いはない。私は民俗研究者の一人だから、其らしい方法で、そうした日本人の行き足をつきとめて行くであろう。

とてむ崇拝の基礎観念は、実は雲を摑むような部分がある。

ただある種の動物乃至植物・鉱物、又風・光りなどを、それぞれの部族又は人々のとてむと称えるものとして尊敬している者が、非常な睦しさと近さとを感じている事の故に、とてむ崇拝はあるので、疑うべからざる此現実の説き難き若干の不審を籠めて、そうした崇拝に関係ない人々が眺め、関心を持っている訣である。

我々の周囲にもとてむ崇拝と同じものを持った人々があって、日本民族の一部となっている。あいぬの熊・梟《ふくろう》・蛙・狐・鮭などに対して抱いている観念と所作は、他の種族・部族に行われているとてむと肩を並べるもので、別殊なものとは思われぬ。沖縄の同胞も同様なものを持っている。宮古島の黒犬・八重山（石垣島）の蝙蝠《こうもり》の如きは島人皆その親昵《しんじつ》関繋は自ら認めているが、何と説明しようもない為に、長い過去において、其々の動物の子孫だと言う他島人の悪口を、甘心しない乍ら、半分は認めているような形になっていた。動物の子孫というのは、それが人間より低い程度に止っているのに、人間は、其より生き進んでいる――其中から出て、新しい進んだ生活に入っている――そう言う意味から子孫と言うのだろうが、何の拠り所もないことを、半信半疑で、抗弁したり黙従したりしている。其ばかりではない、島々における伝承を調べると、思いの外に此特別な生類親昵の姿が見られるのである。或は部落又は島中で、窃かに自ら其々の動物の子孫らしく感じて居たらしい心持ちも推察することが出来る。ある島は鮫の、ある島は人魚（儒艮《じゅごん》 dugong）の、又他の島は海亀・海豚《いるか》の子孫だと称せられ、又自分其を信じてもいた。黒犬や、鮫に助けられた人の話は、度々聞くことだが、其も此不可解な親密関繋を説こうとしただけで、そう言う伝承を持つ島々の伝えを完全に説き果すことは出来まい。とてむと言われる動物その他に対する崇拝の存在することを知らなかった時代には、問題だったろうが、この短い単語が、この観念を簡単に解決してしまった。だが疑問は其から先にあって、まだ未解決のままに残されている。動物でないものは、祖先子孫を以て説明することが出来ぬから、存外もっと単純な説明で、両者の親睦関繋を説いているかも知れぬ。だからそうした植・鉱物に関したものの事は、我々の見聞に洩れているのではないかと思う。

此等のとてむ動物の中、海洋に関連あるものの目につくのは、沖縄地方の地理によっているのだが、此方はもっと調査に連れて、種目が殖えて来るだろう。

古代日本では、既にとてむらしいものが、この国土生活の条件に準じて翻訳せられ尽している。この日本国土にそだったそうした信仰を保って居たのであろうが、大抵相類似していて、並行的事実を其に宛ててしまったのであろう。如何にも純乎《ずぶ》なとてむ崇拝らしいものはない。神使――つかわしめ――などは動物で信仰自体に関しているものだが、まず神社の神との関繋が主になっていて、人や邑落との関連は薄れて見える。植・鉱物の精霊を言う伝説は多いが、ある意味では、とてむ的には関繋が多過ぎたり、又少な過ぎている。稀に神武紀の大倭入りにあった母木《おものき》伝説のように、関連深げに見え乍ら、人間的には其が薄い――とてむの一例かとまで思われるのは少くなってしまっている。要するに古代日本人以来の特質とも言うべき因縁深さを思う癖が、神話伝説類を変質せしめているのだろう。

沖縄式とてみずむ

　其から見ると、沖縄は、同胞でありながら、因縁観が少くて、其点に深入りして変化させなかったのだろう。もっと深い原因は、国が小く割れて邑落列立の時代が長かった為、大きな歴史体系を欲するに到らなかったのだ。

　鮫をとてむとするらしい間切《まぎり》・村の外に、之を家の守護霊とする旧家もある。海中で、その背に乗せられて、鮫の助けを蒙ったのだという。此は二三例ある。支那海を游泳する儒良が、宛も周遊する時に、之を獲り、村人集って、其肉を分けて喰う。つまり、血食するのである。海豚なども、そうした饗《うたげ》に供えられる祭事が相当にある。

　此は恐らく週期的に、又年に稀に遠く来り向う動物の寄るのを計って之を取り、其血肉を族人の体中に活かそうとするのである。沖縄本島では、此風習が変っている。一族中に死人があると、葬式に当って、豚の肉を出す。真肉《まじし》――赤肉・ぶつぶつ・脂肉――を、血縁の深浅によって、分ち喰う。この喪葬の風と、通じるものがあるのであろう。一つは週期的の祭祀、一つは一族の訣別、之に通じる風を伝えたものと見て、不自然ではない。

　郷党血食の儀礼とも言うべき祭りに共食せられる海獣は、祖先子孫の関繋によって続いているものではない。併し食人習俗の近親の肉を腹に納めるのは、之を自己の中に生かそうとする所から、深い過去の宗教心理がうかがわれるのである。其と近い感情が、儒艮・海豚に対して起る訣である。而も其は親子でもなく親戚でもない――その外のある緊密な関繋と沖縄の人々は感じている。其よりも更に生活の原始的な種部族にとっては、説明し難いものを感じているに違いない。所謂とてむとてむを持つ人との精神交渉は、彼等の単純な知識では解説の出来ない、併し気分的には諒解しているようなものであった。

　そのとてむが単に動物だけに限らず、植物にも、鉱物にもあると言うことは、特殊な感情関繋を其等の物に寄せているので、必しも口にし腹に納めると言う条件以外にも、似た考え方はあったのであろう。或は時として定まってある一方から吹くそよ風、彼等と約束ある如く照し来る方面の光線、或は彼等の為にばかり其処に立ち、峙《そばだ》っている様に見られている樹木巌石、移動すると移動せぬとに論なく、人界の姿と違ったものを以て、彼等に接して相貌をかえることがない。日本人の持つ訪れ人が、他界身と人界身とを持つに対して唯一つの「人外身」を以て、彼等に応接する。白鳥と処女との両身を現ずることがなく白鳥ばかりでいる様に、海豚・儒艮の他界身を示すばかりのものも、稀に或は週期に人界を訪れる。この世における彼は、人間身を持つ我等であり、往いて他界にある自分の身はたとえば儒艮身であろうも知れぬ――そう言う空想すら起るほどに、深い感情交渉を互に持つ。唯、彼らは人間身を以て我等の前に現れることの出来ないばかりが、常世人・訪れ人と違う所である。

　とてむを持つ人たちが、そう考える理由は、霊魂信仰から来る。海獣の中なる霊魂は、われわれと共通の要素を持っている。そうして人間身は現ずることをせぬが、変ずることなき他界身の中に、共通のものを持っている。霊魂観が更に一転すれば、又更めて、海獣の霊魂が、人身を現ずると言うような考え方を持つようになるのである。

動物神話　植物神話

　其を無生物の上におしひろめると、植物・鉱物のとてむ観が生じる。一面から言えば、此観念はらいふ・いんでくすの信仰の根元となっている。遠処にある動物・植物・鉱物が、人の霊魂を保有している。其人を左右するには、現身に手を加えることは無意味である。そのらいふ・いんでくすなる獣・鳥・石・木などに内在する霊魂を自由にする外はない。此外存物と霊魂と、人間現身との関繋が、生命指標の信仰ととてむとを繋いでいると言わねばならぬ。

　生命指標のある所が、霊魂の存在する所だから、遂には優秀な霊魂は、常の身より外に置いて、犯す者を避けようとする方法に対する信仰などが出来るようになった。

　此も皆他界を尊重し、そこによき霊魂の保有者が居るものと信じた所から出た信仰の分化したものである。個人の霊魂の重要なるものがそこに護蔵せられていると言う考えが、又分化して、其一としては、どれが霊魂の本躰だが、人に知らせぬ様にしたと言った説話も出て来るのである。えぢぷと其他の頭部又は半身禽獣であって、其下は、普通の人体をした神躰を多く考えていた理由はここにある。上は他界身で、残る所は人間身――即神躰と言う、彼岸此岸を兼ねた神を想像し、其処にとてみずむ式の要素が示されているのである。

　仮面の事は、既に今までのとてむの話の条に暗示する所があったことを感じる。唯一言言い添えれば、仮面起原の複雑な中にも、とてむ像から出ていると言うことは、真実である。之を被いて別の服装を以て身を蓋うものと、大体仮面をかぶるだけにとどめるものとがある。此は併《しか》し何れにしても同じ事で、他界の神の来臨する景況と感情を表出することになるのである。

第三部

［小説］死者の書

一

彼《か》の人の眠りは、徐《しず》かに覚めて行った。まっ黒い夜の中に、更に冷え圧《あつ》するものの澱んでいるなかに、目のあいて来るのを、覚えたのである。

した した した。耳に伝うように来るのは、水の垂れる音か。ただ凍りつくような暗闇の中で、おのずと睫《まつげ》と睫とが離れて来る。

膝が、肱が、徐《おもむ》ろに埋れていた感覚をとり戻して来るらしく、彼の人の頭に響いて居るもの――。全身にこわばった筋が、僅かな響きを立てて、掌・足の裏に到るまで、ひきつれを起しかけているのだ。

そうして、なお深い闇。ぽっちりと目をあいて見廻す瞳に、まず圧しかかる黒い巌《いわお》の天井を意識した。次いで、氷になった岩牀《いわどこ》。両脇に垂れさがる荒石の壁。したしたと、岩伝う雫の音。

時がたった――。眠りの深さが、はじめて頭に浮んで来る。長い眠りであった。けれども亦、浅い夢ばかりを見続けて居た気がする。うつらうつら思っていた考えが、現実に繋《つなが》って、ありありと、目に沁みついているようである。

ああ耳面刀自《みみものとじ》。

甦《よみがえ》った語《ことば》が、彼の人の記憶を、更に弾力あるものに、響き返した。

耳面刀自。おれはまだお前を……思うている。おれはきのう、ここに来たのではない。それも、おとといや、其さきの日に、ここに眠りこけたのでは、決してないのだ。おれは、もっともっと長く寝て居た。でも、おれはまだ、お前を思い続けて居たぞ。耳面刀自。ここに来る前から……ここに寝ても、……其から覚めた今まで、一続きに、一つ事を考えつめて居るのだ。

古い――祖先以来そうしたように、此世に在る間そう暮して居た――習《ならわ》しからである。彼の人は、のくっと起き直ろうとした。だが、筋々が断《き》れるほどの痛みを感じた。骨の節々の挫けるような、疼きを覚えた。……そうして尚、じっと、――じっとして居る。射干玉《ぬばたま》の闇。黒玉の大きな石壁に、刻み込まれた白々としたからだの様に、厳かに、だが、すんなりと、手を伸べたままで居た。

耳面刀自の記憶。ただ其だけの深い凝結した記憶。其が次第に蔓《ひろが》って、過ぎた日の様々な姿を、短い連想の紐に貫いて行く。そうして明るい意思が、彼の人の死枯《しにが》れたからだに、再《ふたたび》立ち直って来た。

耳面刀自。おれが見たのは、唯一目——唯一度だ。だが、おまえのことを聞きわたった年月は、久しかった。おれによって来い。耳面刀自。

記憶の裏から、反省に似たものが浮び出て来た。

おれは、このおれは、何処に居るのだ。……それから、ここは何処なのだ。其よりも第一、此おれは誰なのだ。其をすっかり、おれは忘れた。

だが、待てよ。おれは覚えて居る。あの時だ。鴨が声《ね》を聞いたのだっけ。そうだ。訳語田《おさだ》の家を引き出されて、磐余《いわれ》の池に行った。堤の上には、遠捲きに人が一ぱい。あしこの萱原《かやはら》、そこの矮叢《ぼさ》から、首がつき出て居た。皆が、大きな喚《おら》び声を、挙げて居たっけな。あの声は残らず、おれをいとしがって居る、半泣きの喚《わめ》き声だったのだ。

其でもおれの心は、澄みきって居た。まるで、池の水だった。あれは、秋だったものな。はっきり聞いたのが、水の上に浮いている鴨鳥の声だった。今思うと——待てよ。其は何だか一目惚れの女の哭き声だった気がする。——おお、あれが耳面刀自だ。其瞬間、肉体と一つに、おれの心は、急に締めあげられるような刹那を、通った気がした。俄かに、楽な広々とした世間に、出たような感じが来た。そうして、ほんの暫らく、ふっとそう考えたきりで……、空も見ぬ、土も見ぬ、花や、木の色も消え去った——おれ自分すら、おれが何だか、ちっとも訣《わか》らぬ世界のものになってしまったのだ。

ああ、其時きり、おれ自身、このおれを、忘れてしまったのだ。

足の踝《くるぶし》が、膝の膕《ひつかがみ》が、腰のつがいが、頸《くび》のつけ根が、顳顬《こめかみ》が、ぼんの窪が——と、段々上って来るひよめきの為に蠢《うごめ》いた。自然に、ほんの偶然強ばったままの膝が、折り屈められた。だが、依然として——常闇《とこやみ》。

おおそうだ。伊勢の国に居られる貴い巫女《みこ》——おれの姉御《ご》。あのお人が、おれを呼び活《い》けに来ている。

姉御。ここだ。でもおまえさまは、尊い御神《おんかみ》に仕えている人だ。おれのからだに、触《さわ》ってはならない。そこに居るのだ。じっとそこに、踏み止《とま》って居るのだ。

——ああおれは、死んでいる。死んだ。殺されたのだ。——忘れて居た。そうだ。此は、おれの墓だ。

いけない。そこを開けては。塚の通い路の、扉をこじるのはおよし。……よせ。よさないか。姉の馬鹿。

なあんだ。誰も、来ては居なかったのだな。ああよかった。おれのからだが、天日《てんぴ》に暴《さら》されて、見る見る、腐るところだった。だが、おかしいぞ。こうつと――あれは昔だ。あのこじあける音がするのも、昔だ。姉御の声で、塚道の扉を叩きながら、言って居たのも今《いんま》の事――だったと思うのだが。昔だ。

おれのここへ来て、間もないことだった。おれは知っていた。十月だったから、鴫が鳴いて居たのだ。其鴫みたいに、首を捻じちぎられて、何も訣らぬものになったことも。こうつと――姉御が、墓の戸で哭き喚いて、歌をうたいあげられたっけ。「巌石《いそ》の上に生ふる馬酔木《あしび》を」と聞えたので、ふと、冬が過ぎて、春も闌《た》け初めた頃だと知った。おれの骸《むくろ》が、もう半分融け出した時分だった。そのあと、「たをらめど……見すべき君がありと言はなくに」。そう言われたので、はっきりもう、死んだ人間になった、と感じたのだ。……其時、手で、今してる様にさわって見たら、驚いたことに、おれのからだは、著こんだ著物の下で、腊《ほじし》のように、ぺしゃんこになって居た――。

臂《かいな》が動き出した。片手は、まっくらな空《くう》をさした。そうして、今一方は、そのまま、岩牀の上を掻き捜って居る。

　うつそみの人なる我や。明日よりは、二上山《ふたかみやま》を愛兄弟《いろせ》と思はむ

誄歌《なきうた》が聞えて来たのだ。姉御があきらめないで、も一つつぎ足して、歌ってくれたのだ。其で知ったのは、おれの墓と言うものが、二上山の上にある、と言うことだ。

よい姉御だった。併し、其歌の後で、又おれは、何もわからぬものになってしまった。

其から、どれほどたったのかなあ。どうもよっぽど、長い間だった気がする。伊勢の巫女様、尊い姉御が来てくれたのは、居睡りの夢を醒された感じだった。其に比べると、今度は深い睡りの後《あと》見たいな気がする。あの音がしてる。昔の音が――。

手にとるようだ。目に見るようだ。心を鎮めて――。鎮めて。でないと、この考えが、復《また》散らかって行ってしまう。おれの昔が、ありありと訣って来た。だが待てよ。……其にしても一体、ここに居るおれは、だれなのだ。だれの子なのだ。だれの夫《つま》なのだ。其をおれは、忘れてしまっているのだ。

両の臂《ひじ》は、頸の廻り、胸の上、腰から膝をまさぐって居る。そうしてまるで、生き物のするような、深い溜め息が洩れて出た。

大変だ。おれの著物は、もうすっかり朽《くさ》って居る。おれの褌《はかま》は、ほこりになって飛んで行った。どうしろ、と言うのだ。此おれは、著物もなしに、寝て居るのだ。筋ばしるように、彼の人のからだに、血の馳け廻るに似たものが、過ぎた。肱を支えて、上半身が、闇の中に起き上った。

おお寒い。おれを、どうしろと仰るのだ。尊いおっかさま。おれが悪かったと言うのなら、あやまります。著物を下さい。著物を——。おれのからだは、地べたに凍りついてしまいます。

彼の人には、声であった。だが、声でないものとして、消えてしまった。声でない語《ことば》が、何時までも続いている。くれろ。おっかさま。著物がなくなった。すっぱだかで出て来た赤ん坊になりたいぞ。赤ん坊だ。おれは。こんなに、寝床の上を這いずり廻っているのが、だれにも訣らぬのか。こんなに、手足をばたばたやっているおれの、見える奴が居ぬのか。

その唸《うめ》き声のとおり、彼の人の骸は、まるでだだをこねる赤子のように、足もあががに、身あがきをば、くり返して居る。明りのささなかった墓穴の中が、時を経て、薄い氷の膜ほど透けてきて、物のたたずまいを、幾分朧《おぼ》ろに、見わけることが出来るようになって来た。どこからか、月光とも思える薄あかりが、さし入って来たのである。

どうしよう。どうしよう。おれは。——大刀までこんなに、錆びついてしまった……。

二

月は、依然として照って居た。山が高いので、光りにあたるものが少かった。山を照し、谷を輝かして、剰《あま》る光りは、又空に跳ね返って、残る隈々までも、鮮やかにうつし出した。

足もとには、沢山の峰があった。黒ずんで見える峰々が、入りくみ、絡みあって、深々と畝っている。其が見えたり隠れたりするのは、この夜更けになって、俄かに出て来た霞の所為《せい》だ。其が又、此冴えざえとした月夜を、ほっとりと、暖かく感じさせて居る。

広い端山《はやま》の群《むらが》った先は、白い砂の光る河原だ。目の下遠く続いた、輝く大佩帯《おおおび》は、石川である。その南北に渉っている長い光りの筋が、北の端で急に広がって見えるのは、凡河内《おおしこうち》の邑《むら》のあたりであろう。其へ、山間《やまあい》を出たばかりの堅塩《かたしお》川——大和川——が落ちあって居るのだ。そこから、乾《いぬい》の方へ、光りを照り返す平面が、幾つも列って見えるのは、日下江《くさかえ》・永瀬江《ながせえ》・難波江《なにわえ》などの水面であろう。

寂かな夜である。やがて鶏鳴近い山の姿は、一様に露に濡れたように、しっとりとして静まって居る。谷にちらちらする雪のような輝きは、目の下の山田谷に多い、小桜の遅れ咲きである。

一本の路が、真直に通っている。二上山の男嶽《おのかみ》・女嶽《めのかみ》の間から、急に降《さが》って来るのである。難波から飛鳥《あすか》の都への古い間道なので、日によっては、昼は相応な人通りがある。道は白々と広く、夜目には、芝草の蔓《は》って居るのすら見える。当麻路《たぎまじ》である。一降《ひとくだ》りして又、大降《おおくだ》りにかかろうとする処が、中だるみに、やや坦《ひらた》くなっていた。梢の尖った栢《かえ》の木の森。半世紀を経た位の木ぶりが、一様に揃って見える。月の光りも薄い木陰全体が、勾配を背負って造られた円塚であった。月は、瞬《まばた》きもせずに照し、山々は、深く瞼《まぶた》を閉じている。

こう　こう　こう。

先刻《さっき》から、聞えて居たのかも知れぬ。あまり寂けさに馴れた耳は、新な声を聞きつけよう、としなかったのであろう。だから、今珍しく響いて来た感じもないのだ。

こう　こう　こう――こう　こう　こう。

確かに人声である。鳥の夜声とは、はっきりかわった韻《ひびき》を曳いて来る。声は、暫らく止んだ。静寂は以前に増し、冴え返って張りきっている。この山の峰つづきに見えるのは、南に幾重ともなく重った、葛城《かつらぎ》の峰々である。伏越《ふしごえ》・櫛羅《くしら》・小巨勢《こごせ》と段々高まって、果ては空の中につき入りそうに、二上山と、この塚にのしかかるほど、真黒に立ちつづいている。

当麻路をこちらへ降って来るらしい影が、見え出した。二つ三つ五つ……八つ九つ。九人の姿である。急な降りを一気に、この河内路へ馳けおりて来る。

九人と言うよりは、九柱の神であった。白い著物・白い鬘《かずら》、手は、足は、すべて旅の装束《いでたち》である。頭より上に出た杖をついて――。この坦《たいら》に来て、森の前に立った。

こう　こう　こう。

誰の口からともなく、一時に出た叫びである。山々のこだまは、驚いて一様に、忙しく声を合せた。だが山は、忽《たちまち》一時の騒擾から、元の緘黙《しじま》に戻ってしまった。

こう　こう。お出でなされ。藤原南家《なんけ》郎女《いらつめ》の御魂《みたま》。こんな奥山に、迷うて居るものではない。早く、もとの身に戻れ。こう　こう。

お身さまの魂《たま》を、今、山たずね尋ねて、尋ねあてたおれたちぞよ。こう　こう　こう。

九つの杖びとは、心から神になって居る。彼らは、杖を地に置き、鬘を解いた。鬘は此時、唯真白な布に過ぎなかった。其を、長さの限り振り捌いて、一様に塚に向けて振った。

こう　こう　こう。

こう言う動作をくり返して居る間に、自然な感情の鬱屈と、休息を欲するからだの疲れとが、九体の神の心を、人間に返した。彼らは見る間に、白い布を頭に捲きこんで鬘とし、杖を手にとった旅人として、立っていた。

おい。無言《しじま》の勤めも此までじゃ。

おお。

八つの声が答えて、彼等は訓練せられた所作のように、忽一度に、草の上に寛《くつろ》ぎ、再杖を横えた。

これで大和も、河内との境じゃで、もう魂ごいの行《ぎょう》もすんだ。今時分は、郎女さまのからだは、廬《いおり》の中で魂をとり返して、ぴちぴちして居られようぞ。

ここは、何処だいの。

知らぬかいよ。大和にとっては大和の国、河内にとっては河内の国の大関《おおぜき》。二上の当麻路《たぎまじ》の関——。

別の長老《とね》めいた者が、説明を続《つ》いだ。

四五十年あとまでは、唯関と言うばかりで、何の標《しるし》もなかった。其があの、近江の滋賀の宮に馴染み深かった、其よ。大和では、磯城《しき》の訳語田《おさだ》の御館《みたち》に居られたお方。池上の堤で命召されたあのお方の骸《むくろ》を、罪人に殯《もがり》するは、災の元と、天若日子《あめわかひこ》の昔語りに任せて、其まま此処にお搬びなされて、お埋《い》けになったのが、此塚よ。

以前の声が、もう一層皺がれた響きで、話をひきとった。

其時の仰せには、罪人よ。吾子《わこ》よ。吾子の為了《しおお》せなんだ荒《あら》び心で、吾子よりももっと、わるい猛び心を持った者の、大和に来向うのを、待ち押え、塞《さ》え防いで居ろ、と仰せられた。

ほんに、あの頃は、まだおれたちも、壮盛《わかざか》りじゃったに。今ではもう、五十年昔になるげな。

今一人が、相談でもしかける様な、口ぶりを挿んだ。

さいや。あの時も、墓作りに雇われた。その後も、当麻路の修覆に召し出された。此お墓の事は、よく知って居る。ほんの苗木じゃった栢《かえ》が、此ほどの森になったものな。畏《こわ》かったぞよ。此墓のみ魂《たま》が、河内安宿部《あすかべ》から石担《いしも》ちに来て居た男に、憑いた時はのう。

九人は、完全に現《うつ》し世の庶民の心に、なり還って居た。

山の上は、昔語りするには、あまり寂しいことを忘れて居たのである。時の更け過ぎた事が、彼等の心には、現実にひしひしと、感じられ出したのだろう。

もう此でよい。戻ろうや。

よかろ　よかろ。

皆は、鬘をほどき、杖を棄てた白衣の修道者、と言うだけの姿《なり》になった。

だがの。皆も知ってようが、このお塚は、由緒深い、気のおける処ゆえ、もう一度、魂ごいをしておくまいか。

長老《とね》の語と共に、修道者たちは、再魂呼《たまよば》いの行を初めたのである。

こう　こう　こう。

おお……。
異様な声を出すものだ、と初めは誰も、自分らの中の一人を疑い、其でも変に、おじけづいた心を持ちかけていた。も一度、
こう　こう　こう。
其時、塚穴の深い奥から、氷《こお》りきった、而も今息を吹き返したばかりの声が、明らかに和したのである。

おおう……。

九人の心は、ばらばらの九人の心々であった。からだも亦ちりぢりに、山田谷へ、竹内谷へ、大阪越えへ、又当麻路へ、峰にちぎれた白い雲のように、消えてしまった。

唯畳まった山と、谷とに響いて、一つの声ばかりがする。

三

万法蔵院《まんほうぞういん》の北の山陰に、昔から小な庵室があった。昔からと言うのは、村人がすべて、そう信じて居たのである。荒廃すれば繕い繕いして、人は住まぬ廬《いおり》に、孔雀明王像が据えてあった。当麻《たぎま》の村人の中には、稀に、此が山田寺である、と言うものもあった。そう言う人の伝えでは、万法蔵院は、山田寺の荒れて後、飛鳥の宮の仰せを受けてとも言い、又御自身の御発起《ごほっき》からだとも言うが、一人の尊いみ子が、昔の地を占めにお出でなされて、大伽藍を建てさせられた。其際、山田寺の旧構を残すため、寺の四至の中、北の隅へ、当時立ち朽りになって居た堂を移し、規模を小くして造られたもの、と伝え言うのであった。

そう言えば、山田寺は、役君小角《えのきみおづぬ》が、山林仏教を創める

最初の足代《あししろ》になった処だと言う伝えが、吉野や、葛城の山《やま》伏行人《ぶしぎょうにん》の間に行われていた。何しろ、万法蔵院の大伽藍が焼けて百年、荒野の道場となって居た、目と鼻との間に、こんな古い建て物が、残って居たと言うのも、不思議なことである。

夜は、もう更けて居た。谷川の激《たぎ》ちの音が、段々高まって来る。二上山の二つの峰の間から、流れくだる水なのだ。

廬の中は、暗かった。炉を焚くことの少い此辺では、地《じ》下《げ》百姓は、夜は真暗な中で、寝たり、坐ったりしているのだ。でもここには、本尊が祀ってあった。夜を守って、仏の前で起き明す為には、御燈《みあかし》を照した。

孔雀明王の姿が、あるかないかに、ちろめく光りである。姫は寝ることを忘れたように、坐って居た。

万法蔵院の上座の僧綱《そうごう》たちの考えでは、まず奈良へ使いを出さねばならぬ。横佩家《よこはきけ》の人々の心を、思うたのである。次には、女人結界《にょにんけっかい》を犯して、境内深く這入った罪は、郎女自身に贖《あがな》わさねばならなかった。落慶のあったばかりの浄域だけに、一時は、塔頭《たっちゅう》々々の人たちの、青くなったのも、道理である。此は、財物を施入する、と謂ったぐらいではすまされぬ。長期の物忌みを、寺近くに居て果させねばならぬと思った。其で、今日昼の程、奈良へ向って、早使いを出して、郎女の姿が、寺中に現れたゆくたてを、仔細に告げてやったのである。

其と共に姫の身は、此庵室に暫らく留め置かれることになった。たとい、都からの迎えが来ても、結界を越えた贖いを果す日数だけは、ここに居させよう、と言うのである。

牀《ゆか》は低いけれども、かいてあるにはあった。其替り、天井は無上《むじょう》に高くて、而も萱《かや》のそそけた屋根は、破風《はふ》の脇から、むき出しに、空の星が見えた。風が唸って過ぎたと思うと、其高い隙から、どっと吹き込んで来た。ばらばら落ちかかるのは、煤がこぼれるのだろう。明王の前の灯が、一時《いっとき》かっと明るくなった。

その光りで照し出されたのは、あさましく荒《すさ》んだ座敷だけでなかった。荒板の牀の上に、薦筵《こもむしろ》二枚重ねた姫の座席。其に向って、ずっと離れた壁ぎわに、板敷に直《じか》に坐って居る老婆の姿があった。

壁と言うよりは、壁代《かべしろ》であった。天井から吊りさげた竪《たつ》薦《ごも》が、幾枚も幾枚も、ちぐはぐに重って居て、どうやら、風は防ぐようになって居る。その壁代に張りついたように坐って居る女、先から欬嗽《しわぶき》一つせぬ静けさである。

貴族の家の郎女は、一日もの言わずとも、寂しいとも思わぬ習慣がついて居た。其で、この山陰の一つ家に居ても、溜め息一つ洩すのではなかった。昼《ひ》の内此処へ送りこまれた時、一人の姥《うば》のついて来たことは、知って居た。だが、あまり長く音も立たなかったので、人の居ることは忘れて居た。今ふっと明るくなった御燈《みあかし》の色で、その姥の姿から、顔まで一目で見た。どこやら、覚えのある人の気がする。さすがに、姫にも人懐しかった。ようべ家を出てから、女《にょ》性《しょう》には、一人も逢って居ない。今そこに居る姥が、何だか、昔の知り人のように感じられたのも、無理はないのである。見覚えのあるように感じたのは、だが、其親しみ故だけではなかった。

郎女《いらつめ》さま。

緘黙《しじま》を破って、却てもの寂しい、乾声《からごえ》が響いた。

郎女は、御存じおざるまい。でも、聴いて見る気はおありかえ。お生れなさらぬ前の世からのことを。それを知った姥でおざるがや。

一旦、口がほぐれると、老女は止めどなく、喋り出した。姫は、この姥の顔に見知りのある気のした訣《わけ》を、悟りはじめて居た。藤原南家《なんけ》にも、常々、此年よりとおなじような媼《おうな》が、出入りして居た。郎女たちの居る女部屋までも、何時もずかずか這入って来て、憚《はばか》りなく古物語りを語った、あの中臣志斐媼《なかとみのしいのおうな》――。あれと、おなじ表情をして居る。其も、尤であった。志斐《ノ》老女が、藤氏《とうし》の語部《かたりべ》の一人であるように、此も亦、この当麻《たぎま》の村の旧族、当麻《ノ》真人《まひと》の「氏《うじ》の語部」、亡び残りの一人であったのである。

藤原のお家が、今は、四筋に分れて居りまする。じゃが、大織冠《たいしょくかん》さまの代どころでは、ありは致しませぬ。淡海公《たんかいこう》の時も、まだ一流れのお家でおざりました。併《しか》し其頃やはり、藤原は、中臣と二つの筋に岐れました。中臣の氏人で、藤原の里に栄えられたのが、藤原と、家名の申され初めでおざりました。

藤原のお流れ。今ゆく先も、公家摂籙《くげしょうろく》の家柄。中臣の筋や、おん神仕え。差別々々《けじめけじめ》明らかに、御代々《みよみよ》の宮《みや》守《まも》り。じゃが、今は今、昔は昔でおざります。藤原の遠つ祖《おや》、中臣の氏の神、天押雲根《あめのおしくもね》と申されるお方の事は、お聞き及びかえ。

今、奈良の宮におざります日の御子さま。其前は、藤原の宮の日のみ子さま。又其前は、飛鳥の宮の日のみ子さま。大和の国中《くになか》に、宮遷し、宮奠《さだ》め遊した代々《よよ》の日のみ子さま。長く久しい御代々に仕えた、中臣の家の神業《わざ》。郎女さま。お聞き及びかえ。

遠い代の昔語り。耳明らめてお聴きなされ。中臣・藤原の遠つ祖《おや》あめの押雲根命《おしくもね》。遠い昔の日のみ子さまのお喰《め》しの、飯《いい》と、み酒《き》を作る御料の水を、大和国中《くになか》残る隈なく捜し覓《もと》めました。その頃、国原の水は、水渋《そぶ》臭く、土濁りして、日のみ子さまのお喰《め》しの料《しろ》に叶いません。天《てん》の神高天《たかま》の大御祖《おおみおや》教え給えと祈ろうにも、国中は国低し。山々もまんだ天《てん》遠し。大和の国とり囲む青垣山では、この二上山。空行く雲の通い路と、昇り立って祈りました。その時、高天《たかま》の大御祖のお示しで、中臣の祖《おや》押雲根命、天の水の湧き口を、此二上山に八《や》ところまで見とどけて、其後久しく、日のみ子さまのおめしの湯水は、代々の中臣自身、此山へ汲みに参ります。お聞き及びかえ。

当麻真人の、氏の物語りである。そうして其が、中臣の神わざと繋りのある点を、座談のように語り進んだ姥《うば》は、ふと口をつぐんだ。

外には、瀬音が荒れて聞えている。中臣・藤原の遠祖が、天二上《あめのふたかみ》に求めた天八井《あめのやい》の水を集めて、峰を流れ降り、岩にあたって漲《みなぎ》り激《たぎ》つ川なのであろう。瀬音のする方に向いて、姫は、掌《たなそこ》を合せた。

併しやがて、ふり向いて、仄暗くさし寄って来ている姥の姿を見た時、言おうようない畏《おそろ》しさと、せつかれるような忙しさを、一つに感じたのである。其に、志斐姥の、本式に物語りをする時の表情が、此老女の顔にも現れていた。

今、当麻の語部の姥は、神憑《かみがか》りに入るらしく、わなわな震いはじめて居るのである。

四

ひさかたの　天二上《あめふたかみ》に、
我《あ》が登り　見れば、
とぶとりの　明日香《あすか》
ふる里の　神無備山隠《かむなびごも》り、
家どころ　多《さは》に見え、
豊《ゆた》にし　屋庭《やには》は見ゆ。
弥彼方《いやをち》に　見ゆる家群《いへむら》
藤原の　朝臣《あそ》が宿。
遠々に　我《あ》が見るものを、
たか〳〵に　我《あ》が待つものを、
処女子《をとめご》は　出で通《こ》ぬものか。
よき耳を　聞かさぬものか。
青馬の　耳面刀自《みゝものとじ》。
刀自もがも。　女弟《おと》もがも。

その子の　はらからの子の
処女子の　一人
一人だに、　わが配偶《つま》に来《こ》ね。

ひさかたの　天二上
二上の陽面《かげとも》に、
生ひをゝり　繁《し》み咲く
馬酔木《あしび》の　にほへる子を
我《あ》が　捉《と》り兼ねて、
馬酔木の　あしずりしつゝ
吾《あ》はもよ偲《しぬ》ぶ。藤原処女

歌い了えた姥は、大息をついて、ぐったりした。其から暫らく、山のそよぎ、川瀬の響きばかりが、耳についた。姥は居ずまいを直して、厳かな声音《こわね》で、誦《かた》り出した。

とぶとりの　飛鳥の都に、日のみ子様のおそば近く侍る尊いおん方。ささなみの大津の宮に人となり、唐土《もろこし》の学芸《ざえ》に詣《いた》り深く、詩《からうた》も、此国ではじめて作られたは、大友《ノ》皇子か、其とも此お方か、と申し伝えられる御方《おんかた》。近江の都は離れ、飛鳥の都の再栄えたその頃、あやまちもあやまち。日のみ子に弓引くたくみ、恐しや、企てをなされると言う噂が、立ちました。高天原広野姫尊《たかまのはらひろぬひめのみこと》、おん怒りをお発しになりまして、とうとう池上の堤に引き出して、お討たせになりました。其お方がお死にの際《きわ》に、深く深く思いこまれた一人のお人がおざります。耳面刀自と申す、大織冠のお娘御でおざります。前から深くお思いになって居た、と云うでもおざりません。唯、此郎女も、大津の宮離れの時に、都へ呼び返されて、寂しい暮しを続けて居られました。等しく大津の宮に愛着をお持ち遊した右の御方が、愈々《いよいよ》、磐余《いわれ》の池の草の上で、お命召されると言うことを聞いて、一目見てなごり惜しみがしたくて、こらえられなくなりました。藤原から池上まで、おひろいでお出でになりました。小高い柴の一むらある中から、御様子を窺うて帰ろうとなされました。其時ちらりと、かのお人の、最期に近いお目に止りました。其ひと目が、此世に残る執心となったのでおざりまする。

もゝつたふ　磐余の池に鳴く鴨を　今日のみ見てや、
雲隠りなむ

この思いがけない心残りを、お詠みになった歌よ、と私どもも当麻《たぎま》の語部の物語りには、伝えて居ります。

その耳面刀自と申すは、淡海公の妹君、郎女の祖父君《おおじ》南家《なんけ》太政大臣《だいじょうだいじん》には、叔母君にお当りになってでおざりまする。

人間の執心と言うものは、怖いものとはお思いなされぬかえ。

其亡き骸は、大和の国を守らせよ、と言う御諚《ごじょう》で、此山の上、河内から来る当麻路の脇にお埋《い》けになりました。其が何と、此世の悪心も何もかも、忘れ果てて清々《すがすが》しい心になりながら、唯それればかりの一念が、残って居る、と申します。藤原四流の中で、一番美しい郎女が、今におき、耳面刀自と、其幽界《かくりよ》の目には、見えるらしいのでおざりまする。女盛りをまだ婿どりなさらぬげの郎女さまが、其力におびかれて、この当麻までお出でになされたのでのうて、何でおざりましょう。

当麻路に墓を造りました当時《そのかみ》、石を搬ぶ若い衆にのり移った霊《たま》が、あの長歌を謡うた、と申すのが伝え。

当麻語部嫗《たぎまのかたりべのおうな》は、南家の郎女の脅える様を想像しながら、物語って居たのかも知れぬ。唯さえ、この深夜、場所も場所である。如何に止めどなくなるのが、「ひとり語り」の癖とは言え、語部の古婆《ふるばば》の心は、自身も思わぬ意地くね悪さを蔵しているものである。此が、神さびた職を寂しく守って居る者の優越感を、充すことにも、なるのであった。

大貴族の郎女は、人の語を疑うことは教えられて居なかった。それに、信じなければならぬもの、とせられて居た語部の物語りである。詞《ことば》の端々までも、真実を感じて、聴いて居る。

言うとおり、昔びとの宿執《しゅくしゅう》が、こうして自分を導いて来たことは、まことに違いないであろう。其にしても、ついい、しか見ぬお姿——尊い御仏と申すような相好が、其お方とは思われぬ。

春秋の彼岸中日、入り方の光り輝く雲の上に、まざまざと見たお姿。此日本《やまと》の国の人とは思われぬ。だが、自分のまだ知らぬこの国の男子《おのこご》たちには、ああ言う方もあるのか知らぬ。金色《こんじき》の鬢《びん》、金色の髪の豊かに垂れかかる片肌は、白々と袒《ぬ》いで美しい肩。ふくよかなお顔は、鼻隆く、眉秀で、夢見るようにまみを伏せて、右手は乳の辺に挙げ、脇の下に垂れた左手は、ふくよかな掌を見せて……ああ雲の上に朱の唇、匂いやかにほほ笑まれると見た……その俤。

日のみ子さまの御側仕えのお人の中には、あの様な人もおいでになるものだろうか。我が家の父や、兄人《しょうと》たちも、世間の男たちとは、とりわけてお美しい、と女たちは噂するが、其すら似もつかぬ……。

尊い女性《にょしょう》は、下賤な人と、口をきかぬのが当時の世の掟である。何よりも、其語は、下ざまには通じぬもの、と考えられていた。それでも、此古物語りをする姥には、貴族の語もわかるであろう。郎女は、恥じながら問いかけた。

そこの人。ものを聞こう。郎女は、恥じながら……

そこの人。ものを聞こう。此身の語が、聞きとれたら、答えしておくれ。

その飛鳥の宮の日のみ子さまに仕えた、と言うお方は、昔の罪びとらしいに、其が又何とした訣で、姫の前に立ち現れては、神々《こうごう》しく見えるであろうぞ。

此だけの語が言い淀み、淀みして言われている間に、姥は、郎女の内に動く心もちの、凡《およそ》は、気《け》どったであろう。暗いみ燈《あかし》の光りの代りに、其頃は、もう東白みの明りが、部屋の内の物の形を、朧ろげに顕しはじめて居た。

我が説明《ことわけ》を、お聞きわけられませ。神代の昔びと、天《あめ》若日子《わかひこ》。天若日子こそは、天《てん》の神々に弓引いた罪ある神。其すら、其後《ご》、人の世になっても、氏貴い家々の娘御《ご》の閨《ねや》の戸までも、忍びよると申しまする。世に言う「天若みこ」と言うのが、其でおざります。

天若みこ。物語りにも、うき世語りにも申します。お聞き及びかえ。

姥は暫らく口を閉じた。そうして言い出した声は、顔にも、年にも似ず、一段、はなやいで聞えた。

「も、つたふ」の歌、残された飛鳥の宮の執心びと、世々の藤原の一《いち》の媛《ひめ》に祟る天若みこも、顔清く、声心惹く天若みこのやはり、一人でおざりまする。

お心つけられませ。物語りも早、これまで。

其まま石のように、老女はじっとして居る。冷えた夜も、朝影を感じる頃になると、幾らか温みがさして来る。

万法蔵院は、村からは遠く、山によって立って居た。暁早い鶏の声も、聞えぬ。もう梢を離れるらしい塒鳥《ねぐらどり》が、近い端山《はやま》の木群《こむら》で、羽振《はぶ》きの音を立て初めている。

五

おれは活《い》きた。

闇《くら》い空間は、明りのようなものを漂していた。併し其は、蒼黒い靄《もや》の如く、たなびくものであった。

巌ばかりであった。壁も、牀《とこ》も、梁《はり》も、巌であった。自身のからだすらが、既に、巌になって居たのだ。

屋根が壁であった。壁が牀であった。巌ばかり――。触っても触っても、巌ばかりである。手を伸すと、更に堅い巌が、掌に触れた。脚をひろげると、もっと広い磐石《ばんじゃく》の面《おもて》が、感じられた。
纔《わず》かにさす薄光りも、黒い巌石が皆吸いとったように、岩窟《いわむろ》の中に見えるものはなかった。唯けはい――彼の人の探り歩くらしい空気の微動があった。

思い出したぞ。おれが誰だったか、――訣ったぞ。
おれだ。此おれだ。大津の宮に仕え、飛鳥の宮に呼び戻されたおれ。滋賀津彦《しがつひこ》。其が、おれだったのだ。

歓びの激情を迎えるように、岩窟の中のすべての突角が哮《たけ》びの反響をあげた。彼の人は、立って居た。一本の木だった。だが、其姿が見えるほどの、はっきりした光線はなかった。明りに照し出されるほど、纏《まとま》った現し身《うつしみ》をも、持たぬ彼《か》の人であった。

唯、岩屋の中に矗立《しゅくりつ》した、立ち枯れの木に過ぎなかった。

おれの名は、誰も伝えるものがない。おれすら忘れて居た。長く久しく、おれ自身にすら忘れられて居たのだ。可愛《いと》しいおれの名は、そうだ。語り伝える子があった筈だ。語り伝えさせる筈の語部も、出来て居ただろうに。――なぜか、おれの心は寂しい。空虚な感じが、しくしくと胸を刺すようだ。

――子代《こしろ》も、名代《なしろ》もない、おれにせられてしまったのだ。そうだ。其に違いない。この物足らぬ、大きな穴のあいた気持ちは、其で、するのだ。おれは、此世に居なかったと同前の人間になって、現し身の人間どもには、忘れ了《お》されて居るのだ。憐みのないおっかさま。おまえさまは、おれの妻の、おれに殉死《ともじ》にするのを、見殺しになされた。おれの妻の生んだ粟津子《あわつこ》は、罪びとの子として、何処かへ連れて行かれた。野山のけだものの餌食《えじき》に、くれたのだろう。可愛そうな妻よ。哀なむすこよ。

だが、おれには、そんな事などは、何でもない。おれの名が伝らない。劫初《ごうしょ》から末代まで、此世に出ては消える、天《あめ》の下《した》の青人草《あおひとぐさ》と一列に、おれは、此世に、影も形も残さない草の葉になるのは、いやだ。どうあっても、不承知だ。

恵みのないおっかさま。お前さまにお縋《すが》りするにも、其おまえさますら、もうおいででない此世かも知れぬ。くそ――外《そと》の世界が知りたい。世の中の様子が見たい。だが、おれの耳は聞える。其なのに、目が見えぬ。この耳すら、世間の語を聞き別けなくなって居る。闇の中にばかり瞑《つぶ》って居たおれの目よ。も一度かっと睜《みひら》いて、現し世のありのままをうつしてくれ、……土龍《もぐら》の目なと、おれに貸しおれ。

声は再、寂かになって行った。独り言する其声は、彼の人の耳にばかり聞えて居るのであろう。丑刻《うし》に、静謐《せいひつ》の頂上に達した現《うつ》し世《よ》は、其が過ぎると共に、俄かに物音が起る。月の、空を行く音すら聞えそうだった四方の山々の上に、まず木の葉が音もなくうごき出した。次いではるかな谿《たに》のながれの色が、白々と見え出す。更に遠く、大和国中《くになか》の、何処からか起る一番鶏のつくるとき。

暁が来たのである。里々の男は、今、女の家の閨戸《ねやど》から、ひそひそと帰って行くだろう。月は早く傾いたけれど、光りは深夜の色を保っている。午前二時に朝の来る生活に、村びとも、宮びとも、忙しいとは思わずに、起きあがる。短い暁の目覚めの後、又、物に倚りかかって、新しい眠りを継ぐのである。

山風は頻りに、吹きおろす。枝・木の葉の相軋《あいひし》めく音が、やむ間なく聞える。だが其も暫らくで、山は元のひっそとしたけしきに還る。唯、すべてが薄暗く、すべてが隈を持ったように、朧ろになって来た。

岩窟《いわむろ》は、沈々と黝《くら》くなって冷えて行く。

した　した。　水は、岩肌を絞って垂れている。

耳面刀自《みみものとじ》。おれには、子がない。子がなくなった。おれは、その栄えている世の中には、跡を胎《のこ》して来なかった。子を生んでくれ。おれの子を。おれの名を語り伝える子どもを――。

岩牀《いわどこ》の上に、再白々と横って見えるのは、身じろきもせぬからだである。唯その真裸な骨の上に、鋭い感覚ばかりが活きているのであった。

まだ反省のとり戻されぬむくろには、心になるものがあって、心はなかった。

耳面刀自の名は、唯の記憶よりも、更に深い印象であったに違いはない。自分すら忘れきった、彼の人の出来あがらぬ心に、骨に沁み、干からびた髄の心までも、唯彫《え》りつけられたようになって、残っているのである。

万法蔵院の晨朝《じんちょう》の鐘だ。夜の曙色《あけいろ》に、一度騒立《さわだ》った物々の胸をおちつかせる様に、鳴りわたる鐘の音《ね》だ。一《いっ》ぱし白みかかって来た東は、更にほの暗い明《あ》け昏《ぐ》れの寂けさに返った。

南家の郎女は、一茎の草のそよぎでも聴き取れる暁凪《あかつきな》ぎを、自身擾《みだ》すことをすまいと言う風に、見じろきすらもせずに居る。

夜《よる》の間《ま》よりも暗くなった廬の中では、明王像の立ち処《ど》さえ見定められぬばかりになって居る。

何処からか吹きこんだ朝山颪《おろし》に、御燈《みあかし》が消えたのである。当麻語部《たぎまのかたり》の嫗も、薄闇に蹲って居るのであろう。姫は再、この老女の事を忘れていた。

ただ一刻ばかり前、這入りの戸を揺った物音があった。一度　二度　三度。更に数度。音は次第に激しくなって行った。枢《とぼそ》がまるで、おしちぎられでもするかと思うほど、音に力のこもって来た時、ちょうど、鶏が鳴いた。其きりぴったり、戸にあたる者もなくなった。

新しい物語が、一切、語部の口にのぼらぬ世が来ていた。けれども、頑な当麻氏《たぎまうじ》の語部の古嫗《ふるうば》の為に、我々は今一度、去年以来の物語りをしておいても、よいであろう。まことに其は、昨《きそ》の日からはじまるのである。

六

門をはいると、俄かに松風が、吹きあてるように響いた。

一町も先に、固まって見える堂伽藍――そこまでずっと、砂地である。白い地面に、広い葉の青いままでちらばって居るのは、朴《ほお》の木だ。

まともに、寺を圧してつき立っているのは、二上山である。其真下に涅槃仏《ねはんぶつ》のような姿に横っているのが麻呂子山だ。其頂がやっと、講堂の屋の棟に、乗りかかっているようにしか見えない。

こんな事を、女人《にょにん》の身で知って居る訣はなかった。だが、俊敏な此旅びとの胸に、其に似たほのかな綜合の、出来あがって居たのは疑われぬ。暫らくの間、その薄緑の山色を仰いで居た。其から、朱塗りの、激しく光る建て物へ、目を移して行った。

此寺の落慶供養のあったのは、つい四五日前《あと》であった。まだあの日の喜ばしい騒ぎの響《とよ》みが、どこかにする様に、麓の村びと等には、感じられて居る程である。

山颪に吹き暴《さら》されて、荒草深い山裾の斜面に、万法蔵院の細々とした御燈の、煽られて居たのに目馴れた人たちは、この幸福な転変に、目を瞠って居るだろう。此郷に田荘《なりどころ》を残して、奈良に数代住みついた豪族の主人も、その日は、帰って来て居たっけ。此は、天竺の狐の為わざではないか、其とも、この葛城郡に、昔から残っている幻術師《まぼろし》のする迷わしではないか。あまり荘厳《しょうごん》を極めた建て物に、故知らぬ反感まで唆られて、廊を踏み鳴し、柱を叩いて見たりしたものも、その供人《ともびと》のうちにはあった。

数年前の春の初め、野焼きの火が燃えのぼって来て、唯一宇あった萱堂《かやどう》が、忽《たちまち》痕《あと》もなくなった。そんな小な事件が起って、注意を促してすら、そこに、曾《かつ》て美《うるわ》しい福田と、寺の創められた代《よ》を、思い出す者もなかった程、それはそれは、微かな遠い昔であった。

以前、疑いを持ち初める里の子どもが、其堂の名に、不審を起した。当麻の村にありながら、山田寺《やまだでら》と言ったからである。山の背《うしろ》の河内の国安宿部郡《あすかべごおり》の山田谷から移って二百年、寂しい道場に過ぎなかった。其でも一時は、倶舎《くしゃ》の寺として、栄えたこともあったのだった。

飛鳥の御世の、貴い御方が、此寺の本尊を、お夢に見られて、おん子を遣され、堂舎をひろげ、住侶《じゅうりょ》の数をお殖しになった。おいおい境内になる土地の地形《じぎょう》の進んでいる最中、その若い貴人が、急にお亡くなりなされた。そうなる筈の、風水の相が、「まろこ」の身を招き寄せたのだろう。よしよし墓はそのまま、其村に築くがよい、との仰せがあった。其み墓のあるのが、あの麻呂子山だと言う。まろ子というのは、尊い御一族だけに用いられる語で、おれの子というほどの、意味であった。ところが、其おことばが縁を引いて、此郷の山には、其後亦、貴人をお埋め申すような事が、起ったのである。

だが、そう言う物語りはあっても、それは唯、此里の語部の姥の口に、そう伝えられている、と言うに過ぎぬ古物語りであった。纔《わず》かに百年、其短いと言える時間も、文字に縁遠い生活には、さながら太古を考えると、同じ昔となってしまった。

旅の若い女性《にょしょう》は、型《かたず》摺りの大様な美しい模様をおいた著《き》る物を襲うて居る。笠は、浅い縁《へり》に、深い縹色《はなだいろ》の布が、うなじを隠すほどに、さがっていた。

日は仲春、空は雨あがりの、爽《さわ》やかな朝である。高原の寺は、人の住む所から、自《おのずか》ら遠く建って居た。唯凡《およそ》、百人の僧俗が、寺《じ》中に起き伏して居る。其すら、引き続く供養饗宴の疲れで、今日はまだ、遅い朝を、姿すら見せずにいる。

その女人は、日に向ってひたすら輝く伽藍《がらん》の廻りを、残りなく歩いた。寺の南境《ざかい》は、み墓山の裾から、東へ出ている長い崎の尽きた所に、大門はあった。其中腹と、東の鼻とに、西塔・東塔が立って居る。丘陵の道をうねりながら登った旅びとは、東の塔の下に出た。

雨の後の水気の、立って居る大和の野は、すっかり澄みきって、若昼《わかひる》のきらきらしい景色になって居る。右手の目の下に、集中して見える丘陵は傍岡《かたおか》で、ほのぼのと北へ流れて行くのが、葛城川だ。平原の真中に、旅笠を伏せたように見える遠い小山は、耳無《みみなし》の山であった。其右に高くつっ立っている深緑は、畝傍山《うねびやま》。更に遠く日を受けてきらつく水面は、埴安《はにやす》の池ではなかろうか。其東に平たくて低い背を見せるのは、聞えた香具山なのだろう。旅の女子《おみなご》の目は、山々の姿を、一つ一つに辿っている。天香具山《あめのかぐやま》をあれだと考えた時、あの下が、若い父母《ちちはは》の育った、其から、叔父叔母、又一族の人々の、行き来した、藤原の里なのだ。

もう此上は見えぬ、と知れて居ても、ひとりで、爪先立てて伸び上る気持ちになって来るのが抑えきれなかった。

香具山の南の裾に輝く瓦舎《かわらや》は、大官大寺《だいかんだいじ》に違いない。其から更に真南の、山と山との間に、薄く霞んでいるのが、飛鳥の村なのであろう。父の父も、母の母も、其又父母も、皆あのあたりで生い立たれたのであろう。この国の女子に生れて、一足も女部屋を出ぬのを、美徳とする時代に居る身は、親の里も、祖先の土も、まだ踏みも知らぬ。あの陽炎《かげろう》の立っている平原を、此足で、隅から隅まで歩いて見たい。

こう、その女性《にょしょう》は思うている。だが、何よりも大事なことは、此郎女《いらつめ》――貴女は、昨日の暮れ方、奈良の家を出て、ここまで歩いて来ているのである。其も、唯のひとりででであった。

家を出る時、ほんの暫《すこ》し、心を掠《かす》めた――父君がお聞きになったら、と言う考えも、もう気にはかからずなって居る。乳母があわてて探すだろう、と言う心が起って来ても、却てほのかな、こみあげ笑いを誘う位の事になっている。

山はずっしりとおちつき、野はおだやかに畝って居る。こうして居て、何の物思いがあろう。この貴《あて》な娘御は、やがて後をふり向いて、山のなぞえについて、次第に首をあげて行った。

二上山。ああこの山を仰ぐ、言い知らぬ胸騒ぎ。――藤原・飛鳥の里々山々を眺めて覚えた、今の先の心とは、すっかり違った胸の悸《ときめ》き。旅の郎女は、脇目も触らず、山に見入っている。そうして、静かな思いの充ちて来る満悦を、深く覚えた。昔びとは、確実な表現を知らぬ。だが謂わば、――平野の里に感じた喜びは、過去生《かこしょう》に向けてのものであり、今此山を仰ぎ見ての驚きは、未来世《みらいせ》を思う心躍りだ、とも謂えよう。

塔はまだ、厳重にやらいを組んだまま、人の立ち入りが禁《いまし》めてあった。でも、ものに拘泥《こうでい》することを教えられて居ぬ姫は、何時の間にか、塔の初重《しょじゅう》の欄干に、自分のよりかかって居るのに気がついた。

そうして、しみじみと山に見入って居る。まるで瞳が、吸いこまれるように。山と自分とに繋る深い交渉を、又くり返し思い初めていた。

郎女の家は、奈良東城、右京三条第三坊にある。祖父《おおじ》武《む》智麻呂《ちまろ》のそこで亡くなって後、父が移り住んでからも、大分の年月になる。父は男壮《おとこざかり》には、横佩《よこはき》の大将《だいしょう》と謂われる程、一ふりの大刀のさげ方にも、工夫を凝らさずには居られぬだて者《もの》であった。なみの人の竪《たて》にさげて佩く大刀を、横えて吊る佩き方を案出した人である。新しい奈良の都の住人は、まだそうした官吏としての、華奢《かしゃ》な服装を趣向《この》むまでに到って居なかった頃、姫の若い父は、近代の時世装に思いを凝して居た。その家に観《たず》ねて来る古い留学生や、新来《いまき》の帰化僧などに問うことも、張文成《ちょうぶんせい》などの新作の物語りの類を、問題にするようなのとも、亦違うていた。

そうした闊達な、やまとごころの、赴くままにふるもうて居る間に、才《ざえ》優れた族人《うからびと》が、彼を乗り越して行くのに気がつかなかった。姫には叔父、彼――豊成には、さしつぎの弟、仲麻呂である。

その父君も、今は筑紫に居る。尠くとも、姫などは、そう信じて居た。家族の半以上は、太宰帥《だざいのそつ》のはなばなしい生活の装いとして、連れられて行っていた。宮廷から賜る資人《とねり》・傔仗《たち》も、大貴族の家の門地の高さを示すものとして、美々しく著飾られて、皆任地へついて行った。そうして、奈良の家には、その年は亦とりわけ、寂しい若葉の夏が来た。

寂かな屋敷には、響く物音もない時が、多かった。この家も世間どおりに、女部屋は、日あたりに疎い北の屋にあった。その西側に、小な蔀戸《しとみど》があって、其をつきあげると、方三尺位な牕《まど》になるように出来ている。そうして、其内側には、夏冬なしに簾《すだれ》が垂れてあって、戸のあげてある時は、外からの隙見を禦《ふせ》いだ。

それから外廻りは、家の広い外郭になって居て、大炊屋《おおいや》もあれば、湯殿火焼《ひた》き屋なども、下人の住いに近く、立っている。苑《その》と言われる菜畠や、ちょっとした果樹園らしいものが、女部屋の窓から見える、唯一の景色であった。

武智麻呂存生《ぞんじょう》の頃から、此屋敷のことを、世間では、南家と呼び慣して来ている。此頃になって、仲麻呂の威勢が高まって来たので、何となく其古い通称は、人の口から薄れて、其に替る称えが、行われ出した様だった。三条三坊をすっかり占めた大屋敷を、一垣内《ひとかきつ》――一字《ひとあざな》と見做して、横佩墻内《かきつ》と言う者が、著しく殖えて来たのである。

その太宰府からの音ずれが、久しく絶えたと思っていたら、都とは目と鼻の難波に、いつか還り住んで、遥かに筑紫の政を聴いていた師《そつ》の殿であった。其父君から遣された家の子が、一車《ひとくるま》に積み余るほどな家づとを、家に残った家族たち殊に、姫君にと言って、はこんで来た。

　山国の狭い平野に、一代一代都遷しのあった長い歴史の後、ここ五十年、やっと一つ処に落ちついた奈良の都は、其でもまだ、なかなか整うまでには、行って居なかった。

　官庁や、大寺が、にょっきりにょっきり、立っている外は、貴族の屋敷が、処々むやみに場をとって、その相間相間に、板屋や瓦屋が、交りまじりに続いている。其外は、広い水田と、畠と、存外多い荒蕪地の間に、人の寄りつかぬ塚や岩群《いわむら》が、ちらばって見えるだけであった。兎や、狐が、大路小路を駆け廻る様なことも、毎日のこと。つい此頃も、朱雀大路《しゅじゃくおおじ》の植え木の梢を、夜になると、鼯鼠《むささび》が飛び歩くと言うので、一騒ぎした位である。

　横佩家の郎女が、称讃浄土仏摂受経《しょうさんじょうどぶっしょうじゅぎょう》を写しはじめたのも、其頃からであった。父の心づくしの贈り物の中で、一番、姫君の心を饒《にぎ》やかにしたのは、此新訳の阿弥陀《あみだ》経一巻《きょういちかん》であった。

　国の版図の上では、東に偏り過ぎた山国の首都よりも、太宰府は、遥かに開けていた。大陸から渡る新しい文物は、皆一度は、この遠《とお》の宮廷《みかど》領を通過するのであった。唐から渡った書物などで、太宰府ぎりに、都まで出て来ないものが、なかなか多かった。

　学問や、芸術の味いを知り初めた志の深い人たちは、だから、大唐までは望まれぬこと、せめて太宰府へだけはと、筑紫下りを念願するほどであった。

　南家の郎女《いらつめ》の手に入った称讃浄土経も、大和一国の大寺《おおてら》と言う大寺に、まだ一部も蔵せられて居ぬものであった。

　姫は、蔀戸《しとみど》近くに、時としては机を立てて、写経をしていることもあった。夜も、侍女たちを寝静まらしてから、油火《あぶらび》の下で、一心不乱に書き写して居た。

　百部は、夙《はや》くに写し果した。その後は、千部手写《てうつし》の発願をした。冬は春になり、夏山と繁った春日山も、既に黄葉《もみじ》して、其がもう散りはじめた。蟋蟀《こおろぎ》は、昼も苑《その》一面に鳴くようになった。佐保川の水を堰《せ》き入れた庭の池には、遣《や》り水伝いに、川千鳥の啼く日すら、続くようになった。

　今朝も、深い霜朝を、何処からか、鴛鴦《おしどり》の夫婦鳥《つまどり》が来て浮んで居ります、と童女《わらわめ》が告げた。

　五百部を越えた頃から、姫の身は、目立ってやつれて来た。ほんの纔《わず》かの眠りをとる間も、ものに驚いて覚めるようになった。其でも、八百部の声を聞く時分になると、衰えたなりに、健康は定まって来たように見えた。やや蒼みを帯びた皮膚に、心もち細って見える髪が、愈々黒く映え出した。

八百八十部、九百部。郎女は侍女にすら、ものを言うことを厭うようになった。そうして、昼すら何か夢見るような目つきして、うっとり蔀戸ごしに、西の空を見入って居るのが、皆の目にたつほどであった。

実際、九百部を過ぎてからは筆も一向、はかどらなくなった。二十部・三十部・五十部。心ある女たちは、文字の見えぬ自身たちのふがいなさを悲しんだ。郎女の苦しみを、幾分でも分けることが出来ように、と思うからである。

南家の郎女が、宮から召されることになるだろうと言う噂が、京・洛外に広がったのも、其頃である。屋敷中の人々は、上《うえ》近く事《つか》える人たちから、垣内《かきつ》の隅に住む奴隷《やっこ》・婢奴《めやっこ》の末にまで、顔を輝かして、此とり沙汰を迎えた。でも姫には、誰一人其を聞かせる者がなかった。其ほど、此頃の郎女は気むつかしく、外目《よそめ》に見えていたのである。

千部手写の望みは、そうした大願から立てられたものだろう、と言う者すらあった。そして誰ひとり、其を否む者はなかった。

南家の姫の美しい膚は、益々透きとおり、潤んだ目は、愈々大きく黒々と見えた。そうして、時々声に出して誦《じゅ》する経の文《もん》が、物の音《ね》に譬えようもなく、さやかに人の耳に響く。聞く人は皆、自身の耳を疑うた。

去年の春分の日の事であった。入り日の光りをまともに受けて、姫は正座して、西に向って居た。日は、此屋敷からは、稍《やや》坤《ひつじさる》によった遠い山の端《は》に沈むのである。西空の棚雲の紫に輝く上で、落日は俄かに転《くるめ》き出した。その速さ。雲は炎になった。日は黄金《おうごん》の丸《まるがせ》になって、その音も聞えるか、と思うほど鋭く廻った。雲の底から立ち昇る青い光りの風――、姫は、じっと見つめて居た。やがて、あらゆる光りは薄れて、雲は霽《は》れた。夕闇の上に、目を疑うほど、鮮やかに見えた山の姿。二上山である。その二つの峰の間に、ありありと荘厳《しょうごん》な人の俤が、瞬間顕れて消えた。後《あと》は、真暗な闇の空である。山の端も、雲も何もない方に、目を凝して、何時までも端坐して居た。

郎女の心は、其時から愈々澄んだ。併し、極めて寂しくなり勝《まさ》って行くばかりである。

ゆくりない日が、半年の後に再来て、姫の心を無上《むしょう》の歓喜に引き立てた。其は、同じ年の秋、彼岸中日の夕方であった。姫は、いつかの春の日のように、坐していた。朝から、姫の白い額の、故もなくひよめいた長い日の、後《のち》である。二上山の峰を包む雲の上に、中秋の日の爛熟《らんじゅく》した光りが、くるめき出したのである。雲は火となり、日は八尺の鏡と燃え、青い響きの吹雪を、吹き捲く嵐――。

雲がきれ、光りのしずまった山の端は、細く金の外輪を靡かして居た。其時、男嶽・女嶽の峰の間に、ありありと浮き出た　髪　頭　肩　胸――。

姫は又、あの俤を見ることが、出来たのである。

南家の郎女の幸福な噂が、春風に乗って来たのは、次の春のことであった。姫は別様の心躍りを、一月も前から感じて居た。そうして、日を数《と》り初めて、ちょうど、今日と言う日。彼岸中日、春分の空が、朝から晴れて、雲雀は天に翔り過ぎて、帰ることの出来ぬほど、青雲が深々とたなびいて居た。郎女は、九百九十九部を写し終えて、千部目にとりついて居た。

日一日、のどかな温い春であった。経巻の最後の行、最後の字を書きあげて、ほっと息をついた。あたりは俄かに、薄暗くなって居る。目をあげて見る蔀窓《しとみど》の外には、しとしとと――音がしたたって居るではないか。姫は立って、手ずから簾をあげて見た。雨。

苑の青菜が濡れ、土が黒ずみ、やがては瓦屋にも、音が立って来た。

姫は、立っても坐《い》ても居られぬ、焦躁に悶えた。併し日は、益々暗くなり、夕暮れに次いで、夜が来た。

茫然として、姫はすわって居る。人声も、雨音も、荒れ模様に加って来た風の響きも、もう、姫は聞かなかった。

七

南家の郎女の神隠しに遭ったのは、其夜であった。家人は、翌朝空が霽れ、山々がなごりなく見えわたる時まで、気がつかずに居た。

横佩墻内《よこはきかきつ》に住む限りの者は、男も、女も、上《うわ》の空になって、洛中洛外を馳せ求めた。そうした奔《はし》り人《びと》の多く見出される場処と言う場処は、残りなく捜された。春日山の奥へ入ったものは、伊賀境までも踏み込んだ。高円山の墓原も、佐紀の沼地・雑木原も、又は、南は山村《やまむら》、北は奈良山、泉川の見える処まで馳せ廻って、戻る者も戻る者も、皆空足《からあし》を踏んで来た。

姫は、何処をどう歩いたか、覚えがない。唯家を出て、西へ西へと辿って来た。降り募るあらしが、姫の衣を濡した。姫は、誰にも教わらずに、裾を脛《はぎ》まであげた。風は、姫の髪を吹き乱した。姫は、いつとなく、髻《もとどり》をとり束ねて、襟から着物の中に、含《くく》み入れた。夜中になって、風雨が止み、星空が出た。

姫の行くてには常に、二つの峰の並んだ山の立ち姿がはっきりと聳えて居た。毛孔の竪《た》つような畏しい声を、度々聞いた。ある時は、鳥の音であった。其後、頻りなく断続したのは、山の獣の叫び声であった。大和の内も、都に遠い広瀬・葛城あたりには、人居などは、ほんの忘れ残りのように、山陰などにあるだけで、あとは曠野。それに――、本村《ほんむら》を遠く離れた、時はずれの、人棲まぬ田居《たい》ばかりである。

片破れ月が、上《あが》って来た。其が却て、あるいている道の辺《ほとり》の凄さを照し出した。其でも、星明りで辿って居るよりは、よるべを覚えて、足が先へ先へと出た。月が中天へ来ぬ前に、もう東の空が、ひいわり白んで来た。

夜のほのぼの明けに、姫は、目を疑うばかりの現実に行きあった。――横佩家の侍女たちは何時も、夜の起きぬけに、一番最初に目撃した物事で、日のよしあしを、占って居るようだった。そう言う女どものふるまいに、特別に気は牽《ひ》かれなかった郎女だけれど、よく其人々が、今朝の朝《あさ》目《め》がよかったから、何と言う情ない朝目であろうなどと、そわそわと興奮したり、むやみに塞ぎこんだりして居るのを、見聞きしていた。

郎女は、生れてはじめて、「朝目よく」と謂った語を、内容深く感じたのである。目の前に赤々と、丹塗《にぬ》りに照り輝いて、朝日を反射して居るのは、寺の大門ではないか。そうして、門から、更に中門が見とおされて、此もおなじ丹塗りに、きらめいて居る。

山裾の勾配に建てられた堂・塔・伽藍は、更に奥深く、朱《あけ》に、青に、金色に、光りの棚雲を、幾重にもつみ重ねて見えた。朝目のすがしさは、其ばかりではなかった。其寂寞たる光りの海から、高く抽《ぬき》でて見える二上の山。

淡海公《たんかいこう》の孫、大織冠《たいしょくかん》には曾孫。藤氏族長太宰帥、南家《なんけ》の豊成、其第一嬢子《だいいちじょうし》なる姫である。屋敷から、一歩はおろか、女部屋を膝行《いざ》り出ることすら、たまさかにもせぬ、郎女のことである。順道《じゅんとう》ならば、今頃は既に、藤原の氏神河内の枚岡《ひらおか》の御神《おんかみ》か、春日の御社《みやしろ》に、巫女《みこ》の君として仕えている筈である。家に居ては、男を寄せず、耳に男の声も聞かず、男の目を避けて、仄暗い女部屋に起き臥ししている人である。世間の事は、何一つ聞き知りも、見知りもせぬようにおうしたてられて来た。

寺の浄域が、奈良の内外《うちと》にも、幾つとあって、横佩墻内と讃えられている屋敷よりも、もっと広大なものだ、と聞いて居た。そうでなくても、経文の上に伝えた浄土の荘厳をうつすその建て物の様は、想像せぬではなかった。だが目《ま》のあたり見る尊さは、唯息を呑むばかりであった。之に似た驚きの経験は、曾て一度したことがあった。姫は今、其を思い起して居る。簡素と豪奢との違いこそあれ、驚きの歓喜は、印象深く残っている。

今の太上天皇様が、まだ宮廷の御あるじで居させられた頃、八歳の南家の郎女は、童女《わらわめ》として、初の殿上《てんじょう》をした。穆々《ぼくぼく》たる宮の内の明りは、ほのかな香気を含んで、流れて居た。昼すら真夜《まよ》に等しい、御帳台《みちょうだい》のあたりにも、尊いみ声は、昭々《しょうしょう》と珠を揺るように響いた。物わきまえもない筈の、八歳の童女が感泣した。

「南家には、惜しい子が、女になって生れたことよ」と仰せられた、と言う畏れ多い風聞が、暫らく貴族たちの間に、くり返された。其後十二年、南家の娘は、二十《はたち》になってい た。幼いからの聡《さと》さにかわりはなくて、玉・水精《すいしょう》の美しさが益々加って来たとの噂が、年一年と高まって来る。

姫は、大門の閾《しきみ》を越えながら、童女殿上の昔の畏《かしこ》さを、追想して居たのである。長い甃道《いしきみち》を踏んで、中門に届く間にも、誰一人出あう者がなかった。恐れを知らず育てられた大貴族の郎女は、虔《つつま》しく併しのどかに、御堂々々を拝んで、岡の東塔に来たのである。

ここからは、北大和の平野は見えぬ。見えたところで、郎女は、奈良の家を考え浮べることも、しなかったであろう。まして、家人たちが、神隠しに遭うた姫を、探しあぐんで居ようなどとは、思いもよらなかったのである。唯うっとりと、塔の下《もと》から近々と仰ぐ、二上山の山肌に、現し世の目からは見えぬ姿を惟《おも》い観ようとして居るのであろう。

此時分になって、寺では、人の動きが繁くなり出した。晨朝《じんちょう》の勤めの間も、うとうととして居た僧たちは、爽やかな朝の眼を睜《みひら》いて、食堂《じきどう》へ降りて行った。奴婢《ぬひ》は、其々もち場持ち場の掃除を励む為に、ようべの雨に洗ったようになった、境内の沙地《すなじ》に出て来た。

そこにござるのは、どなたぞな。

岡の陰から、恐る恐る頭をさし出して問うた一人の寺奴《やっこ》は、あるべからざる事を見た様に、自分自身を咎めるような声をかけた。女人の身として、這入ることの出来ぬ結界を犯していたのだった。姫は答えよう、とはせなかった。又答えようとしても、こう言う時に使う語には、馴れて居ぬ人であった。

若し又、適当な語を知って居たにしたところで、今はそんな事に、考えを紊《みだ》されては、ならぬ時だったのである。姫は唯、山を見ていた。依然として山の底に、ある俤を観じ入っているのである。寺奴は、二言とは問いかけなかった。一晩のさすらいでやつれては居ても、服装から見てすぐ、どうした身分の人か位の判断は、つかぬ筈はなかった。又暫らくして、四五人の跫音《あしあと》が、びたびたと岡へ上って来た。年のいったのや、若い僧たちが、ばらばらと走って、塔のやらいの外まで来た。

ここまで出て御座れ。そこは、男でも這入るところではない。女人《にょにん》は、とっとと出てお行きなされ。

姫は、やっと気がついた。そうして、人とあらそわぬ癖のつけられた貴族の家の子は、重い足を引きながら、竹垣の傍まで来た。

見れば、奈良のお方そうなが、どうして、そんな処にいらっしゃる。

それに又、どうして、ここまでお出でだった。伴の人も連れずに――。

口々に問うた。男たちは、咎める口とは別に、心はめいめい、貴い女性をいたわる気持ちになって居た。

山をおがみに……。

まことに唯一詞《ひとこと》。当の姫すら思い設けなんだ詞《ことば》が、匂うが如く出た。

貴族の家庭の語と、凡下《ぼんげ》の家々の語とは、すっかり変って居た。だから言い方も、感じ方も、其うえ、語其ものさえ、郎女の語が、そっくり寺の所化輩《しょけはい》には、通じよう筈がなかった。

でも其でよかったのである。其でなくて、語の内容が、其まま受けとられようものなら、南家の姫は、即座に気のふれた女、と思われてしまったであろう。

それで、御館《みたち》はどこぞな。

みたち……。

おうちは……。

おうち……。

おやかたは、と問うのだよ――。

おお。家かや。右京藤原南家……。

俄然として、群集の上にざわめきが起った。四五人だったのが、あとから後から登って来た僧たちも加えて、二十人以上にもなって居た。其が、口々に喋り出したものである。

ようべの嵐に、まだ残りがあったと見えて、日の明るく照って居る此小昼《こびる》に、又風が、ざわつき出した。この岡の崎にも、見おろす谷にも、其から二上山へかけての尾根尾根にも、ちらほら白く見えて、花の木がゆすれて居る。山の此方《こなた》にも小桜の花が、咲き出したのである。

此時分になって、奈良の家では、誰となく、こんな事を考えはじめていた。此はきっと、里方の女たちのよくする、春の野遊びに出られたのだ。――何時からとも知らぬ、習しである。春秋の、日と夜と平分《へいぶん》する其頂上に当る日は、一日、日の影を逐うて歩く風が行われて居た。どこまでもどこまでも、野の果て、山の末、海の渚まで、日を送って行く女衆が多かった。そうして、夜に入ってくたくたになって、家路を戻る。此為来《ぎょう》りを何時となく、女たちの咄すのを聞いて、姫が、女の行として、この野遊びをする気になられたのだ、と思ったのである。こう言う、考えに落ちつくと、ありようもない考えだと訣って居ても、皆の心が一時、ほうと軽くなった。

ところが、其日も昼さがりになり、段々夕光《ゆうかげ》の、催して来る時刻が来た。昨日は、駄目になった日の入りの景色が、今日は中日《ちゅうにち》にも劣るまいと思われる華やかさで輝いた。横佩家の人々の心は、再重くなって居た。

八

奈良の都には、まだ時おり、石城《しき》と謂われた石垣を残して居る家の、見かけられた頃である。度々の太政官符《だいじょうがんぷ》で、其を家の周りに造ることが、禁ぜられて来た。今では、宮廷より外には、石城を完全にとり廻した豪族の家などは、よくよくの地方でない限りは、見つからなくなって居る筈なのである。

其に一つは、宮廷の御在所が、御一代御一代に替って居た千数百年の歴史の後に、飛鳥の都は、宮殿の位置こそ、数町の間をあちこちせられたが、おなじ山河一帯の内にあった。其で凡《およそ》、都遷しのなかった形になったので、後から後から地割りが出来て、相応な都城《とじょう》の姿は備えて行った。其数朝の間に、旧族の屋敷は、段々、家構えが整うて来た。

葛城に、元のままの家を持って居て、都と共に一代ぎりの、屋敷を構えて居た蘇我臣《そがのおみ》なども、飛鳥の都では、次第に家作りを拡げて行って、石城なども高く、幾重にもとり廻して、凡永久の館作りをした。其とおなじ様な気持ちから、どの氏でも、大なり小なり、そうした石城づくりの屋敷を構えるようになって行った。

蘇我臣一流《ひとなが》れで最栄えた島の大臣家《おとどけ》の亡びた時分から、石城の構えは禁《と》められ出した。

この国のはじまり、天から授けられたと言う、宮廷に伝わる神の御詞《みことば》に背く者は、今もなかった。が、書いた物の力は、其が、どのように由緒のあるものでも、其ほどの威力を感じるに到らぬ時代が、まだ続いて居た。

其飛鳥の都も、高天原広野姫尊様《たかまのはらひろぬひめのみことさま》の思召しで、其から一里北の藤井が原《はら》に遷され、藤原の都と名を替えて、新しい唐《もろこし》様《よう》の端正《きらきら》しさを尽した宮殿が、建ち並ぶ様になった。近い飛鳥から、新渡来《いまき》の高麗《こま》馬に跨って、馬上で通う風流士《たわれお》もあるにはあったが、多くはやはり、鷺栖《さぎす》の阪の北、香具山の麓から西へ、新しく地割りせられた京城《けいじよう》の坊々《まちまち》に屋敷を構え、家造りをした。その次の御代になっても、藤原の都は、日に益し、宮殿が建て増されて行って、ここを永宮《とこみや》と遊ばす思召しが、伺われた。その安堵の心から、家々の外には、石城を廻すものが、又ぼつぼつ出て来た。そうして、そのはやり風俗が、見る見るうちに、また氏々の族長の家囲いを、あらかた石にしてしまった。その頃になって、天真宗豊祖父尊様《あめまむねとよおおじのみことさま》がおかくれになり、御母《みおや》日本根子《やまとねこ》天津御代豊国成姫《あまつみよとよくになすひめ》の大尊様《おおみことさま》がお立ち遊ばした。その四年目思いもかけず、奈良の都に宮遷しがあった。ところがまるで、追っかけるように、藤原の宮は固より、目ぬきの家並みが、不意の出火で、其こそ、あっと言う間に、痕形もなく、空《そら》の有《もの》となってしまった。もう此頃になると、太政官《だいじようがん》符《ぷ》に、更に厳《きび》しい添書《ことわき》がついて出ずとも、氏々の人は皆、目の前のすばやい人事自然の交錯した転変に、目を瞠《みは》るばかりであったので、久しい石城の問題も、其で、解決がついて行った。

古い氏種姓《うじすじよう》を言い立てて、神代以来の家職の神聖を誇った者どもは、其家職自身が、新しい藤原奈良の都には、次第に意味を失って来ている事に、気がついて居なかった。

最早くそこに心づいた、姫の祖父淡海公などは、古き神秘を誇って来た家職を、末代まで伝える為に、別に家を立てて中臣の名を保とうとした。そうして、自分・子供ら・孫たちと言う風に、いちはやく、新しい官人《つかさびと》の生活に入り立って行った。

ことし、四十を二つ三つ越えたばかりの大伴家持《おおとものやかもち》は、父旅人《たびと》の其年頃よりは、もっと優れた男ぶりであった。併し、世の中はもう、すっかり変って居た。見るもの障《さわ》るもの、彼の心を苛《いら》つかせる種にならぬものはなかった。淡海公の、小百年前に実行して居る事に、今はじめて自分の心づいた鈍《おぞ》ましさが、憤らずに居られなかった。そうして、自分とおなじ風の性向の人の成り行きを、まざまざと見て、慄然とした。現に、時に誇る藤原びとでも、まだ昔風の夢に泥《なず》んで居た南家の横佩右大臣は、さきおととし、太宰員外《だざいのいんがい》帥《のそつ》に貶《おと》されて、都を離れた。そうして今は、難波で謹慎しているではないか。自分の親旅人も、三十年前に踏んだ道である。

世間の氏上家《うじのかみけ》の主人《あるじ》は、大方もう、石城《しき》など築き廻《まわ》して、大門小門を繋ぐと謂った要害と、装飾とに、興味を失いかけて居るのに、何とした自分だ。おれはまだ現に、出来るなら、宮廷のお目こぼしを頂いて、石に囲われた家の中で、家の子どもを集め、氏人たちを召《よ》びつどえて、弓場《ゆば》に精励させ、棒術《ほこゆけ》・大刀かきに出精《しゅつせい》させよう、と謂ったことを空想して居る。そうして年々《としどし》頻繁に、氏神其外の神々を祭っている。其度毎に、家の語部大伴語造《おおとものかたりのみやつこ》の嫗《おうな》たちを呼んで、之に捉《つかま》え処もない昔代《むかしよ》の物語りをさせて、氏人に傾聴を強いて居る。何だか、空《くう》な事に力を入れて居たように思えてならぬ寂しさだ。

だが、其氏神祭りや、祭りの後宴《ごえん》に、大勢の氏人の集ることは、とりわけやかましく言われて来た、三四年以来の法度《はっと》である。

こんな溜め息を洩しながら、大伴氏の旧い習しを守って、どこまでも、宮廷守護の為の武道の伝襲に、努める外はない家持だったのである。

越中守として踏み歩いた越路の泥のかたが、まだ行縢《むかばき》から落ちきらぬ内に、もう復《また》、都を離れなければならぬ時の、迫って居るような気がして居た。其中、此針の筵の上で、兵部少輔《ひょうぶしょう》から、大輔《たいふ》に昇進した。そのことすら、益々脅迫感を強める方にばかりはたらいた。

今年五月にもなれば、東大寺の四天王像の開眼が行われる筈で、奈良の都の貴族たちには、すでに寺から内見を願って来て居た。そうして、忙しい世の中にも、暫らくはその評判が、すべてのいざこざをおし鎮める程に、人の心を浮き立たした。本朝出来の像としてはまず、此程物凄い天《てん》部《ぶ》の姿を拝んだことは、はじめてだ、と言うものもあった。神代の荒神《あらがみ》たちも、こんな形相でおありだったろう、と言う噂も聞かれた。

まだ公《おおやけ》の供養もすまぬのに、人の口はうるさいほど、頻繁に流説をふり撒いていた。あの多聞天と、広目天との顔つきに、思い当るものがないか、と言うのであった。此はここだけの咄だよ、と言って話したのが、次第に広まって、家持の耳までも聞えて来た。なるほど、憤怒の相もすさまじいにはすさまじいが、あれがどうも、当今大倭《やまと》一だと言われる男たちの顔、そのままだと言うのである。貴人は言わぬ、こう言う種類の噂は、えて供をして見て来た道々の博士《はかせ》たちと謂った、心蔑《さも》しいものの、言いそうな事である。

多聞天は、大師《たいし》藤原恵美《ふじわらのえみ》中卿《ちゅうけい》だ。あの柔和な、五十を越してもまだ、三十代の美しさを失わぬあの方が、近頃おこりっぽくなって、よく下官や、仕え人を叱るようになった。あの円満《うま》し人《びと》が、どうしてこんな顔つきになるだろう、と思われる表情をすることがある。其面《おも》もちそっくりだ、と尤らしい言い分なのである。

　そう言えば、あの方が壮盛《わかざか》りに、棒術《ほこゆけ》を嗜《この》んで、今にも事あれかしと謂った顔で、立派な甲《よろい》をつけて、のっしのっしと長い物を杖《つ》いて歩かれたお姿が、あれを見ていて、ちらつくようだなど、と相槌をうつ者も出て来た。

　其では、広目天の方はと言うと、

　さあ、其がの――。

と誰に言わせても、ちょっと言い渋るように、困った顔をして見せる。

　実は、ほんの人の噂だがの。噂だから、保証は出来ぬがの。義淵僧正の弟子の道鏡法師に、似てるぞなと言うがや。……けど、他人《ひと》に言わせると、――あれはもう、二十幾年にもなるかいや――筑紫で伐《う》たれなされた前太宰少弐《ぜんだざいのしょうに》―藤原広嗣―の殿に生写《しょううつ》しじゃ、とも言うがいよ。

　わしにも、どちらとも言えんがの。どうでも、見たことのあるお人に似て居さっしゃるには、似ていさっしゃるげなが……。

　何しろ、此二つの天部が、互に敵視するような目つきで、睨みあって居る。噂を気にした住侶たちが、色々に置き替えて見たが、どの隅からでも、互に相手の姿を、眦《まなじり》を裂いて見つめて居る。とうとうあきらめて、自然にとり沙汰の消えるのを待つより為方がない、と思うようになったと言う。

　若しや、天下に大乱でも起らなければええが――。

こんな囁《つぶや》きは、何時までも続きそうに、時と共に倦《う》まずに語られた。

　前少弐殿でなくて、弓削《ゆげ》新発意《しんぼち》の方であってくれれば、いっそ安心だがなあ。あれなら、事を起しそうな房主でもなし。起したくても、起せる身分でもないじゃまで――。

　言いたい傍題《ほうだい》な事を言って居る人々も、たった此一つの話題を持ちあぐね初めた頃、噂の中の大師恵《え》美朝臣《みのあそん》の姪の横佩家の郎女《いらつめ》が、神隠しに遭うたと言う、人の口の端に、旋風《つじかぜ》を起すような事件が、湧き上ったのである。

九

兵部大輔《ひょうぶたいふ》大伴ノ家持は、偶然この噂を、極めて早く耳にした。ちょうど、春分から二日目の朝、朱雀大路を南へ、馬をやって居た。二人ばかりの資人《とねり》が徒歩《かち》で、驚くほどに足早について行く。此は、晋唐の新しい文学の影響を、受け過ぎるほど享《う》け入れた文人かたぎの彼には、数年来珍しくもなくなった癖である。こうして、何処まで行くのだろう。唯、朱雀の並み木の柳の花がほほけて、霞のように飛んで居る。向うには、低い山と、細長い野が、のどかに陽炎《かげろ》うばかりである。

資人の一人が、とっとと追いついて来たと思うと、主人の鞍《くら》に顔をおしつける様にして、新しい耳を聞かした。今行きすごうた知り人の口から、聞いたばかりの噂である。

それで、何か——。娘御の行くえは知れた、と言うのか。

はい……。いいえ。何分、その男がとり急いで居りまして。

この間抜け。話はもっと上手に聴くものだ。

柔らかく叱った。そこへ今《も》一人の伴《とも》が、追いついて来た。息をきらしている。

ふん。汝《わけ》は聞き出したね。南家《なんけ》の嬢子《おとめ》は、どうなった——。

出端《でばな》に油かけられた資人は、表情に隠さず心の中を表した此頃の人の、自由な咄し方で、まともに鼻を蠢《うごめが》して語った。

当麻の邑まで、おととい夜《よ》の中に行って居たこと、寺からは、昨日午後横佩墻内《かきつ》へ知らせが届いたこと。其外には、何も聞きこむ間のなかったことまで。家持の連想は、環のように繋って、暫らくは、馬の上から見る、街路も、人通りも、唯、物として通り過ぎるだけであった。

南家で持って居た藤原の氏上職《うじのかみ》が、兄の家から、弟仲麻呂——押勝——の方へ移ろうとしている。来年か、再来年《さらいねん》の枚岡《ひらおか》祭りに、参向する氏人の長者は、自然かの大師のほか、人がなくなって居る。恵美家《えみけ》からは、嫡子久須麻呂《くすまろ》の為、自分の家の第一嬢子をくれとせがまれて居る。先日も、久須麻呂の名の歌が届き、自分の方でも、娘に代って返し歌を作って遣した。今朝も今朝、又折り返して、男からの懸想文《けそうぶみ》が、来ていた。

その婿候補《むこがね》の父なる人は、五十になっても、若かった頃の容色に頼む心が失せずにいて、兄の家娘にも執心は持って居るが、如何に何でも、あの郎女だけには、とり次げないで居る。此は、横佩家へも出入りし、大伴家へも初中終《しょっちゅう》来る古刀自《ふるとじ》の、人のわるい内証話であった。其を聞いて後、家持自身も、何だか好奇心に似たものが、どうかすると頭を擡《もた》げて来て困った。仲麻呂は今年、五十を出ている。其から見れば、ひとまわりも若いおれなどは、思い出にもう一度、此匂《におい》やかな貌花《かおばな》を、垣内《かきつ》の坪《つぼ》苑に移せぬ限りはない。こんな当時の男が、皆持った心おどりに、はなやいだ、明るい気がした。

だが併し、あの郎女は、藤原四家の系統《すじ》で一番、神《かん》さびたたちを持って生れた、と謂われる娘御である。今、枚岡の御神《おんかみ》に仕えて居る斎《いつ》き姫《ひめ》の罷《や》める時が来ると、あの嬢子《おとめ》が替って立つ筈だ。其で、貴い所からのお召しにも応じかねて居るのだ。……結局、誰も彼も、あきらめねばならぬ時が来るのだ。神の物は、神の物――。横佩家の娘御は、神の手に落ちつくのだろう。

ほのかな感傷が、家持の心を浄めて過ぎた。おれは、どうもあきらめが、よ過ぎる。十《とお》を出たばかりの幼さで、母は死に、父は疾んで居る太宰府へ降って、夙《はや》くから、海の彼方《あなた》の作り物語りや、唐詩《もろこしうた》のおかしさを知り初《そ》めたのが、病みつきになったのだ。死んだ父も、そうした物は、或は、おれよりも嗜《す》きだったかも知れぬほどだが、もっと物に執《しゅう》著《じゃく》が深かった。現に、大伴の家の行く末の事なども、父はあれまで、心を悩まして居た。おれも考えれば、たまらなくなって来る。其で、氏人を集めて喩《さと》したり、歌を作って訓諭して見たりする。だがそうした後の気持ちの爽やかさは、どうしたことだ。洗い去った様に、心が、すっとしてしまうのだった。まるで、初めから家の事など考えて居なかった、とおなじすがすがしい心になってしまう。

あきらめと言う事を、知らなかった人ばかりではないか。……昔物語りに語られる神でも、人でも、傑《すぐ》れた、と伝えられる限りの方々は――。それに、おれはどうしてこうだろう。

家持の心は併し、こんなに悔恨に似た心持ちに沈んで居るに繫らず、段々気にかかるものが、薄らぎ出して来ている。

ほう　これは、京極《きょうはて》まで来た。

朱雀大路も、ここまで来ると、縦横に通る地割りの太い路筋ばかりが、白々として居て、どの区画にも区画にも、家は建って居ない。去年の草の立ち枯れたのと、今年生えて稍《やや》茎を立て初めたのとがまじりあって、屋敷地から喰《は》み出し、道の上までも延びて居る。

こんな家が――。

驚いたことは、そんな草原の中に、唯一つ大きな構えの家が、建ちかかって居る。遅い朝を、もう余程、今日の為事に這入ったらしい木の道の者たちが、骨組みばかりの家の中で、立ちはたらいて居るのが見える。家の建たぬ前に、既に屋敷廻りの地形《じぎょう》が出来て、見た目にもさっぱりと、垣をとり廻して居る。

土を積んで、石に代えた垣、此頃言い出した築土垣《つきひじがき》というのは、此だな、と思って、じっと目をつけて居た。見る見る、そうした新しい好尚《このみ》のおもしろさが、家持の心を奪うてしまった。

築土垣の処々に、きりあけた口があって、其に、門が出来て居た。そうして、其処から、頻りに人が繋って出て来て、石を曳く。木を搬《も》つ。土を搬び入れる。重苦しい石《し》城《き》。懐しい昔構え。今も、家持のなくなしたくなく考えている屋敷廻りの石垣が、思うてもたまらぬ重圧となって、彼の胸に、もたれかかって来るのを感じた。

おれには、だが、この築土垣を択《と》ることが出来ぬ。

家持の乗馬《じょうめ》は再、憂鬱に閉された主人を背に、引き返して、五条まで上って来た。此辺から、右京の方へ折れこんで、坊角《まちかど》を廻りくねりして行く様子は、此主人に馴れた資人たちにも、胸の測られぬ気を起させた。二人は、時々顔を見合せ、目くばせをしながら尚、了解が出来ぬ、と言うような表情を交しかわし、馬の後を走って行く。

こんなにも、変って居たのかねえ。

ある坊角に来た時、馬をぴたと止めて、独り言のように言った。

……旧草《ふるくさ》に　新草《にひくさ》まじり、生ひば　生ふるかに――だな。

近頃見つけた歌儛所《かぶしょ》の古記録「東歌《あずまうた》」の中に見た一首が、ふと、此時、彼の言いたい気持ちを、代作して居てくれていたように、思い出された。

そうだ。「おもしろき野《ぬ》をば　勿《な》焼きそ」だ。此でよいのだ。

けげんな顔を仰《あおむ》けている伴人《ともびと》らに、柔和な笑顔を向けた。

そうは思わぬか。立ち朽《ぐさ》りになった家の間に、どしどし新しい屋敷が出来て行く。都は何時までも、家は建て詰まぬが、其でもどちらかと謂えば、減るよりも殖えて行っている。此辺は以前、今頃になると、蛙めの、あやまりたい程鳴く田の原が、続いてたもんだ。

仰るとおりで御座ります。春は蛙、夏はくちなわ、秋は蝗《いなご》まろ。此辺はとても、歩けたところでは、御座りませんでした。

今一人が言う。

建つ家もたつ家も、この立派さは、まあどうで御座りましょう。其に、どれも此も、此頃急にはやり出した築土垣《つきひじがき》を築きまわしまして。何やら、以前とはすっかり変った処に、参った気が致します。

馬上の主人も、今まで其ばかり考えて居た所であった。だが彼の心は、瞬間明るくなって、先年三形王《みかたのおおきみ》の御殿での宴《うたげ》に誦《くちずさ》んだ即興が、その時よりも、今はっきりと内容を持って、心に浮んで来た。

うつり行く時見る毎に、心疼《いた》く　昔の人し　思ほゆるかも

目をあげると、東の方春日の杜《もり》は、谷陰になって、ここからは見えぬが、御蓋《みかさ》山・高円《たかまど》山一帯、頂が晴れて、すばらしい春日和になって居た。

あきらめがさせるのどけさなのだ、とすぐ気がついた。でも、彼の心のふさぎのむしは迹《あと》を潜めて、唯、まるで今歩いているのが、大日本《おおやまと》平城京《へいせいけい》の土ではなく、大唐《だいとう》長安の大道の様な錯覚の起って来るのが押えきれなかった。此馬がもっと、毛並みのよい純白の馬で、跨って居る自身も亦、若々しい二十代の貴公子の気がして来る。神々から引きついで来た、重苦しい家の歴史だの、夥しい数の氏人などから、すっかり截《き》り離されて、自由な空にかけって居る自分ででもあるような、豊かな心持ちが、暫らくは払っても払っても、消えて行かなかった。

おれは若くもなし。第一、海東の大日本人《おおやまとびと》である。おれには、憂鬱な家職が、ひしひしと、肩のつまるほどかかって居るのだ。こんなことを考えて見ると、寂しくてはかない気もするが、すぐに其は、自身と関係のないことのように、心は饒《にぎ》わしく和らいで来て、為方がなかった。

おい、汝《わけ》たち。大伴氏上家《うじのかみけ》も、築土垣を引き廻そうかな。

とんでもないことを仰せられます。

二人の声が、おなじ感情から迸り出た。

年の増した方の資人《とねり》が、切実な胸を告白するように言った。

私どもは、御譜第では御座りません。でも、大伴と言うお名は、御門《みかど》御垣《みかき》と、関係深い称えだ、と承って居ります。大伴家からして、門垣を今様にする事になって御覧《ごろう》じませ。御一族の末々まで、あなた様をお呪《のろ》い申し上げることで御座りましょう。其どころでは、御座りません。第一、ほかの氏々――大伴家よりも、ぐ

んと歴史の新しい、人の世になって初まった家々の氏人までが、御一族を蔑《ないがしろ》に致すことになりましょう。

こんな事を言わして置くと、折角澄みかかった心も、又曇って来そうな気がする。家持は忙《あわ》てて、資人の口を緘《と》めた。

うるさいぞ。誰に言う語《ことば》だと思うて、言うて居るのだ。やめぬか。雑談《じょうだん》だ。雑談を真に受ける奴が、あるものか。

馬はやっぱり、しっとしっとと、歩いて居た。築土垣築土垣。又、築土垣。こんなに何時の間に、家構えが替って居たのだろう。家持は、なんだか、晩《おそ》かれ早かれ、ありそうな気のする次の都――どうやらこう、もっとおっぴらいた平野の中の新京城《しんけいじょう》にでも、来ているのでないかと言う気が、ふとしかかったのを、危く喰いとめた。

築土垣　築土垣。もう、彼の心は動かなくなった。唯、よいとする気持ちと、よくないと思おうとする意思との間に、気分だけが、あちらへ寄りこちらへよりしているだけであった。

何時の間にか、平群《へぐり》の丘や、色々な塔を持った京西《きょうにし》の寺々の見渡される、三条辺の町尻に来て居ることに気がついた。

これはこれは。まだここに、残っていたぞ。

珍しい発見をしたように、彼は馬から身を飜《かえ》しておりた。二人の資人はすぐ、馳け寄って手綱を控えた。

家持は、門と門との間に、細かい柵をし囲らし、目隠しに枳殻《からたち》の叢生《やぶ》を作った家の外構えの一個処に、まだ石城《しき》が可なり広く、人丈にあまる程に築いてあるそばに、近寄って行った。

荒れては居るが、ここは横佩墻内《よこはきかきつ》だ。

そう言って、暫らく息を詰めるようにして、石垣の荒い面を見入って居た。

そうに御座ります。此石城からしてついた名の、横佩墻内だと申しますとかで、せめて一ところだけは、と強いてとり毀《こぼ》たないとか申します。何分、帥《そつ》の殿のお都入りまでは、何としても、此儘で置くので御座りましょう。さように、人が申し聞けました。はい。

何時の間にか、右京三条三坊まで来てしまっていたのである。

おれは、こんな処へ来ようと言う考えはなかったのに――。だが、やっぱり、おれにはまだまだ、若い色好みの心が、失せないで居るぞ。何だか、自分で自分をなだめる様な、反省らしいものが出て来た。

其にしても、静か過ぎるではないか。

さようで。で御座りますが、郎女のお行方も知れ、乳母どもも其方へ行ったとか、今も、人が申しましたから、落ちついたので御座りましょう。

詮索ずきそうな顔をした若い方が、口を出す。

いえ。第一、こんな場合は、騒ぐといけません。騒ぎにつけこんで、悪い魂《たま》や、霊《もの》が、うようよとつめかけて来るもので御座ります。この御館《みたち》も、古いおところだけに、心得のある長老《おとな》の一人や、二人は、難波へも下らずに、留守に居るので御座りましょう。

もうよいよい。では戻ろう。

十

おとめの閨戸《ねやど》をおとなう風《ふう》は、何も、珍しげのない国中の為来《しきた》りであった。だが其にも、曾《かつ》てはそうした風の、一切行われて居なかったことを、主張する村々があった。何時のほどにか、そうした村が、他村の、別々に守って来た風習と、その古い為来りとをふり替えることになったのだ、と言う。かき上る段になれば、何の雑作《ぞうさ》もない石城《しき》だけれど、あれを大昔からとり廻して居た村と、そうでない村とがあった。こんな風に、しかつめらしい説明をする宿老《とね》たちが、どうかすると居た。多分やはり、語部などの昔語りから、来た話なのであろう。踏み越えても這入れ相《そう》に見える石垣だが、大昔交《かわ》された誓いで、目に見えぬ鬼神《もの》から、人間に到るまで、あれが形だけでもある限り、入りこまぬ事になっている。こんな約束が、人と鬼神《もの》との間にあって後、村々の人は、石城の中に、ゆったりと棲むことが出来る様になった。そうでない村々では、何者でも、垣を躍り越えて這入って来る。其は、別の何かの為方《しかた》で、防ぐ外はなかった。祭りの夜でなくても、村なかの男は何の憚りなく、垣を踏み越えて処女《おとめ》の蔀戸《しとみど》をほとほとと叩く。石城を囲うた村には、そんなことは、一切なかった。だから、美《くわ》し女《め》の家に、奴隷《やっこ》になって住みこんだ古《いにしえ》の貴《あて》びともあった。娘の父にこき使われて、三年五年、いつか処女に会われよう、と忍び過した、身にしむ恋物語りもあるくらいだ。石城を掘り崩すのは、何処からでも鬼神《もの》に入りこんで来い、と呼びかけるのと同じことだ。京の年よりにもあったし、田舎の村々では、之を言い立てに、ちっとでも、石城を残して置こうと争うた人々が、多かったのである。

そう言う家々では、実例としていつもおなじ恐しい証拠を挙げた。卅年も昔、——天平八年厳命が降《くだ》って、何事も命令のはかばかしく行われぬのは、朝臣《ちょうしん》が先って行わぬからである。汝等《みましたち》進んで、石城を毀《こぼ》って、新京の時世装に叶うた家作りに改めよと、仰せ下された。藤氏四流の如き、今に旧態を易《か》えざるは、最其位に在るを顧みざるものぞ、とお咎《とが》めであった。此時一度、凡《すべて》、石城はとり毀たれたのである。ところが、其と時を同じくして、疱瘡《もがさ》がはやり出した。越えて翌年、益々盛んになって、四月北家を手初めに、京家・南家と、主人から、まず此時疫《じえき》に亡くなって、八月にはとうとう、式家の宇合卿《うまかいきょう》まで仆《たお》れた。家に、防ぐ筈の石城が失せたからだと、天下中の人が騒いだ。其でまた、とり壊した家も、ぼつぼつ旧《もと》に戻したりしたことであった。

　こんなすさまじい事も、あって過ぎた夢だ。けれどもまだ、まざまざと人の心に焼きついて離れぬ、現《うつつ》の恐しさであった。

　其は其として、昔から家の娘を守った邑々《むらむら》も、段々えたいの知れぬ村の風に感染《かま》けて、忍び夫《づま》の手に任せ傍題《ほうだい》にしようとしている。そうした求婚《つまどい》の風を伝えなかった氏々の間では、此は、忍び難い流行であった。其でも男たちは、のどかな風俗を喜んで、何とも思わぬようになった。が、家庭の中では、母・妻・乳母《おも》たちが、いまだにいきり立って、そうした風儀になって行く世間を、呪いやめなかった。

手近いところで言うても、大伴宿禰にせよ。藤原朝臣にせよ。そう謂う妻どいの式はなくて、数十代宮廷をめぐって、仕えて来た邑々のあるじの家筋であった。

　でも何時か、そうした氏々の間にも、妻迎えの式には、

八千矛の神のみことは、とおどおし、高志《こし》の国に、美《くは》し女《め》をありと聞かして、賢《さか》し女《め》をありと聞《きこ》して……

から謡い起す神語歌《かみがたりうた》を、語部に歌わせる風が、次第にひろまって来るのを、防ぎとめることが出来なくなって居た。

　南家の郎女《いらつめ》にも、そう言う妻覓《つまま》ぎ人が――いや人群《ひとむれ》が、とりまいて居た。唯、あの型ばかり取り残された石城の為に、何だか屋敷へ入ることが、物忌み――たぶう――を犯すような危殆《ひあい》な心持ちで、誰も彼も、柵まで、又、門まで来ては、かいまみしてひき還すより上の勇気が、出ぬのであった。

　通《かよ》わせ文《ぶみ》をおこすだけが、せめてものてだてで、其さえ無事に、姫の手に届いて、見られていると言う、自信を持つ人は、一人としてなかった。事実、大抵、女部屋の老女《とじ》たちが、引ったくって渡させなかった。そうした文のとりつぎをする若人《わこうど》――若女房――を呼びつけて、荒けなく叱って居る事も、度々見かけられた。

　其方《おもと》は、この姫様こそ、藤原の氏神にお仕え遊ばす、

清らかな常処女《とこおとめ》と申すのだ、と言うことを知らぬのかえ。神の咎めを憚るがええ。宮から恐れ多いお召しがあってすら、ふつにおいらえを申しあげぬのも、それ故だとは考えつかぬげな。やくたい者。とっとと失せたがよい。そんな文とりついだ手を、率川《いざかわ》の一の瀬で浄めて来くさろう。罰《ばち》知らずが……。

こんな風に、わなりつけられた者は、併し、二人や三人ではなかった。横佩家の女部屋に住んだり、通うたりしている若人は、一人残らず一度は、経験したことだと謂っても、うそではなかった。

だが、郎女は、ついに一度そんな事のあった様子も、知らされずに来た。

上つ方の郎女が、才《ざえ》をお習い遊ばすと言うことがおざりましょうか。それは近代《ちかつよ》、ずっと下《しも》ざまのおなごの致しはじめたことと承ります。父君がどう仰《おつしや》ろうとも、父御様《ててご》のおしつけは御一代。お家の習しは、神さまの御意趣《おむね》、とお思いつかわされませ。

氏の掟の前には、氏上《うじのかみ》たる人の考えをすら、否《いな》みとおす事もある姥たちであった。

其老女たちすら、郎女の天稟《てんぴん》には、舌を捲きはじめて居た。

もう、自身たちの教えることものうなった。

こう思い出したのは、数年も前からである。内に居る、身狭乳母《むさのちおも》・桃花鳥野乳母《つきぬのまま》・波田坂上刀自《はたのさかのえのとじ》、皆故知らぬ喜びの不安から、歎息し続けていた。時々伺いに出る中臣 志《なかとみのし》斐嫗《いのおうな》・三上水凝刀自女《みかみのみずこりのとじめ》なども、来る毎、目を見合せて、ほうっとした顔をする。どうしよう、と相談するような人たちではない。皆無言で、自分等の力の及ばぬ所まで来た、姫の魂の成長にあきれて、目をみはるばかりなのだ。

才《ざえ》を習うなと言うなら、まだ聞きも知らぬこと、教えて賜《たも》れ。

素直な郎女の求めも、姥たちにとっては、骨を刺しとおされるような痛さであった。

何を仰せられまする。以前から、何一つお教えなど申したことがおざりましょうか。目下《めした》の者が、目上のお方さまに、お教え申すと言うような考えは、神様がお聞き届けになりません。教える者は目上、ならう者は目下、と此が、神の代からの掟でおざりまする。

志斐嫗の負け色を救う為に、身狭乳母も口を挿む。

唯知った事を申し上げるだけ。其を聞きながら、御心がお育ち遊ばす。そう思うて、姥たちも、覚えただけの事は、郎女様のみ魂《たま》を揺《いぶ》る様にして、歌いもし、語りもして参りました。教えたなど仰っては私めらが、罰《ばち》を蒙らねばなりません。

こんな事をくり返して居る間に、刀自たちにも、自分らの恃む知識に対する、単純な自覚が出て来た。此は一層、郎女の望むままに、才を習した方が、よいのではないか、と言う気が、段々して来たのである。

まことに其為には、ゆくりない事が、幾重にも重り起っていた。姫の帳台の後から、遠くに居る父の心尽しだったと見えて、二巻の女手《おんなで》の写経らしい物が出て来た。姫にとっては、肉縁はないが、曾祖母《ひおおば》にも当る橘夫人の法華経、又其御胎《おはら》にいらせられる――筋から申せば、大叔母御《ご》にもお当り遊ばす、今の皇太后様の楽毅論《がっきろん》。此二つの巻物が、美しい装いで、棚を架《か》いた上に載せてあった。

横佩大納言と謂われた頃から、父は此二部を、自分の魂のように大事にして居た。ちょっと出る旅にも、大きやかな箱に納めて、一人分の資人《とねり》の荷として、持たせて行ったものである。其魂の書物を、姫の守りに留めておきながら、誰にも言わずにいたのである。さすがに我強《がづよ》い刀自たちも、此見覚えのある、美しい箱が出て来た時には、暫らく撲《うつ》たれたように、顔を見合せて居た。そうして後《のち》、後《あと》で恥しかろうことも忘れて、皆声をあげて泣いたものであった。

郎女は、父の心入れを聞いた。姥たちの見る目には、併し予期したような興奮は、認められなかった。唯一途《いちず》に素直に、心の底の美しさが匂い出たように、静かな、美しい眼で、人々の感激する様子を、驚いたように見まわして居た。

其からは、此二つの女手の「本《ほん》」を、一心に習いとおした。偶然は友を誘《ひ》くものであった。一月も立たぬ中の事である。早く、此都に移って居た飛鳥寺《あすかでら》――元興寺《がんこうじ》――から巻数《かんず》が届けられた。其には、難波にある帥の殿の立願《りゅうがん》によって、仏前に読誦した経文の名目が、書き列ねてあった。其に添えて、一巻の縁起文が、此御館《みたち》へ届けられたのである。

父藤原豊成朝臣、亡父贈太政大臣七年の忌みに当る日に志を発《おこ》して、書き綴った「仏本伝来記」を、其後二年立って、元興寺へ納めた。飛鳥以来、藤原氏とも関係の深かった寺なり、本尊なのである。あらゆる念願と、報謝の心を籠めたもの、と言うことは察せられる。其一巻が、どう言う訣《わけ》か、二十年もたってゆくりなく、横佩家へ戻って来たのである。

郎女の手に、此巻が渡った時、姫は端近く膝行《いざ》り出て、元興寺の方を礼拝した。其後で、難波とやらは、どちらに当るかえ。

と尋ねて、示す方角へ、活き活きした顔を向けた。其目からは、珠数の珠の水精《すいしょう》のような涙が、こぼれ出ていた。

其からと言うものは、来る日もくる日も、此元興寺の縁起文を手写した。内典・外典其上に又、大日本《おおやまと》びとなる父の書いた文《もん》。指から腕、腕から胸、胸から又心へ、沁み沁みと深く、魂を育てる智慧の這入って行くのを、覚えたのである。

大日本日《おおやまとひ》高見《たかみ》の国。国々に伝わるありとある歌諺《うたことわざ》、又其旧辞《もとつごと》。第一には、中臣の氏の神語り。藤原の家の古物語り。多くの語り詞《ごと》を、絶えては考え継ぐ如く、語り進んでは途切れ勝ちに、呪々《のろのろ》しく、くねくねしく、独り語りする語部や、乳母《おも》や、嚼母《まま》たちの唱える詞が、今更めいて、寂しく胸に蘇って来る。

おお、あれだけの習しを覚える、ただ其だけで、此世に生きながらえて行かねばならぬみずからであった。

父に感謝し、次には、尊い大叔母君、其から見ぬ世の曾《おお》祖母《おば》の尊に、何とお礼申してよいか、量り知れぬものが、心にたぐり上げて来る。だがまず、父よりも誰よりも、御礼申すべきは、み仏である。この珍貴《うず》の感覚《さとり》を授け給う、限り知られぬ愛《めぐ》みに充ちたよき人が、此世界の外に、居られたのである。郎女は、塗香《ずこう》をとり寄せて、まず髪に塗り、手に塗り、衣を薫るばかりに匂わした。

十一

ほほき　ほほきい　ほほほきい――。

きのうよりも、澄んだよい日になった。春にしては、驚くばかり濃い日光が、地上にかっきりと、木草の影を落して居た。ほかほかした日よりなのに、其を見ていると、どこか、薄ら寒く感じるほどである。時々に過ぎる雲の翳りもなく、晴れきった空だ。高原を拓いて、間引いた疎《まば》らな木原《こはら》の上には、もう沢山の羽虫が出て、のぼったり降《さが》ったりして居る。たった一羽の鶯が、よほど前から一処を移らずに、鳴き続けているのだ。

家の刀自《とじ》たちが、物語る口癖を、さっきから思い出して居た。出雲宿禰《ノ》の分れの家の嬢子《おとめ》が、多くの男の言い寄るのを煩しがって、身をよけよけして、何時か、山の林の中に分け入った。そうして其処で、まどろんで居る中に、悠々《うらうら》と長い春の日も、暮れてしまった。嬢子は、家路と思う径《みち》を、あちこち歩いて見た。脚は茨の棘にさされ、袖は、木の楚《ずわえ》にひき裂かれた。そうしてとうとう、里らしい家群《いえむら》の見える小高い岡の上に出た時は、裳も、著物も、肌の出るほど、ちぎれて居た。空には、夕月が光りを増して来ている。嬢子はさくり上げて来る感情を、声に出した。

ほほき　ほほきい。

何時も、悲しい時に泣きあげて居た、あの声ではなかった。「おお此身は」と思った時に、自分の顔に触れた袖は、袖ではないものであった。枯れ原《ふ》の冬草の、山肌色をした小な翼であった。思いがけない声を、尚も出し続けようとする口を、押えようとすると、自身すらいとおしんで居た柔らかな唇は、どこかへ行ってしまって、替りに、ささやかな管のような喙《くちばし》が来てついて居る——。悲しいのか、せつないのか、何の考えさえもつかなかった。唯、身悶えをした。するとふわりと、からだは宙に浮き上った。留めようと、袖をふれれば振るほど、身は次第に、高く翔《かけ》り昇って行く。五日月の照る空まで……。その後、今の世までも、

ほほき　ほほきい　ほほほきい。

と鳴いているのだ、と幼い耳に染みつけられた、物語りの出雲の嬢子が、そのまま、自分であるような気がして来る。

郎女は、徐《しず》かに両袖《もろそで》を、胸のあたりに重ねて見た。家に居た時よりは、萎《な》れ、皺立《しわだ》っているが、小鳥の羽には、なって居なかった。手をあげて唇に触れて見ると、喙でもなかった。やっぱり、ほっとりとした感触を、指の腹に覚えた。

ほほき鳥——鶯——になって居た方がよかった。昔語りの嬢子は、男を避けて、山の楚原《しもとはら》へ入り込んだ。そうして、飛ぶ鳥になった。この身は、何とも知れぬ人の俤にあくがれ出て、鳥にもならずに、ここにこうして居る。せめて蝶飛虫《ちょうとり》にでもなれば、ひらひらと空に舞いのぼって、あの山の頂へ、俤びとをつきとめに行こうもの——。

ほほき　ほほきい。

自身の咽喉から出た声だ、と思った。だがやはり、廬《いおり》の外で鳴くのであった。

郎女の心に動き初めた叡《さと》い光りは、消えなかった。今まで手習いした書巻の何処かに、どうやら、法喜と言う字のあった気がする。法喜——飛ぶ鳥すらも、美しいみ仏の詞に、感《かま》けて鳴くのではなかろうか。そう思えば、この鶯も、

ほほき　ほほきい。

嬉しそうな高音《たかね》を、段々張って来る。

物語りする刀自たちの話でなく、若人らの言うことは、時たま、世の中の瑞々《みずみず》しい消息《しょうそこ》を伝えて来た。奈良の家の女部屋は、裏方五つ間《ま》を通した、広いものであった。郎女

の帳台の立ち処《ど》を一番奥にして、四つの間に、刀自・若人、凡三十人も居た。若人等は、この頃、氏々の御館《みたち》ですることだと言って、苑の池の蓮の茎を切って来ては、藕糸《はすいと》を引く工夫に、一心になって居た。横佩家の池の面を埋めるほど、珠を捲いたり、解けたりした蓮の葉は、まばらになって、水の反射が蔀《しとみ》を越して、女部屋まで来るばかりになった。茎を折っては、繊維を引き出し、其片糸を幾筋も合せては、糸に縒《よ》る。

郎女は、女たちの凝っている手芸を、じっと見て居る日もあった。ほうほうと切れてしまう藕糸を、八合《こ》・十二合《こ》・二十合《はたこ》に縒って、根気よく、細い綱の様にする。其を績《う》み麻《お》の麻《お》ごけに繋ぎためて行く。奈良の御館でも、蚕《かうこ》は飼って居た。実際、刀自たちは、夏は殊にせわしく、そのせいで、不機嫌になって居る日が多かった。

刀自たちは、初めは、そんな韓《から》の技人《てびと》のするような事は、と目もくれなかった。だが時が立つと、段々興味を惹かれる様子が見えて来た。

こりゃ、おもしろい。絹の糸と、績み麻との間を行く様な妙な糸の――。此で、切れさえしなければのう。

こうして績《つむ》ぎ蓄《た》めた藕糸は、皆一纏めにして、寺々に納めようと、言うのである。寺には、其々《それぞれ》の技女《ぎじょ》が居て、其糸で、唐土様《もろこしよう》と言うよりも、天竺風な織物に織りあげる、と言う評判であった。女たちは、唯功徳の為に糸を績いでいる。其でも、其が幾かせ、幾たまと言う風に貯って来ると、言い知れぬ愛著を覚えて居た。だが、其がほんとは、どんな織物になることやら、其処までは想像も出来なかった。

若人たちは茎を折っては、巧みに糸を引き切らぬように、長く長くと抽き出す。又其、粘り気の少いさくいものを、まるで絹糸を縒り合せるように、手際よく糸にする間も、ちっとでも口やめる事なく、うき世語りなどをして居た。此は勿論、貴族の家庭では、出来ぬ掟になって居た。なっては居ても、物珍《ものめ》でする盛りの若人たちには、口を塞いで緘黙《しじま》行を守ることは、死ぬよりもつらい行《ぎょう》であった。刀自らの油断を見ては、ぼつぼつ話をしている。其きれぎれが、聞こうとも思わぬ郎女の耳にも、ぼつぼつ這入って来勝ちなのであった。

鶯の鳴く声は、あれで、法華経《ほけきょう》法華経《ほけきょう》と言うのじゃて――。

ほう、どうして、え――。

天竺のみ仏は、おなごは、助からぬものじゃ、と説かれ説かれして来たがえ、其果てに、女《おなご》でも救う道が開かれた。其を説いたのが、法華経じゃと言うげな。――こんなこと、おなごの身で言うと、さかしがりよと思おうけれど、でも、世間では、そう言うもの――。じゃで、法華経法華経と経の名を唱えるだけで、この世からして、あの世界の苦しみが、助かるといの。ほんまにその、天竺のおなごが、あの鳥に化《な》り変って、み経の名を呼ばるるのかえ。

郎女には、いつか小耳に挿んだ其話が、その後、何時までも消えて行かなかった。その頃ちょうど、称讃浄土仏《しょうさんじょうどぶつ》摂受経《しょうじゅぎょう》を、千部写そうとの願を発《おこ》して居た時であった。其が、はかどらぬ。何時までも進まぬ。茫とした耳に、此世話《よばなし》が再また、紛れ入って来たのであった。

ふっと、こんな気がした。

ほほき鳥は、先の世で、御経《おんきょう》手写の願を立てながら、え果《はた》さいで、死にでもした、いとしい女子がなったのではなかろうか。……そう思えば、若しや今、千部に満たずにしまうようなことがあったら、我が魂《たま》は何になることやら。やっぱり、鳥か、虫にでも生れて、切なく鳴き続けることであろう。

ついに一度、ものを考えた事もないのが、此国のあて人の娘であった。磨かれぬ智慧を抱いたまま、何も知らず思わずに、過ぎて行った幾百年、幾万の貴い女性《にょしょう》の間に、蓮《はちす》の花がぽっちりと、莟《つぼみ》を擡《もた》げたように、物を考えることを知り初《そ》めた郎女であった。

おれよ。鶯よ。あな姦《かま》や。人に、物思いをつけくさる。

荒々しい声と一しょに、立って、表戸と直角《かね》になった草壁の蔀戸《しとみど》をつきあげたのは、当麻語部《たぎまのかたり》の嫗《おうな》である。北側に当るらしい其外側は、牕《まど》を圧するばかり、篠竹が繁って居た。沢山の葉筋が、日をすかして一時にきらきらと、光って見えた。

郎女は、暫らく幾本とも知れぬその光りの筋の、閃き過ぎた色を、瞼《まぶた》の裏に、見つめて居た。おとといの日の入り方、山の端に見た輝きが、思わずには居られなかったからである。

また一時《いっとき》、廬堂《いおりどう》を廻って、音するものもなかった。日は段々闌《た》けて、小昼《こびる》の温《ぬく》みが、ほの暗い郎女の居処にも、ほっとりと感じられて来た。

寺の奴《やっこ》が、三四人先に立って、僧綱《そうごう》が五六人、其に、大勢の所化《しょけ》たちのとり捲いた一群れが、廬へ来た。

これが、古《ふる》山田寺だ、と申します。

勿体ぶった、しわがれ声が聞えて来た。

そんな事は、どうでも――。まず、郎女さまを――。

噛みつくようにあせって居る家長老《いえおとな》額田部子古《ぬかたべのこふる》のがなり声がした。

同時に、表戸は引き剝がされ、其に隣った、幾つかの竪《たつ》薦《ごも》をひきちぎる音がした。

ずうと這い寄って来た身狭乳母《むさのちおも》は、郎女の前に居たけを聳《そびや》かして、掩《おお》いになった。外光の直射を防ぐ為と、一つは、男たちの前、殊には、庶民の目に、貴人《あてびと》の姿を暴《さら》すまい、とするのであろう。

伴《とも》に立って来た家人《けにん》の一人が、大きな木の叉枝《またぶり》をへし折って来た。そうして、旅用意の巻帛《まきぎぬ》を、幾垂れか、其場で之に結び下げた。其を牀《ゆか》につきさして、即座の竪帷《たつばり》——几帳《きちょう》——は調った。乳母《おも》は、其前に座を占めたまま、何時までも動かなかった。

十二

怒りの滝のようになった額田部子古は、奈良に還って、公に訴えると言い出した。大和国にも断って、寺の奴ばらを追い放って貰うとまで、いきまいた。大師を頭《かしら》に、横佩家に深い筋合いのある貴族たちの名をあげて、其方々からも、何分の御吟味を願わずには置かぬ、と凄い顔をして、住侶《じゅうりょ》たちを脅かした。

郎女は、貴族の姫で入らせられようが、寺の浄域を穢し、結界まで破られたからは、直にお還りになるようには計われぬ。寺の四至の境に在る所で、長期の物忌みして、その贖《あがな》いはして貰わねばならぬ、と寺方も、言い分はひっこめなかった。

理分に非分にも、これまで、南家の権勢でつき通して来た家長老《おとな》等にも、寺方の扱いと言うものの、世間どおりにはいかぬ事が訣《わか》って居た。乳母《おも》に相談かけても、一代そう言う世事に与《あずか》った事のない此人は、そんな問題には、詮《かい》ない唯の女性《にょしょう》に過ぎなかった。

先刻《さっき》からまだ立ち去らずに居た当麻語部の嫗が、口を出した。

其は、寺方が、理分でおざるがや。お随いなされねばならぬ。

其を聞くと、身狭乳母は、激しく、田舎語部の老女を叱りつけた。男たちに言いつけて、畳にしがみつき、柱にかき縋《すが》る古婆《ふるばば》を摑み出させた。そうした威高さは、さすがに自《おのずか》ら備っていた。

何事も、この身などの考えではきめられぬ。帥《そつ》の殿《との》に承ろうにも、国遠し。まず姑《しば》し、郎女様のお心による外はないもの、と思いまする。

其より外には、方《ほう》もつかなかった。奈良の御館《みたち》の人々と言っても、多くは、此人たちの意見を聴いてする人々である。よい思案を、考えつきそうなものも居ない。難波へは、直様、使いを立てることにして、とにもかくにも、当座は、姫の考えに任せよう、と言うことになった。

郎女様。如何お考え遊ばしまする。おして、奈良へ還れぬでも御座りませぬ。尤、寺方でも、傔人《さぶらいびと》や、奴隷《やっこ》の人数を揃えて、妨げましょう。併し、御館《みたち》のお勢いには、何程の事でも御座りませぬ。では御座りまするが、お前さまのお考えを承らずには、何とも計いかねまする。御思案お洩し遊ばされ。

謂わば、難題である。あて人の娘御に、出来よう筈のない返答である。乳母《おも》も、子古《こふる》も、凡《およそ》は無駄な伺いだ、と思っては居た。ところが、郎女の答えは、木魂返《こだまがえ》しの様に、躊躇《ためら》うこととなしにあった。其上、此ほどはっきりとした答えはない、と思われる位、凛としていた。其が、すべての者の不満を圧倒した。

姫の咎は、姫が贖《あがな》う。此寺、此二上山の下に居て、身の償《つぐな》い、心の償いした、と姫が得心するまでは、還るものとは思やるな。

郎女の声・詞を聞かぬ日はない身狭乳母ではあった。だがついしか此ほどに、頭の髄まで沁み入るような、さえざえとした語を聞いたことのない、乳母《ちおも》だった。

寺方の言い分に譲るなど言う問題は、小い事であった。此爽やかな育ての君の判断力と、惑いなき詞に感じてしまった。ただ、涙。こうまで賢《さか》しい魂を窺い得て、頬に伝うものを拭うことも出来なかった。子古にも、郎女の詞を伝達した。そうして、自分のまだ曾《かつ》て覚えたことのない感激を、力深くつけ添えて聞かした。

ともあれ此上は、難波津《なにわづ》へ。

難波へと言った自分の語に、気づけられたように、子古は思い出した。今日か明日、新羅《しらぎ》問罪の為、筑前へ下る官使の一行があった。難波に留っている帥の殿も、次第によっては、再太宰府へ出向かれることになっているかも知れぬ。手遅れしては一大事である。此足ですぐ、北へ廻って、大阪越えから河内へ出て、難波まで、馬の叶う処は馬で走ろう、と決心した。

万法蔵院に、唯一つ飼って居た馬の借用を申し入れると、此は快く聴き入れてくれた。今日の日暮れまでには、立ち還りに、難波へ行って来る、と歯のすいた口に叫びながら、郎女の竪帷《たつばり》に向けて、庭から匍伏《ほふく》した。

子古の発った後は、又のどかな春の日に戻った。悠々《うらうら》と照り暮す山々を見せましょう、と乳母が言い出した。木立ち・山陰から盗み見する者のないように、家人らを、一町・二町先まで見張りに出して、郎女を、外に誘い出した。暴風雨《あらし》の夜、添下《そうのしも》・広瀬・葛城の野山を、かちあるきした娘御ではなかった。乳母と今一人、若人の肩に手を置きながら、歩み出た。

日の光りは、霞みもせず、陽炎も立たず、唯おどんで見えた。昨日跳めた野も、斜になった日を受けて、物の影が細長く靡いて居た。青垣の様にとりまく山々も、愈々遠く裾を曳いて見えた。

早い菫――げんげ――が、もうちらほら咲いている。遠く見ると、その赤々とした紫が一続きに見えて、夕焼け雲がおりて居るように思われる。足もとに一本、おなじ花の咲いているのを見つけた郎女は、膝を叢について、じっと眺め入った。

これはえ――。

すみれ、と申すとのことで御座ります。

こう言う風に、物を知らせるのが、あて人に仕える人たちの、為来りになって居た。

蓮《はちす》の花に似ていながら、もっと細やかな、――絵にある仏の花を見るような――。

ひとり言しながら、じっと見ているうちに、花は、広い萼《うてな》の上に乗った仏の前の大きな花になって来る。其がまた、ふっと、目の前のささやかな花に戻る。

夕風が冷《ひや》ついて参ります。内へと遊ばされ。

乳母が言った。見渡す山は、皆影濃くあざやかに見えて来た。

近々と、谷を隔てて、端山の林や、崖《なぎ》の幾重も重った上に、二上の男嶽《おのかみ》の頂が、赤い日に染って立っている。

今日は、又あまりに静かな夕《ゆうべ》である。山ものどかに、夕雲の中に這入《はい》って行こうとしている。

もうしもうし。もう外に居る時では御座りません。

十三

「朝目よく」うるわしい兆《しるし》を見た昨日は、郎女にとって、知らぬ経験を、後から後から展《ひら》いて行ったことであった。ただ人《びと》の考えから言えば、苦しい現実のひき続きではあったのだが、姫にとっては、心驚く事ばかりであった。一つ一つ変った事に逢う度に、「何も知らぬ身であった」と姫の心の底の声が揚った。そうして、その事毎に、挨拶をしてはやり過したい気が、一ぱいであった。今日も其続きを、くわしく見た。

なごり惜しく過ぎ行く現《うつ》し世《よ》のさまざま。郎女は、今目を閉じて、心に一つ一つ収めこもうとして居る。ほのかに通り行き、将著《はた》しくはためき過ぎたもの――。宵闇の深くならぬ先に、廬《いおり》のまわりは、すっかり手入れがせられて居た。燈台も大きなのを、寺から借りて来て、煌々《こうこう》と、油火《あぶらび》が燃えて居る。明王像も、女人のお出での場処には、すさまじいと言う者があって、どこかへ搬《はこ》んで行かれた。其よりも、郎女の為には、帳台の設備《しつら》われている安らかさ。今宵は、夜も、暖かであった。帷帳《とばり》を周《めぐ》らした中は、ほの暗かった。其でも、山の鬼神《もの》、野の魍魎《もの》を避ける為の燈の渦が、ぼうと梁《はり》に張り渡した頂板《つしいた》に揺めいて居るのが、たのもしい気を深めた。帳台のまわりには、乳母や、若人が寝たらしい。其ももう、一時《ひととき》も前の事で、皆すやすやと寝息の音を立てて居る。姫の心は、今は軽かった。

たとえば、俤に見たお人には逢わずとも、その俤を見た山の麓に来て、こう安らかに身を横えて居る。

燈台の明りは、郎女の額の上に、高く朧ろに見える光りの輪を作って居た。月のように円くて、幾つも上へ上へと、月輪《がちりん》の重っている如くも見えた。其が、隙間風の為であろう。時々薄れて行くと、一つの月になった。ぼうっと明り立つと、幾重にも隈の畳まった、大きな円かな光明になる。

幸福に充ちて、忘れて居た姫の耳に、今宵も谷の響きが聞え出した。更けた夜空には、今頃やっと、遅い月が出たことであろう。

物の音。――つた　つたと来て、ふうと佇《た》ち止るけはい。耳をすますと、元の寂かな夜に、――激《たぎ》ち降《くだ》る谷のとよみ。

つた　つた　つた。

又、ひたと止《や》む。

この狭い廬の中を、何時まで歩く、跫音《あしおと》だろう。

つた。

郎女は刹那、思い出して帳台の中で、身を固くした。次にわじわじと戦《おのの》きが出て来た。

天若御子《あめわかみこ》――。

ようべ、当麻語部嫗《たぎまのかたりのおうな》の聞した物語り。ああ其お方の、来て窺う夜なのか。

――青馬の　耳面刀自《みみものとじ》。
刀自もがも。女弟《おと》もがも。
その子の　はらからの子の
処女子《おとめご》の　一人
一人だに　わが配偶《つま》に来よ

まことに畏《おそろ》しいと言うことを覚えぬ郎女にしては、初めてまざまざと、圧《おさ》えられるような畏《こわ》さを知った。ああああ歌が、胸に生き蘇《かえ》って来る。忘れたい歌の文句が、はっきりと意味を持って、姫の唱えぬ口の詞《ことば》から、胸にとおって響く。乳房から迸《ほとばし》り出ようとするときめき。

帷帳《とばり》がふわと、風を含んだ様に皺だむ。

ついいと、凍る様な冷気――。

郎女は目を瞑《つぶ》った。だが――瞬間睫の間から映った細い白い指、まるで骨のような――帷帳を摑んだ片手の白く光る指。

なも　阿弥陀ほとけ。あなたふと　阿弥陀ほとけ。

何の反省もなく、唇を洩れた詞。この時、姫の心は、急に寛《くつろ》ぎを感じた。さっと――汗。全身に流れる冷さを覚えた。畏《こわ》い感情を持ったことのないあて人の姫は、直《すぐ》に動顛した心を、とり直すことが出来た。

のうのう。あみだほとけ……。

今一度口に出して見た。おとといまで、手写しとおした、称讃浄土経の文《もん》が胸に浮ぶ。郎女は、昨日までは一度も、寺道場を覗いたこともなかった。父君は家の内に道場を構えて居たが、簾越《すだれ》しにも聴聞は許されなかった。御経《おんきょう》の文は手写しても、固より意趣は、よく訣らなかった。だが、処々には、かつがつ気持ちの汲みとれる所があったのであろう。さすがに、まさかこんな時、突嗟に口に上ろう、とは思うて居なかった。

白い骨、譬えば白玉の並んだ骨の指、其が何時までも目に残って居た。帷帳は、元のままに垂れて居る。だが、白玉の指ばかりは細々と、其に絡んでいるような気がする。

悲しさとも、懐しみとも知れぬ心に、深く、郎女は沈んで行った。山の端に立った俤びとは、白々《しろじろ》とした掌をあげて、姫をさし招いたと覚えた。だが今、近々と見る其手は、海の渚の白玉のように、からびて寂しく、目にうつる。

長い渚を歩いて行く。郎女の髪は、左から右から吹く風に、あちらへ靡き、こちらへ乱れする。浪はただ、足もとに寄せている。渚と思うたのは、海の中道《なかみち》である。浪は、両方から打って来る。どこまでもどこまでも、海の道は続く。郎女の足は、砂を踏んでいる。その砂すらも、段々水に掩われて来る。砂を踏む。踏むと思うて居る中に、ふと其《ここ》が、白々とした照る玉だ、と気がつく。姫は身を屈めて、白玉を拾う。拾うても拾うても、玉は皆、掌《たなそこ》に置くと、粉の如く砕けて、吹きつける風に散る。其でも、玉を拾い続ける。玉は水隠《みがく》れて、見えぬ様になって行く。姫は悲しさに、もろ手を以て掬《すく》おうとする。掬《むす》んでも掬んでも、水のように、手股《たなまた》から流れ去る白玉——。玉が再、砂の上につぶつぶ並んで見える。忙《あわただ》しく拾おうとする姫の俯《うつむ》いた背を越して、流れる浪が、泡立ってとおる。

姫は——やっと、白玉を取りあげた。輝く、大きな玉。そう思うた刹那、郎女の身は、大浪にうち仆《たお》される。浪に漂う身……衣もなく、裳《も》もない。抱き持った等身の白玉と一つに、水の上に照り輝く現《うつ》し身。

ずんずんと、さがって行く。水底《みなぞこ》に水漬《みづ》く白玉なる郎女の身は、やがて又、一幹《ひともと》の白い珊瑚《さんご》の樹である。脚を根、手を枝とした水底の木。頭に生い靡くのは、玉藻であった。玉藻が、深海のうねりのままに、揺れて居る。やがて、水底にさし入る月の光り——。ほっと息をついた。

まるで、潜《かず》きする海女《あま》が二十尋《はたひろ》・三十尋《みそひろ》の水底から浮び上って嘯《うそぶ》く様に、深い息の音で、自身明らかに目が覚めた。ああ夢だった。当麻《たぎま》まで来た夜道の記憶は、まざまざと残って居るが、こんな苦しさは覚えなかった。だがやっぱり、おとといの道の続きを辿って居るらしい気がする。

水の面からさし入る月の光り、そう思うた時は、ずんずん海面に浮き出て来た。そうして悉く、跡形もない夢だった。唯、姫の仰ぎ寝る頂板《つしいた》に、ああ、水にさし入った月。そこに以前のままに、幾つも暈《かさ》の畳まった月輪の形が、揺《ゆら》めいて居る。

のうのう　阿弥陀ほとけ……。

再、口に出た。光りの暈は、今は愈々明りを増して、輪と輪との境の隈々《くまぐま》しい処までも見え出した。黒ずんだり、薄暗く見えたりした隈が、次第に凝り初めて、明るい光明の中に、胸・肩・頭・髪、はっきりと形を現《げん》じた。白々と袒《ぬ》いだ美しい肌。浄《きよ》く伏せたまみが、郎女の寝姿を見おろして居る。かの日の夕《ゆうべ》、山の端《は》に見た俤びと——。乳のあたりと、膝元とにある手——その指《および》、白玉の指《および》。姫は、起き直った。天井の光りの輪が、元のままに、ただ仄かに、事もなく揺れて居た。

十四

貴人《うまびと》はうま人どち、やっこは奴隷《やっこ》どち、と言うからの——。

何時見ても、大師《たいし》は、微塵《みじん》曇りのない、円《まど》かな相好《そうごう》である。其に、ふるまいのおおどかなこと。若くから氏上《うじのかみ》で、数十家《け》の一族や、日本国中数万の氏人から立てられて来た家持も、じっと対《むこ》うていると、その静かな威に、圧せられるような気がして来る。

言わしておくがよい。奴隷《やっこ》たちは、とやかくと口さがないのが、其為事よ。此身とお身とは、おなじ貴人《うまびと》じゃ。おのずから、話も合おうと言うもの。此身が、段々なり上《のぼ》ると、うま人までがおのずとやっこ心になり居って、いや嫉《ねた》むの、そねむの。

家持は、此が多聞天か、と心に問いかけて居た。だがどうも、そうは思われぬ。同じ、かたどって作るなら、とつい連想が逸《そ》れて行く。八年前、越中国から帰った当座の、世の中の豊かな騒ぎが、思い出された。あれからすぐ、大仏開眼供養が行われたのであった。其時、近々と仰ぎ奉った尊容、八十種好《しゅごう》具足した、と謂われる其相好が、誰やらに似ている、と感じた。其がその時は、どうしても思い浮ばずにしまった。その時の印象が、今ぴったり、的にあてはまって来たのである。

こうして対《むか》いあって居る主人の顔なり、姿なりが、其ままあの盧遮那《るさな》ほとけの俤だ、と言って、誰が否もう。

お身も、少し咄したら、ええではないか。官位《こうぶり》はこうぶり。昔ながらの氏は氏——。なあ、そう思わぬか。紫微中台《しびちゅうだい》の、兵部省のと、位づけるのは、うき世の事だわ。家《うち》に居る時だけは、やはり神代《かみよ》以来の氏上《うじのかみ》づきあいが、ええ。

新しい唐の制度の模倣ばかりして、漢士《もろこし》の才《ざえ》が、やまと心に入り替ったと謂われて居る此人が、こんな嬉しいことを言う。家持は、感謝したい気がした。理会者・同感者を、思いもうけぬ処に見つけ出した嬉しさだったのである。

お身は、宋玉や、王褒《おうほう》の書いた物を大分持って居ると言うが、太宰府へ行った時に、手に入れたのじゃな。あんな若い年で、わせだったのだのう。お身は——。お身の氏では、古麻呂《こまろ》。身の家に近しい者でも奈良麻呂。あれらは漢魏はおろか、今の唐の小説なども、ふり向きもせんから、言うがいない話じゃわ。

兵部大輔は、やっと話のつきほを捉えた。

お身さまのお話じゃが、わしは、賦の類には飽きました。どうもあれが、この四十面さげてもまだ、涙もろい歌や、詩の出て来る元になって居る——そうつくづく思いますじゃて。ところで近頃は、方《かた》を換えて、張文成を拾い読みすることにしました。この方が、なんぼか——。

大きに、其は、身も賛成じゃ。じゃが、お身がその年になっても、まだ二十代《はたち》の若い心や、瑞々しい顔を持って居るのは、宋玉のおかげじゃぞ。まだなかなか隠れては歩き居《お》る、と人の噂じゃが、嘘じゃなかろう。身が保証する。おれなどは、張文成《ちょうぶんせい》ばかり古くから読み過ぎて、早く精気の尽きてしもうた心持ちがする。

――じゃが全く、文成はええのう。あの仁《じん》に会うて来た者の話では、猪肥《いのこご》えのした、唯の漢土《もろこし》びとじゃったげなが、心はまるで、やまとのものと、一つと思うが、お身なら、諾《うべの》うてくれるだろうの。

文成に限る事ではおざらぬが、あちらの物は、読んで居て、知らぬ事ばかり教えられるようで、時々ふっと思い返すと、こんな思わざった考えを、いつの間にか、持っている――そんな空恐しい気さえすることが、ありますて。お身さまにも、そんな経験《おぼえ》は、おありでがな。

大ありおお有り。毎日毎日、其よ。しまいに、どうなるのじゃ。こんなに智慧づいては、と思われてならぬことが――。じゃが、女子《おみなご》だけには、まず当分、女部屋のほの暗い中で、こんな智慧づかぬ、のどかな心で居させたいものじゃ。第一其が、われわれ男の為じゃて。

家持は、此了解に富んだ貴人に向っては、何でも言ってよい、青年のような気が湧いて来た。

さようさよう。智慧を持ち初めては、あの鬱《いぶせ》い女部屋には、じっとして居ませぬげな。第一、横佩墻内《よこはきかきつ》の

――

此はいけぬ、と思った。同時に、此臆《おく》れた気の出るのが、自分を卑《ひく》くし、大伴氏を、昔の位置から自ら蹶《け》落す心なのだ、と感じる。

好《ええ》、好《ええ》。遠慮はやめやめ。氏《ノ》上づきあいじゃもの。ほい又出た。おれはまだ、藤原の氏上に任ぜられた訣じゃあ、なかったっけの。

瞬間、暗い顔をしたが、直にさっと眉の間から、輝きが出て来た。

身の女姪《めい》が神隠しにおうたあの話か。お身は、あの謎見たいないきさつを、そう解《と》るかね。ふん。いやおもしろい。女姪の姫も、定めて喜ぶじゃろう。実はこれまで、内々消息を遣して、小あたりにあたって見た、と言う口かね、お身も。

大きに。

今度は軽い心持ちが、大胆に押勝の話を受けとめた。

お身さまが経験《ためし》ずみじゃで、其で、郎女の才高《ざえだか》さと、男択びすることが訣りますな――。

此は――。額《ひたい》ざまに切りつけるぞ――。免《ゆる》せ免せと言

うところじゃが、――あれはの、生れだちから違うものの。藤原の氏姫じゃからの。枚岡《ひらおか》の斎《いつ》き姫にあがる宿世《すくせ》を持って生れた者ゆえ、人間の男は、弾く、弾く、弾きとばす。近よるまいぞよ。ははははは。

大師は、笑いをぴたりと止めて、家持の顔を見ながら、きまじめな表情になった。

じゃがどうも――。聴き及んでのことと思うが、家出の前まで、阿弥陀経の千部写経をして居たと言うし、楽毅論から、兄の殿の書いた元興寺縁起も、其前に手習いしたらしいし、まだまだ孝経などは、これぽっち の頃に習うた、と言うし、なかなかの女博士《おなごはかせ》での。楚辞や、小説にうき身をやつす身や、お身は近よれぬわのう。霜月・師走の垣毀雪女《かいこぼちおなご》じゃもの。――どうして、其だけの女子《おみなご》が、神隠しなどに逢おうかい。

第一、場処が、あの当麻で見つかったと言いますからの――。

併し其は、藤原に全く縁のない処でもない。天二上《あめのふたかみ》は、中臣寿詞《なかとみのよごと》にもあるし……。斎き姫もいや、人の妻と呼ばれるのもいや――で、尼になる気を起したのでないか、と考えると、もう不安で不安でのう。のどかな気持ちばかりでも居られぬて――。

押勝の眉は集って来て、皺一つよせぬ美しい、この老いの見えぬ貴人の顔も、思いなし、ひずんで見えた。

何しろ、嫋女《たわやめ》は国の宝じゃでのう。出来ることなら、人の物にはせず、神の物にしておきたいところじゃが、――人間の高望みは、そうばかりもさせてはおきおらぬがい――。ともかく、むざむざ尼寺へやる訣にはいかぬ。

じゃが、お身さま。一人出家すれば、と云う詞《ことば》が、この頃はやりになって居りますが……。九族が天に生じて、何になるというのじゃ。宝は何百人かかっても、作り出せるものではないぞよ。どだい兄公殿《あにきどの》が、少し仏凝《ほとけご》りが過ぎるでのう――。自然内《うち》らまで、そんな気風がしみこむようになったかも知れぬぞ――。時に、お身のみ館の郎女も、そんな育てはしてあるまいな。其では、家《うち》の久須麻呂が泣きを見るからの。

人の悪いからかい笑みを浮べて、話を無理にでも脇へ釣り出そうと努めるのは、考えるのも切ない胸の中が察せられる。

兄公殿《あにきどの》は氏上《ノ》に、身は氏助《うじのすけ》と言う訣なのじゃが、肝腎斎き姫で、枚岡に居させられる叔母御は、もうよい年じゃ。去年春日祭りに、女使いで上られた姿を見て、神《かん》さびたものよ、と思うたぞ。今《も》一代此方から進ぜなかったら、斎き姫になる娘の多い北家の方が、すぐに取って替って、氏《ノ》上に据るは。

兵部大輔にとっても、此はもう、他事《ひとごと》ではなかった。おなじ大伴幾流の中から、四代続いて氏《ノ》上職を持ち堪《こた》えたのも、第一は宮廷の御恩徳もあるが、世の中のよせが重かったからである。其には、一番大事な条件として、美しい斎き姫が、後から後と此家に出て、とぎれることがなかった為でもある。大伴の家のは、表向き婿《むこ》どりさえして居ねば、子があっても、斎き姫は勤まる、と言う定めであった。今の阪上郎女《さかのうえのいらつめ》は、二人の女子《おみなご》を持って、やはり斎き姫である。此は、うっかり出来ない。此方《こちら》も藤原同様、叔母御が斎姫《いつきひめ》で、まだそんな年でない、と思うているが、又どんなことで、他流の氏姫が、後を襲うことにならぬとも限らぬ。大伴・佐伯《さえき》の数知れぬ家々・人々が、外の大伴へ、頭をさげるようになってはならぬ。こう考えて来た家持の心の動揺などには、思いよりもせぬ風で、

こんな話は、よそほかの氏《ノ》上に言うべきことでないが、

兄公殿がああして、此先何年、難波にいても、太宰府に居ると言うが表面《おもて》だから、氏の祭りは、枚岡・春日と、二処に二度ずつ、其外、週《まわ》り年には、時々鹿島・香取の東路《あずまじ》のはてにある旧社《もとやしろ》の祭りまで、此方で勤めねばならぬ。実際よそほかの氏《ノ》上よりも、此方の氏《ノ》助ははたらいているのだが、——だから、自分で、氏《ノ》上の気持ちになったりする。——もう一層なってしまうかな。お身はどう思う。こりゃ、答える訣にも行くまい。氏《ノ》上に押し直ろうとしたところで、今の身の考え一つを枉《ま》げさせるものはない。上様方に於かせられて、お叱りの御沙汰を下しおかれぬ限りは——。

京中で、此恵美屋敷ほど、庭を嗜《この》んだ家はないと言う。門は、左京二条三坊に、北に向いて開いて居るが、主人家族の住いは、南を広く空けて、深々とした山斎《やま》が作ってある。其に入りこみの多い池を周《めぐ》らし、池の中の島も、飛鳥の宮風に造られて居た。東の中《なか》み門《かど》、西の中み門まで備って居る。どうかすると、庭と申そうより、寛々《かんかん》とした空き地の広くおありになる宮よりは、もっと手入れが届いて居そうな気がする。

庭を立派にして住んだ、うま人たちの末々の様が、兵部大輔の胸に来た。瞬間、憂鬱な気持ちがかぶさって来て、前にいる大師の顔を見るのが、気の毒な様に思われる。

案じるなよ。庭が行き届き過ぎて居る、と思うてるの

だろう。そんなことはないさ。庭はよくても、亡びた人ばかりはないさ。淡海公の御館はどうだ。どの筋でも引き継がずに、今に荒してはあるが、あの立派さは。それあの山部の何とか言った、地下《じげ》の召し人の歌よみが、おれの三十になったばかりの頃、「昔見し旧《ふる》き堤は、年深み……年深み、池の渚に、水草《みくさ》生ひにけり」とよんだ位だが、其後が、これ此様に、四流にも岐《わか》れて栄えている。もっとあるぞ――。なに、庭などによるものじゃないわ。

恃《たの》む所の深い此あて人は、庭の風景の、目立った個処個処を指摘しながら、其拠る所を、日本《やまと》・漢土《もろこし》に渉って説明した。

長い廊を、数人の童《わらわ》が続いて来る。

日ずかしです。お召しあがり下されましょう。

改って、簡単な饗応の挨拶をした。まろうどに、早く酒を献じなさい、と言っている間に、美しい采女《うねめ》が、盃を額より高く捧げて出た。

おお、それだけ受けて頂けばよい。舞いぶりを一つ、見て貰いなさい。

家持は、何を考えても、先を越す敏感な主人に対して、唯虚心で居るより外は、なかった。

うねめは、大伴の氏上《ノ》へは、まだくださらぬのだったね。藤原では、存知でもあろうが、先例が早くからあって、淡海公が、近江の宮から頂戴した故事で、頂く習慣になって居ります。

時々、こんな畏《かしこ》まったもの言いもまじえる。兵部大輔は、自身の語《ことば》づかいにも、初中終《しょっちゅう》、気扱いをせねばならなかった。

氏上《ノ》もな、身が執心で、兄公殿を太宰府へ追いまくって、後にすわろうとするのだ、と言う奴があるといの――。やっぱり「奴はやっこどち」じゃの。そう思うよ。時に女姪《めい》の姫だが――。

さすがの聡明第一の大師も、酒の量は少かった。其が、今日は幾分いけた、と見えて、話が循環して来た。家持は、一度はぐらかされた緒口《いとぐち》に、とりついた気で、

横佩墻内《よこはきかきつ》の郎女は、どうなるでしょう。社・寺、それとも宮――。どちらへ向いても、神さびた一生。あったら惜しいものでおありだ。

気にするな。気にするな。気にしたとて、どう出来るものか。此は――もう、人間の手へは、戻らぬかも知れんぞ。

末は、独り言になって居た。そうして、急に考え深い目

を凝した。池へ落した水音は、未《ひつじ》がさがると、寒々と聞えて来る。

早く、躑躅《つつじ》の照る時分になってくれぬかなあ。一年中で、この庭の一番よい時が、待ちどおしいぞ。

大師藤原《ノ》恵美《ノ》押勝朝臣の声は、若々しい、純な欲望の外、何の響きもまじえて居なかった。

十五

つた　つた　つた。

郎女は、一向《ひたすら》、あの音の歩み寄って来る畏《おそろ》しい夜更けを、待つようになった。おとといよりは昨日、昨日よりは今日という風に、其跫音《あしおと》が間遠になって行き、此頃はふつに音せぬようになった。その氷の山に対《むこ》うて居るような、骨の疼く戦慄の快感、其が失せて行くのを虞《おそ》れるように、姫は夜毎、鶏のうたい出すまでは、殆、祈る心で待ち続けて居る。

絶望のまま、幾晩も仰ぎ寝たきりで、目は昼よりも寤《さ》めて居た。其間に起る夜の間の現象には、一切心が留らなかった。現にあれほど、郎女の心を有頂天に引き上げた頂板《つし》の面《おもて》の光り輪にすら、明盲《あきじ》いのように、注意は惹かれなくなった。ここに来て、疾《と》くに、七日は過ぎ、十日・半月になった。山も、野も、春のけしきが整うて居た。野茨の花のようだった小桜が散り過ぎて、其に次ぐ山桜が、谷から峰かけて、断続しながら咲いているのも見える。麦原《むぎふ》は、驚くばかり伸び、里人の野為事に出た姿が、終日、そのあたりに動いている。

都から来た人たちの中、何時までこの山陰に、春を起き臥すことか、と佗びる者が殖えて行った。廬堂《いおりどう》の近くに掘り立てた板屋に、こう長びくとは思わなかったし、まだどれだけ続くかも知れぬ此生活に、家ある者は、妻子に会うことばかりを考えた。親に養われる者は、家の父母の外にも、隠れた恋人を思う心が、切々として来るのである。女たちは、こうした場合にも、平気に近い感情で居られる長い暮しの習しに馴れて、何かと為事を考えてはして居る。女方の小屋は、男のとは別に、もっと廬に接して建てられて居た。

身《む》狭《さのち》乳母《おも》の思いやりから、男たちの多くは、唯さえ小人数な奈良の御館《みたち》の番に行け、と言って還され、長老《おとな》一人の外は、唯雑用《ぞうよう》をする童と、奴隷《やっこ》位しか残らなかった。

乳母《おも》や、若人たちも、薄々は帳台の中で夜を久しく起きている、郎女の様子を感じ出して居た。でも、なぜそう夜深く溜め息ついたり、うなされたりするか、知る筈のない昔かたぎの女たちである。

やはり、郎女の魂《たま》があくがれ出て、心が空しくなって居るもの、と単純に考えて居る。ある女は、魂ごいの為に、山尋ねの呪術《おこない》をして見たらどうだろう、と言った。

乳母は一口に言い消した。姫様、当麻に御安著なされた其夜、奈良の御館へ計わずに、私にした当麻真人《たぎまのまひと》の家人たちの山尋ねが、わるい結果を呼んだのだ。当麻語部とか謂った蠱物《まじもの》使いのような婆が、出しゃばっての差配が、こんな事を惹き起したのだ。

その節、山の峠《たわ》の塚で起った不思議は、噂になって、この貴人《うまびと》一家の者にも、知れ渡って居た。あらぬ者の魂を呼び出して、郎女様におつけ申しあげたに違いない。もうもう、軽はずみな呪術は思いとまることにしよう。こうして、魂《たま》の游離《あくが》れ出た処の近くにさえ居れば、やがては、元のお身になり戻り遊されることだろう。こんな風に考えて、乳母は唯、気長に気ながに、と女たちを諭し諭しした。

こんな事をして居る中に、早一月も過ぎて、桜の後、暫らく寂しかった山に、躑躅《つつじ》が燃え立った。足も行かれぬ崖の上や、巌の腹などに、一群《ひとむら》一群咲いて居るのが、奥山の春は今だ、となのって居るようである。

ある日は、山へ山へと、里の娘ばかりが上って行くのを見た。凡数十人の若い女が、何処で宿ったのか、其次の日、てんでに赤い山の花を髪にかざして、降りて来た。廬の庭から見あげた若女房の一人が、山の躑躅林が練って降るようだ、と声をあげた。

ぞよぞよと廬の前を通る時、皆頭をさげて行った。其中の二三人が、つくねんとして暮す若人たちの慰みに呼び入れられて、板屋の端へ来た。当麻の田居も、今は苗代時《なわしろどき》である。やがては田植えをする。其時は、見に出やしゃれ。こんな身でも、其時はずんと、おなごぶりが上るぞな、と笑う者もあった。

ここの田居の中で、植え初めの田は、腰折れ田と言うて、都までも聞えた物語りのある田じゃげな。

若人たちは、又例の蠱物姥《まじものうば》の古語りであろう、とまぜ返す。ともあれ、こうして、山ごもりに上った娘だけに、今年の田の早処女《そうとめ》が当ります。其しるしが此じゃ、と大事そうに、頭の躑躅に触れて見せた。

もっと変った話を聞かせぬかえと誘われて、身分に高下はあっても、同じ若い同士のこととて、色々な田舎咄《いなかばなし》をして行った。其を後《のち》に乳母たちが聴いて、気にしたことがあった。山ごもりして居ると、小屋の上の崖をどうどうと踏みおりて来る者がある。ようべ、真夜中のことである。一様にうなされて、苦しい息をついていると、音はそのまま、真下へ真下へ、降って行った。がらがらと、岩の崩《く》える響き。――ちょうど其が、此盧堂の真上の高処《たか》に当って居た。こんな処に道はない筈じゃが、と今朝起きぬけに見ると、案の定、赤岩の大崩《おおなぎ》崖。ようべの音は、音ばかりで、ちっとも痕は残って居なかった。

其で思い合せられるのは、此頃ちょくちょく、子から丑の間に、里から見えるこのあたりの峰《お》の上《え》に、光り物がしたり、時ならぬ一時颪《いっときおろし》の凄い唸りが、聞えたりする。今までついに聞かぬこと。里人は唯こう、恐れ謹しんで居る、とも言った。

こんな話を残して行った里の娘たちも、苗代田の畔に、めいめいのかざしの躑躅花を挿して帰った。其は昼のこと、田舎は田舎らしい闇の中に、今は寝ついたであろう。夜はひた更けに、更けて行く。

昼の恐れのなごりに、寝苦しがって居た女たちも、おびえ疲れに寝入ってしまった。頭上の崖で、寝鳥の鳴き声がした。郎女は、まどろんだとも思わぬ目を、ふっと開いた。続いて今ひと響き、びしとしたのは、鳥などの、翼ぐるめひき裂かれたらしい音である。だが其だけで、山は音どころか、生き物も絶えたように、虚しい空間の闇に、時間が立って行った。

郎女の額《ぬか》の上の天井の光の暈《かさ》が、ほのぼのと白んで来る。明りの隈《くま》はあちこちに偏倚《かたよ》って、光りを竪《たて》にくぎって行く。と見る間に、ぱっと明るくなる。そこに大きな花。蒼白い菫《すみれ》。その花びらが、幾つにも分けて見せる隈、仏の花の青《しょう》蓮華《れんげ》と言うものであろうか。郎女の目には、何とも知れぬ浄らかな花が、車輪のように、宙にぱっと開いている。仄暗い蕋《しべ》の処に、むらむらと雲のように、動くものがある。黄金の蕋をふりわける。其は黄金の髪である。髪の中から匂い出た荘厳な顔。閉じた目が、憂いを持って、見おろして居る。ああ肩・胸・顕わな肌。――冷え冷えとした白い肌。おお　おいとおしい。

郎女は、自身の声に、目が覚めた。夢から続いて、口は尚夢のように、語《ことば》を逐うて居た。

おいとおしい。お寒かろうに――。

十六

山の躑躅の色は、様々ある。一つ色のものだけが、一時に咲き出して、一時に萎《しぼ》む。そうして、凡一月は、後から後から替った色のが匂い出て、禿《は》げた岩も、一冬のうら枯れをとり返さぬ柴木山も、若夏の青雲の下に、はでなかざしをつける。其間に、藤の短い花房が、白く又紫に垂れて、老い木の幹の高さを、せつなく、寂しく見せる。下草に交って、馬酔木《あしび》が雪のように咲いても、花めいた心を、誰に起させることもなしに、過ぎるのがあわれである。

もう此頃になると、山は厭わしいほど緑に埋れ、谷は深々と、繁りに隠されてしまう。郭公《かっこう》は早く鳴き嗄らし、時鳥《ほととぎす》が替って、日も夜も鳴く。

草の花が、どっと怒濤の寄せるように咲き出して、山全体が花原見たようになって行く。里の麦は刈り急がれ、田の原は一様に青みわたって、もうこんなに伸びたか、と驚くほどになる。家の庭苑《その》にも、立ち替り咲き替って、栽《う》え木《き》、草花が、何処まで盛り続けるかと思われる。だが其も一盛りで、坪はひそまり返ったような時が来る。池には葦が伸び、蒲《ほ》が秀き、藺《い》が抽《ぬき》んでて来る。遅々として、併し忘れた頃に、俄かに伸《の》し上るように育つのは、蓮の葉であった。

前年から今年にかけて、海の彼方の新羅の暴状が、目立って棄て置かれぬものに見えて来た。太宰府からは、軍船を新造して新羅征伐の設けをせよ、と言う命のお降しを、度々都へ請うておこして居た。此忙しい時に、偶然流人太《だ》宰員外帥《ざいいんがいのそつ》として、難波に居た横佩家《よこはきけ》の豊成は、思いがけぬ日々を送らねばならなかった。

都の姫の事は、子古の口から聴いて知ったし、又、京・難波の間を往来する頻繁な公私の使いに、文をことづてる事は易かったけれども、どう処置してよいか、途方に昏れた。ちょっと見は何でもない事の様で、実は重大な、家の大事である。其だけに、常の優柔不断な心癖は、益々つのるばかりであった。

寺々の知音に寄せて、当麻寺へ、よい様に命じてくれる様に、と書いてもやった。又処置方について伺うた横佩墻内の家の長老《とね》・刀自《とじ》たちへは、ひたすら、汝等の主の郎女を護って居れ、と言うような、抽象風なことを、答えて来たりした。

次の消息には、何かと具体した仰せつけがあるだろう、と待って居る間に、日が立ち、月が過ぎて行くばかりである。其間にも、姫の失われたと見える魂が、お身に戻るか、其だけの望みで、人々は、山村に止って居た。物思いに、屈託ばかりもして居ぬ若人たちは、もう池のほとりにおり立って、伸びた蓮の茎を切り集め出した。其を見て居た寺の婢女《めやつこ》が、其はまだ若い、もう半月もおかねばと言って、寺領の一部に、蓮根《はすね》を取る為に作ってあった蓮田《はちすだ》へ、案内しよう、と言い出した。あて人の家自身が、それぞれ、農村の大家《おおやけ》であった。其が次第に、官人《つかさびと》らしい姿に更《かわ》って来ても、家庭の生活には、何時までたっても、何処か農家らしい様子が、残って居た。家構えにも、屋敷の広場《にわ》にも、家の中の雑用具《ぞうようぐ》にも。第一、女たちの生活は、起居《たちい》ふるまいなり、服装なりは、優雅に優雅にと変っては行ったが、やはり昔の農家の家内《やうち》の匂いがつき纏うて離れなかった。刈り上げの秋になると、夫と離れて暮す年頃に達した夫人などは、よく其家の遠い田荘《なりどころ》へ行って、数日を過して来るような習しも、絶えることなく、くり返されて居た。

だから、刀自たちは固より若人らも、つくねんと女部屋の薄暗がりに、明し暮して居るのではなかった。てんでに、自分の出た村方の手芸を覚えて居て、其を、仕える君の為に為出《しいだ》そう、と出精してはたらいた。

裳の襞《ひだ》を作るのに珍《な》い術《て》を持った女などが、何でもないことで、とりわけ重宝がられた。袖の先につける鰭袖《はたそで》を美しく為立てて、其に、珍しい縫いとりをする女なども居た。こんなのは、どの家庭にもある話でなく、こう言う若人をおきあてた家は、一つのよい見てくれを世間に持つ事になるのだ。一般に、染めや、裁ち縫いが、家々の顔見合わぬ女どうしの競技のように、もてはやされた。摺り染めや、擣《う》ち染めの技術も、女たちの間には、目立たぬ進歩が年々にあったが、浸《ひ》で染めの為の染料が、韓の技工人《てびと》の影響から、途方もなく変化した。紫と謂っても、茜《あかね》と謂っても皆、昔の様な、染め漿《しお》の処置《とりあつかい》はせなくなった。そうして、染め上りも、艶々しく、はでなものになって来た。表向きは、こうした色の禁令が、次第に行きわたって来たけれど、家の女部屋までは、官《かみ》の目も届くはずはなかった。

家庭の主婦が、居まわりの人を促したてて、自身も精励してするような為事は、あて人の家では、刀自等の受け持ちであった。若人たちも、田畠に出ぬと言うばかりで、家の中での為事は、まだ見参《まいりまみえ》をせずにいた田舎暮しの時分と、大差はなかった。とりわけ違うのは、其家々の神々に仕えると言う、誇りはあるが、小むつかしい事がつけ加えられて居る位のことである。外出には、下人たちの見ぬ様に、笠を深々とかずき、其下には、更に薄帛《うすぎぬ》を垂らして出かけた。

一時《いっとき》たたぬ中に、婢女《めやつこ》ばかりでなく、自身たちも、田におりたったと見えて、泥だらけになって、若人たち十数人は戻って来た。皆手に手に、張り切って発育した、蓮の茎を抱えて、廬《いおり》の前に並んだのには、常々くすりとも笑わぬ乳母《おも》たちさえ、腹の皮をよって、切《せつ》ながった。

郎女様。御覧《ごろう》じませ。

竪帳《たつばり》を手でのけて、姫に見せるだけが、やっとのことであった。

ほう――。

何が笑うべきものか、何が憎むに値するものか、一切知らぬ上臈《じょうろう》には、唯常と変った皆の姿が、羨しく思われた。

この身も、その田居とやらにおり立ちたい――。

めっそうな。

めっそうなこと、仰せられます。

きまって、誇張した顔と口との表現で答えることも、此ごろ、この小社会で行われ出した。何から何まで縛りつけるような、身狭乳母《むさのちおも》に対する反感も、此ものいいまねで幾分、いり合せがつく様な気がするのであろう。

其日からもう、若人たちの糸績りは初まった。夜は、閨《ねや》の闇の中で寝る女たちには、稀に男の声を聞くこともある、奈良の垣内《かきつ》住いが、恋しかった。朝になると又、何もかも忘れたようになって績《う》み貯める。

そうした糸の、六かせ七かせを持って出て、郎女に見せたのは、其数日後であった。

乳母よ。この糸は、蝶鳥の翼よりも美しいが、蜘蛛の巣《い》より弱く見えるがよ――。

郎女は、久しぶりでにっこりした。労を犒《ねぎら》うと共に、考えの足らぬのを憐むようである。

刀自は、驚いて姫の詞《ことば》を堰き止めた。

なる程、此は脆過《さく》ぎまする。

女たちは、板屋に戻っても、長く、健やかな喜びを、皆して語って居た。

全く些《すこ》しの悪意もまじえずに、言いたいままの気持ちから、

田居とやらへおりたちたい――、

を反覆した。

刀自は、若人を呼び集めて、

もっと、きれぬ糸を作り出さねば、物はない。

と言った。女たちの中の一人が、

それでは、刀自に、何ぞよい御思案が――。

されば の――。

昔を守ることばかりはいかついが、新しいことの考えは唯、尋常《よのつね》の婆の如く、愚かしかった。

ゆくりない声が、郎女の口から洩れた。

この身の考えることが、出来ることか試して見や。

うま人を軽侮することを、神への忌みとして居た昔人である。だが、かすかな軽《かる》しめに似た気持ちが、皆の心に動

いた。

夏引きの麻生《おふ》の麻《あさ》を績《う》むように、そして、もっと日ざらしよく、細くこまやかに——。

郎女は、目に見えぬもののさとしを、心の上で綴って行くように、語を吐いた。

板屋の前には、俄かに、蓮の茎が乾し並べられた。そうして其が乾くと、谷の澱《よど》みに持ち下りて浸す。浸しては晒し、晒しては水に漬《ひ》でた幾日の後、筵の上で槌の音高く、こもごも、交々《こもごも》と叩き柔らげた。

その勤《いそ》しみを、郎女も時には、端近くいざり出て見て居た。咎めようとしても、思いつめたような目して、見入って居る姫を見ると、刀自は口を開くことが出来なくなった。日晒しの茎を、八針《やつはり》に裂き、其を又、幾針にも裂く。郎女の物言わぬまなざしが、じっと若人たちの手もとをまもって居る。

果ては、刀自も言い出した。

私も、績《う》みましょう。

績みに績み、又績みに績んだ。藕糸《はすいと》のまるがせが、日に日に殖《ふ》えて、廬堂の中に、次第に高く積まれて行った。

もう今日は、みな月に入る日じゃの——。

暦の事を言われて、刀自はぎょっとした。ほんに、今日こそ、氷室《ひむろ》の朔日《ついたち》じゃ。そう思う下から歯の根のあわぬような悪感を覚えた。大昔から、暦は聖《ひじり》の与る道と考えて来た。其で、男女は唯、長老《とね》の言うがままに、時の来又去った事を教わって、村や、家の行事を進めて行くばかりであった。だから、教えぬに日月を語ることは、極めて聡《さと》い人の事として居た頃である。愈々魂をとり戻されたのか、と瞻《まも》りながら、はらはらして居る乳母《おも》であった。唯、郎女は復《また》、秋分の日の近づいて来て居ることを、心にと言うよりは、身の内に、そくそくと感じ初めて居たのである。蓮は、池のも、田居のも、極度に長《た》けて、莟《つぼみ》の大きくふくらんだのも、見え出した。婢女《めやつこ》は、今が刈りしおだ、と教えたので、若人たちは、皆手も足も泥にして、又田に立ち暮す日が続いた。

十七

彼岸中日　秋分の夕。朝曇り後晴れて、海のように深《ふか》碧《みどり》に凪《な》いだ空に、昼過ぎて、白い雲が頻りにちぎれちぎれに飛んだ。其が門渡《とわた》る船と見えている内に、暴風《あらし》である。空は愈々青澄み、昏くなる頃には、藍の様に色濃くなって行った。見あげる山の端は、横雲の空のように、茜色に輝いて居る。
大山颪《おろし》。木の葉も、枝も、顔に吹きつけられる程の物は、皆活きて青かった。板屋は吹きあげられそうに、煽《あお》りきしんだ。若人たちは、悉く郎女の廬に上って、刀自を中に、心を一つにして、ひしと顔を寄せた。ただ互の顔の見えるばかりの緊張した気持ちの間に、刻々に移って行く風。西から真正面《まとも》に吹きおろしたのが、暫らくして北の方から落して来た。やがて、風は山を離れて、平野の方から、山に向ってひた吹きに吹きつけた。峰の松原も、空様《そらざま》に枝を掻き上げられた様になって、悲鳴を続けた。谷から峰《お》の上《へ》に生え上《のぼ》って居る萱原《かやはら》は、一様に上へ上へと聳《せ》り昇るように、葉裏を返して扱《こ》き上げられた。

家の中は、もう暗くなった。だがまだ見える庭先の明りは、黄にかっきりと、物の一つ一つを、鮮やかに見せて居た。

郎女様が――。

誰かの声である。皆、頭の毛が空へのぼる程、ぎょっとした。其が、何だと言われずとも、すべての心が、一度に了解して居た。言い難い恐怖にかみずった女たちは、誰一人声を出す者も居なかった。

身《ノ》狭乳母は、今の今まで、姫の側に寄って、後から姫を抱えて居たのである。皆の人のけはいで、覚め難い夢から覚めたように、目をみひらくと、ああ、何時の間にか、姫は嫗《おうな》の両腕《もろうで》両膝の間には、居させられぬ。一時に、慟哭するような感激が来た。だが長い訓練が、老女の心をとり戻した。凛として、反り返る様な力が、湧き上った。

誰《た》ぞ、弓を――。鳴弦《つるうち》じゃ。

人を待つ間もなかった。彼女自身、壁代《かべしろ》に寄せかけて置いた白木の檀弓《まゆみ》をとり上げて居た。

それ皆の衆――。反閇《あしぶみ》ぞ。もっと声高《こわだか》に――。あっし、あっし、それ、あっしあっし……。

若人たちも、一人一人の心は、疾《と》くに飛んで行ってしまって居た。唯一つの声で、警蹕《けいひつ》を発し、反閇《へんばい》した。

あっし あっし。

あっし あっし あっし。

狭い廬の中を踏んで廻った。脇目からは、遶道《にょうどう》する群れのように。

郎女様は、こちらに御座りますか。

万法蔵院の婢女《めやつこ》が、息をきらして走って来て、何時もなら、許されて居ぬ無作法で、近々と、廬の砌《みぎり》に立って叫んだ。

なに――。

皆の口が、一つであった。

郎女様か、と思われるあて人が――、み寺の門《かど》に立って居さっせるのを見たで、知らせにまいりました。

今度は、乳母《おも》一人の声が答えた。

なに、み寺の門に。

婢女を先に、行道の群れは、小石を飛す嵐の中を、早足に練り出した。

あっし　あっし　あっし　……。

声は、遠くからも聞えた。大風をつき抜く様な鋭声《とごえ》が、野面《のづら》に伝わる。

万法蔵院は、実に寂《せき》として居た。山風は物忘れした様に、鎮まって居た。夕闇はそろそろ、かぶさって来て居るのに、山裾のひらけた処を占めた寺庭は、白砂が、昼の明りに輝いていた。ここからよく見える二上《ふたかみ》の頂は、広く、赤々と夕映えている。

姫は、山田の道場の牕《まど》から仰ぐ空の狭さを悲しんでいる間に、何時かここまで来て居たのである。浄域を穢した物忌みにこもっている身、と言うことを忘れさせぬものが、其でも心の隅にあったのであろう。門の閾《しきみ》から、伸び上るようにして、山の際《は》の空を見入って居た。

暫らくおだやんで居た嵐が、又山に廻ったらしい。だが、寺は物音もない黄昏《たそがれ》だ。

男嶽《おのかみ》と女嶽《めのかみ》との間になだれをなした大きな曲線《たわ》が、又次第に両方へ聳《そそ》って行っている、此二つの峰の間の広い空際《そらぎわ》。薄れかかった茜の雲が、急に輝き出して、白銀《はくぎん》の炎をあげて来る。山の間《ま》に充満して居た夕闇は、光りに照されて、紫だって動きはじめた。

そうして暫らくは、外に動くもののない明るさ。山の空は、唯白々として、照り出されて居た。

肌　肩　脇　胸　豊かな姿が、山の尾上《おのえ》の松原の上に現れた。併し、俤に見つづけた其顔ばかりは、ほの暗かった。

今すこし著《しる》く　み姿顕したまえ――。

郎女の口よりも、皮膚をつんざいて、あげた叫びである。山腹の紫は、雲となって靉《たなび》き、次第次第に降《さが》る様に見えた。明るいのは、山際ばかりではなかった。地上は、砂《いさご》の数もよまれるほどである。

しずかに　しずかに雲はおりて来る。万法蔵院の香殿・講堂・塔婆・楼閣・山門・僧房・庫裡、悉く金に、朱に、青に、昼より著《いちじる》く見え、自ら光りを発して居た。

庭の砂の上にすれすれに、雲は揺曳《ようえい》して、そこにありありと半身を顕した尊者の姿が、手にとる様に見えた。匂いやかな笑みを含んだ顔が、はじめて、まともに郎女に向けられた。伏し目に半ば閉じられた目は、此時、姫を認めたように、清《すず》しく見ひらいた。軽くつぐんだ脣《くちびる》は、この女《によ》性《しよう》に向うて、物を告げてでも居るように、ほぐれて見えた。

郎女は尊さに、目の低《た》れて来る思いがした。だが、此時を過してはと思う一心で、御姿《みすがた》から、目をそらさなかった。あて人を讃えるものと、思いこんだあの詞《ことば》が、又心から迸り出た。

なも　阿弥陀ほとけ。あなとうと　阿弥陀ほとけ。

瞬間に明りが薄れて行って、まのあたりに見える雲も、雲の上の尊者の姿も、ほのぼのと暗くなり、段々に高く、又高く上って行く。姫が、目送する間もない程であった。忽、二上山の山の端《は》に溶け入るように消えて、まっくらな空ばかりの、たなびく夜に、なって居た。

あっし　あっし。

足を踏《ふ》み、前《さき》を駆《お》う声が、耳もとまで近づいて来ていた。

十八

当麻の邑は、此頃、一本の草、一塊《ひとくれ》の石すら、光りを持つほど、賑い充ちて居る。

当麻真《たぎまのま》人家《ひとけ》の氏神当麻《たぎま》彦《ひこ》の社へ、祭り時に外れた昨今、急に、氏《ノ》上の拝礼があった。故上総守老真人《かずさのかみおゆのまひと》以来、暫らく絶えて居たことである。

其上、もう二三日に迫った八月《はつき》の朔日《ついたち》には、奈良の宮から、勅使が来向われる筈になって居た。当麻氏から出られた大夫人《だいふじん》のお生み申された宮の御代に、あらたまることになったからである。

廬堂の中は、前よりは更に狭くなって居た。郎女が、奈良の御館《みたち》からとり寄せた高機《たかはた》を、設《た》てたからである。機織りに長けた女も、一人や二人は、若人の中に居た。此女らの動かして見せる筬《おさ》や梭《ひ》の扱い方を、姫はすぐに会得した。機に上って日ねもす、時には終夜《よもすがら》織って見るけれど、蓮の糸は、すぐに円《つぶ》になったり、断《き》れたりした。其でも、倦《う》まずにさえ織って居れば、何時か織りあがるもの、と信じている様に、脇目からは見えた。

乳母は、人に見せた事のない憂わしげな顔を、此頃よくしている。

何しろ、唐土《もろこし》でも、天竺から渡った物より手に入らぬ、という藕糸《はすいと》織りを遊ばそう、と言うのじゃもののう。

話相手にもしなかった若い者たちに、時々うっかりと、こんな事を、言う様になった。

こう糸が無駄になっては。

今の間にどしどし績《う》んで置かいでは――。

乳母《ちおも》の語に、若人たちは又、広々として野や田の面におり立つことを思うて、心がさわだった。そうして、女たちの刈りとった蓮積み車が、廬に戻って来ると、何よりも先に、田居への降り道に見た、当麻の邑の騒ぎの噂である。

郎女様のお従兄《いとこ》恵美の若子《わくご》さまのお母《はら》様も、当麻真人《ノ》のお出じゃげな――。

恵美の御館《みたち》の叔父君の世界、見るような世になった。兄御を、帥《そつ》の殿に落しておいて、御自身はのり越して、内相の、大師《たいし》の、とおなりのぼりの御心持ちは、どうあろうのう――。

あて人に仕えて居ても、女はうっかりすると、人の評判に時を移した。

やめい　やめい。お耳ざわりぞ。

しまいには、乳母が叱りに出た。だが、身《む》狭刀自《さのとじ》自身のうちにも、もだもだと咽喉につまった物のある感じが、残らずには居なかった。そうして、そんなことにかまけることなく、何の訣《わけ》やら知れぬが、一心に糸を績み、機を織って居る育ての姫が、いとおしくてたまらぬのであった。

昼の中多く出た虻《あぶ》は、潜んでしまったが、蚊は仲秋になると、益々あばれ出して来る。日中の興奮で、皆は正体もなく寝た。身狭までが、姫の起き明す燈の明りを避けて、隅の物陰に、深い鼾を立てはじめた。

郎女は、断《き》れては織り、織っては断れ、手がだるくなっても、まだ梭《ひ》を放そうともせぬ。

だが、此頃の姫の心は、満ち足ろうて居た。あれほど、夜々《よるよる》見て居た俤《おもかげびと》人の姿も見ずに、安らかな気持ちが続いているのである。

「此機を織りあげて、はようあの素肌のお身を、掩うてあげたい。」

其ばかり考えて居る。世の中になし遂げられぬもののあると言うことを、あて人は知らぬのであった。

ちょう　ちょう　はた　はた。

はた　はた　ちょう……。

筬《おさ》を流れるように、手もとにくり寄せられる糸が、動かなくなった。引いても扱《こ》いても通らぬ。筬の歯が幾枚も毀《こぼ》れて、糸筋の上にかかって居るのが見える。

郎女は、溜め息をついた。乳母に問うても、知るまい。女たちを起して聞いた所で、滑らかに動かすことはえすまい。

どうしたら、よいのだろう。

姫ははじめて、顔へ偏《かたよ》ってかかって来る髪のうるささを感じた。筬の櫛目を覗いて見た。梭もはたいて見た。

ああ、何時になったら、したてた衣《ころも》を、お肌へふくよかにお貸し申すことが出来よう。

もう外の叢《くさむら》で鳴き出した、蟋蟀の声を、瞬間思い浮べて居た。

どれ、およこし遊ばされ。こう直せば、動かぬこともおざるまい——。

どうやら聞いた気のする声が、機の外にした。

あて人の姫は、何処から来た人とも疑わなかった。唯、そうした好意ある人を、予想して居た時なので、

見てたもれ。

とついぞ言わぬ語と共に機をおりた。

女は尼であった。髪を切って尼そぎにした女は、其も二三度は見かけたことはあったが、剃髪した尼には会うたことのない姫であった。

はた　はた　ちょう　ちょう

元の通りの音が、整って出て来た。

蓮の糸は、こう言う風では、織れるものではおざりませぬ。もっと寄って御覧じ——。これこう——おわかりかえ。

当麻語部姥《ノうば》の声である。だが、そんなことは、郎女の心には、問題でもなかった。

おわかりなさるかえ。これこう——。

姫の心は、こだまの如く聡《さと》くなって居た。此才伎《てわざ》の経緯《ゆきたて》は、すぐ呑み込まれた。

織ってごろうじませ。

姫が、高機に代って入ると、尼は機陰に身を倚《よ》せて立つ。

はた　はた　ゆら　ゆら。

音までが、変って澄み上った。

女鳥《めとり》の　わがおおきみの織《おろ》す機。誰《た》が為《た》ねろかも——、御存じ及びでおざりましょうのう。昔、こう、機殿《はたどの》の牕《まど》からのぞきこうで、問われたあてびとがおざりましたっけ。——その時、その貴い女性《にょしょう》がの、たか行くや隼《はやぶさわけ》別の御《み》被《おすい》服料《がね》——そうお答えなされたとのう。

この中《じゅう》申し上げた滋賀津彦《しがつひこ》は、やはり隼別でもおざりました。天若日子《あめわかひこ》でもおざりました。天《てん》の日《ひ》に矢を射かける——。併し、極みなく美しいお人でおざりましたがよ。

截《き》りはたり、ちょうちょう。それ——、早く織らねば、やがて、岩牀《いわどこ》の凍る冷い冬がまいりますがよ——。

郎女は、ふっと覚めた。あぐね果てて、機の上にとろとろとした間の夢だったのである。だが、梭をとり直して見ると、

　はた　はた　ゆら　ゆら。ゆら　はたた。

美しい織物が、筬の目から迸る。

　はた　はた　ゆら　ゆら。

　思いつめてまどろんでいる中に、郎女の智慧が、一つの閾《しきみ》を越えたのである。

十九

　望の夜の月が冴えて居た。若人たちは、今日、郎女の織りあげた一反《ひとむら》の上帛《はた》を、夜の更けるのも忘れて、見讃《みはや》して居た。

　この月の光りを受けた美しさ。

縑《かとり》のようで、韓織《からおり》のようで、――やっぱり、此より外にはない、清らかな上帛じゃ。

乳母も、遠くなった眼をすがめながら、譬えようのない美しさと、ずっしりとした手あたりを、若い者のように楽しんでは、撫でまわして居た。

二度目の機は、初めの日数の半《なから》であがった。三反《みむら》の上帛を織りあげて、姫の心には、新しい不安が頭をあげて来た。五反《いつむら》目を織りきると、機に上ることをやめた。そうして、日も夜も、針を動した。

　長月の空は、三日の月のほのめき出したのさえ、寒く眺められる。この夜寒に、俤人の肩の白さを思うだけでも、堪えられなかった。

　裁ち縫うわざは、あて人の子のする事ではなかった。唯、他人《ひと》の手に触れさせたくない。こう思う心から、解いては縫い、縫うてはほどきした。現《うつ》し世《よ》の幾人にも当る大きなお身に合う衣を、縫うすべを知らなかった。せっかく織り上げた上帛を、裁《た》ったり截《き》ったり、段々布は狭くなって行く。

　女たちも、唯姫の手わざを見て居るほかはなかった。何を縫うものとも考え当らぬ囁きに、日を暮すばかりである。

　其上、日に増し、外は冷えて来る。人々は一日も早く、奈良の御館に帰ることを願うばかりになった。郎女は、暖かい昼、薄暗い廬の中で、うっとりとしていた。その時、語部《かたり》の尼が歩み寄って来るのを、又まざまざと見たのである。

　何を思案遊ばす。壁代《かべしろ》の様に縦横に裁ちついで、其まま身に纏《まと》うようになさる外はおざらぬ。それ、ここに

紐をつけて、肩の上でくくりあわせれば、昼は衣になりましょう。紐を解き敷いて、折り返し被《かぶ》れは、やがて夜の衾《ふすま》にもなりまする。天竺の行人《ぎょうにん》たちの著る僧伽《そうぎゃ》梨《り》と言うのが、其でおざりまする。早くお縫いあそばされ。

だが、気がつくと、やはり昼の夢を見て居たのだ。裁ちきった布を綴り合せて縫い初めると、二日もたたぬ間に、大きな一面の綴りの上帛《はた》が出来あがった。

郎女様は、月ごろかかって、唯の壁代をお織りなされた。

あったら　惜しやの。

はりが抜けたように、若人たちが声を落して言うて居る時、姫は悲しみながら、次の営みを考えて居た。

「これでは、あまり寒々としている。殯《もがり》の庭の棺《ひつぎ》にかけるひしきもの―喪氈―、とやら言うものと、見た目にかわりはあるまい。」

二十

もう、世の人の心は賢しくなり過ぎて居た。独り語りの物語りなどに、信《しん》をうちこんで聴く者のある筈はなかった。聞く人のない森の中などで、よく、つぶつぶと物言う者がある、と思うて近づくと、其が、語部の家の者だったなど言う話が、どの村でも、笑い咄のように言われるような世の中になって居た。当麻語部《たぎまのかたりべ》の嫗なども、都の上臈《じょうろう》の、もの疑いせぬ清い心に、知る限りの事を語りかけようとした。だが、忽《たちまち》違った氏の語部なるが故に、追い退《の》けられたのであった。

そう言う聴きてを見あてた刹那に、持った執心の深さ。その後、自身の家の中でも、又廬堂《いおりどう》に近い木立ちの陰でも、或は其処を見おろす山の上からでも、郎女に向ってする、ひとり語りは続けられて居た。

今年八月、当麻の氏人に縁深いお方が、めでたく世にお上りなされたあの時こそ、再己《おの》が世が来た、とほくそ笑みをした――が、氏の神祭りにも、語部を請《しょう》じて、神語りを語らそうともせられなかった。ひきついであった、勅使の参向の節にも、呼び出されて、当麻氏の古物語りを奏上せい、と仰せられるか、と思うて居た予期《あらまし》も、空頼みになった。

此はもう、自身や、自身の祖《おや》たちが、長く覚え伝え、語りついで来た間、こうした事に行き逢おうとは、考えもつかなかった時代《ときよ》が来たのだ、と思うた瞬間、何もかも、見知らぬ世界に追放《やら》われている気がして、唯驚くばかりであった。娯しみを失いきった語部の古婆は、もう飯を喰べても、味は失うてしまった。水を飲んでも、口をついて、独り語りが囈語《うわごと》のように出るばかりになった。

秋深くなるにつれて、衰えの、目立って来た姥は、知る限りの物語りを、喋りつづけて死のう、と言う腹をきめた。そうして、郎女の耳に近い処をところを覓《もと》めて、さまよい歩くようになった。

郎女は、奈良の家に送られたことのある、大唐の彩色《えのぐ》の数々を思い出した。其を思いついたのは、夜であった。今から、横佩墻内へ馳けつけて、彩色を持って還れ、と命ぜられたのは、女の中に、唯一人残って居た長老《おとな》である。ついしか、こんな言いつけをしたことのない郎女の、性急な命令に驚いて、女たちは復《また》、何か事の起るのではないか、とおどおどして居た。だが、身狭乳母《むさのちおも》の計いで、長老は渋々、夜道を、奈良へ向って急いだ。

あくる日、絵具の届けられた時、姫の声ははなやいで、興奮《はや》りかに響いた。

女たちの噂した所の、袈裟で調えば、五十条の大衣《だいえ》とも言うべき、藕糸《ぐうし》の上帛の上に、郎女の目はじっとすわって居た。やがて筆は、愉しげにとり上げられた。線描《すみが》きなしに、うちつけに絵具を塗り進めた。美しい彩画《たみえ》は、七色八色の虹のように、郎女の目の前に、輝き増して行く。

姫は、緑青を盛って、層々うち重る楼閣伽藍の屋根を表した。数多い柱や、廊の立ち続く姿が、目赫《めかがや》くばかり、朱で彩《た》みあげられた。むらむらと靉《たなび》くものは、紺青の雲である。紫雲は一筋長くたなびいて、中央根本堂とも見える屋の上から、画きおろされた、雲の上には金泥《こんでい》の光り輝く靄が、漂いはじめた。姫の、命を搾るまでの念力が、筆のままに動いて居るのであろう。やがて金色《こんじき》の雲気は、次第に凝り成して、照り充ちた色身《しきしん》——現《うつ》し世の人とも見えぬ尊い姿が顕れた。

郎女は唯、先の日見た、万法蔵院の夕《ゆうべ》の幻を、筆に追うて居るばかりである。堂・塔・伽藍すべては、当麻のみ寺のありの姿であった。だが、彩画《たみえ》の上に湧き上った宮殿《くうでん》楼閣は、兜率天宮《とそつてんぐう》のたたずまいさながらであった。しかも、其四十九重の宝宮の内院に現れた尊者の相好《そうごう》は、あの夕、近々と目に見た俤びとの姿を、心に覓《と》めて描き顕したばかりであった。

刀自・若人たちは、一刻一刻、時の移るのも知らず、身ゆるぎもせずに、姫の前に開かれて来る光りの霞に、唯見呆《ほう》けて居るばかりであった。

　郎女が、筆をおいて、にこやかな笑《えま》いを、円《まろ》く跪坐《ついい》る此人々の背におとしながら、のどかに併し、音もなく、山田の廬堂を立ち去った刹那、心づく者は一人もなかったのである。まして、戸口に消える際《きわ》に、ふりかえった姫の輝くような頬のうえに、細く伝うもののあったのを知る者の、ある訣はなかった。


　姫の俤びとに貸す為の衣に描いた絵様《えよう》は、そのまま曼陀羅の相《すがた》を具えて居たにしても、姫はその中に、唯一人の色《しき》身《しん》の幻を描いたに過ぎなかった。併し、残された刀自・若人たちの、うち瞻《まも》る画面には、見る見る、数千地涌《すせんじゆ》の菩薩の姿が、浮き出て来た。其は、幾人の人々が、同時に見た、白日夢のたぐいかも知れぬ。

釋迢空作「死者の書」自装本について

＊カバーに表紙を掲載

折口信夫は、釋迢空の名で『日本評論』第十四巻一・二・三号（昭和十四年一・二・三月）に「死者の書」「死者の書（正篇）」「死者の書（終篇）」を発表する。

　これが「死者の書」の初出で、三回の連載後には、掲載誌それぞれから「死者の書」を切り取って紙縒で綴じ、扉と表紙をつけた自装本をつくっている。表紙は、表表紙と裏表紙をつなげて二種の模様紙を厚紙に貼った自作のものである。この模様紙をどこで入手したのかはわからないが、迢空は自作歌を装飾料紙に書くことをしばしば行っており、表紙にした紙も装飾料紙にするつもりであったのかもしれない。自作した表紙にはエジプトの「死者の書」に倣って、表表紙には死者の柩をのせる舟型の橇を描いて赤い色を塗り、ここに「死者の書」の書名と著者名を自筆し、裏表紙にはミイラを収める青い柩を描いている。迢空には、ほかにも著書を自作の表紙にかえたものや自作の装丁表紙をつけた本があり、こうして自著に特別な思いをこめたのがうかがえる。

　自装本にした初出の「死者の書」は、その後、手が加えられている。一部を書き換え、さらに前半部を大幅に組み換えて単行本としたのが青磁社版の『死者の書』（昭和十八年九月刊）である。迢空の『死者の書』といえば、通常はこの青磁社版を指すが、昭和二十二年には角川書店から「山越しの阿弥陀像図の画因」を付して再度出版されている。（國學院大學教授　小川直之）

［凡例］

・本書の折口信夫［各論考・小説］は、新字新仮名遣い、改行一字下げ、ルビは新仮名遣いとした。また、それぞれの作品の引用部分は、新字旧仮名遣い、ルビは旧仮名遣いとしている。なおルビについては折口が付したものの他に難読語にも付した。

・それぞれの作品は、『折口信夫全集』（中央公論社刊、一九九五〜二〇〇二年）や『古代研究Ⅰ』（角川ソフィア文庫、二〇一六年）を適宜参照した。

・収録作品の初出は、巻末の小川直之編「折口信夫略年譜」中に太字で記載されている。

折口信夫　略年譜 ◉ 小川直之編

（写真提供＝國學院大學折口博士記念古代研究所）

西暦	年号	年齢	事項	著述・作品（太字が本誌収録）
一八八七	明治二〇	〇	二月十一日、大阪府西成郡木津村（現、大阪市浪速区敷津西一丁目）に生まれる。父・秀太郎（河内国茨田郡黒原村・福井家）、母・こうの一女六男の四男。折口自身は「しのぶ」と命名されたというが、家族は後々まで「のぶを」「のぶさん」と呼んだという。	
一八九〇	明治二三	三	木津幼稚園に通う。百人一首を暗誦。	
一八九二	明治二五	五	木津尋常小学校入学。	
一八九四	明治二七	七	叔母えい、東京遊学。えいから贈られた『東京名所図会』に自作歌を記す。初めて初代中村鴈治郎の舞台を見る。	
一八九六	明治二九	九	南区竹屋町、育英高等小学校に入学。	
一八九八	明治三一	一一	高山彦九郎の伝記を読んで感激する。国学者敷田年治に入門していた姉あゐの影響を多く受ける。	

信夫・四歳（中央）

一八九九	明治三二	一二	大阪府立第五中学校（現、天王寺高校）に入学。同校教諭の三矢重松（後に國學院大學教授）に口頭試問を受ける。武田祐吉・岩橋小弥太・西田直二郎らと同級。「帝国文学」「少年世界」などを購読する。	
一九〇〇	明治三三	一三	『言海』を精読。初めて大和へ旅行し、飛鳥坐神社参詣。高木敏雄「羽衣伝説の研究」（「帝国文学」）を読む。古代研究に関する論文の読み始め。	
一九〇一	明治三四	一四	兄進の影響で「明星」「心の花」等を読む。『万葉集略解』を読む。	
一九〇二	明治三五	一五	父死去。自作歌が「文庫」「新小説」の選に入る。武田祐吉らの短歌の会（鳳鳴会）の回覧雑誌に短歌を載せる。	短歌一首（「文庫」入選） 短歌一首（「新小説」入選）
一九〇四	明治三七	一七	卒業試験に落第。再三大和旅行。	短歌「野調」二首、「賤機」一〇首（「桃陰」）
一九〇五	明治三八	一八	天王寺中学校卒業。六月、医科志望を、にわかにとりやめて新設の國學院大學予科（東京飯田町）へ入学手続き。九月に入学し、藤無染と同居。三矢重松に再会。	短歌「壁画」一〇首（「桃陰」） 短歌四首（「文庫」）
一九〇六	明治三九	一九	宗派神道教義研究団体・神風会に入会し、しばしば街頭布教の演壇に立つ。重野安繹の語部論を聴く。	三矢重松「助動詞らむの意義」評
一九〇七	明治四〇	二〇	予科修了し、本科国文科に進む。金	「東京だより」（「桃陰」）、短歌「春

明治三七年、天王寺中学・鳳鳴会

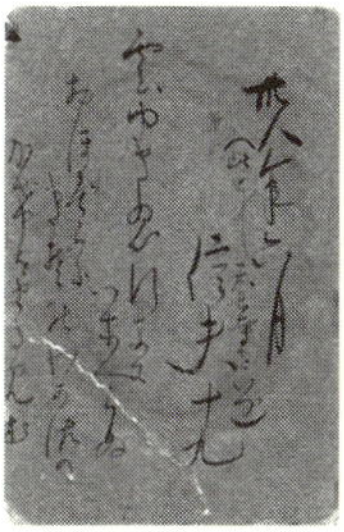

明治三八年・中学卒業（表に写真、裏に歌）

			田一京助・岩橋小弥太らと金沢庄三郎の『辞林』編纂を手伝う。上野の帝国図書館に通い、古典籍を読破する。	日野集」二二首（國學院大學同窓会雑誌「花たちばな」）
一九〇九	明治四二	二二	子規庵の根岸短歌会に出席。伊藤左千夫・古泉千樫・土屋文明・斎藤茂吉らを知る。「毎日電報」（後の毎日新聞）の劇評懸賞に「封印切漫評」を応募して一等に入る。	「和歌批判の範疇」（一）～（二）（「わか竹」口述筆記による）、「封印切漫評」（毎日電報）、旋頭歌「秋風往来」七首（「アララギ」）
一九一〇	明治四三	二三	國學院大學国文学科卒業。大阪に帰る。釈迢空の号を用い始める。短歌会に盛んに出席。	「和歌批判の範疇」（三）（「わか竹」） 卒業論文「言語情調論」
一九一一	明治四四	二四	大阪府立今宮中学校の嘱託教員となる。東京人類学会に入会。	短歌「冬野」七首（「日本及日本人」）
一九一二	明治四五 大正元年	二五	生徒伊勢清志・上道清一を伴って志摩・熊野を旅行（妣が国、常世、まれびとの論理につながる旅）。	「安乗帖」（自筆歌集）
一九一三	大正二	二六	柳田國男が「郷土研究」を創刊。小説「口ぶえ」執筆。	短歌「迢空集（海山のあひだ）」（「不二」）、「三郷巷談」（「郷土研究」）
一九一四	大正三	二七	今宮中学を辞職して上京、教え子たちと本郷昌平館に同宿。	「三郷巷談」（「郷土研究」）、「口ぶえ」（「不二新聞」）連載
一九一五	大正四	二八	新渡戸稲造邸での郷土会に出席。初めて柳田國男に会う。生活に窮迫する。	「髯籠の話」（「郷土研究」）、短歌「海山のあひだ」（「國學院雑誌」）、「切火評論」（「アララギ」）
一九一六	大正五	二九	武田祐吉の勧めで万葉集の口語訳を	国文口訳叢書『万葉集』上、「異

國學院大學予科時代

大正五年

			始める。國學院大學内に郷土研究会を創立。	郷意識の進展」（「アララギ」）
一九一七	大正六	三〇	私立郁文館中学校教員となる。一〇月辞職。	国文口訳叢書『万葉集』中・下
一九一八	大正七	三一	雑誌『土俗と伝説』創刊。柳田國男を何度も訪ねる。	「茂吉への返事」（一）（「アララギ」）
一九一九	大正八	三二	國學院大學臨時代理講師となる。	『万葉集辞典』
一九二〇	大正九	三三	國學院大學講師（専任）となる。國學院大學郷土研究会で民間伝承学を講義。	「万葉人の生活」（「アララギ」）、**「妣が国へ　常世へ」**（國學院雑誌」）
一九二一	大正一〇	三四	沖縄旅行、壱岐の調査。國學院大學教授となる。アララギから遠ざかる。	「沖縄採訪手帖」「壱岐民間伝承採訪ノート」（手帖）
一九二二	大正一一	三五	雑誌「白鳥」創刊。南方熊楠と初めて会う。	「万葉びとの生活」一〜四、「神の嫁」一〜三（「白鳥」）
一九二三	大正一二	三六	慶応義塾大学兼任講師となる。第二回沖縄（本島・八重山諸島）調査。渋谷区羽沢に鈴木金太郎と転居。	「琉球の宗教」（『世界聖典外纂』）、「沖縄採訪記」（手帖）
一九二四	大正一三	三七	南島談話会に出席。「日光」同人になる。第二回壱岐調査。	「日本文学の発生」第一稿（のち「国文学の発生」）（「日光」）、「信田妻の話」（「三田評論」）
一九二五	大正一四	三八	國學院大學予科に「鳥船社」。北方文明研究会創立会に出席（柳田國男・金田一京助ら）。柳田が『民族』創刊。	**「古代生活の研究　常世の国」**（「改造」）、処女歌集『海やまのあひだ』
一九二六	大正一五 昭和元年	三九	早川孝太郎と花祭り、雪祭りを初めて見学。以後毎年のように訪ねる。	**「餓鬼阿弥蘇生譚」**（「民族」）、「歌の円寂する時」（「改造」）、**「小**

大正九年・赤城山

柳田渡欧壮行会、大正一〇年・折口宅

				栗外伝」（「民族」）
一九二七	昭和二	四〇	水窪町西浦の田楽見学。初めて能登羽咋の藤井家を訪れる。民俗芸術の会創立。この談話会で「翁の成立」を四時間にわたって話す。「日光」廃刊。	「日本文学の唱導的発生」（「国文学の発生」第四稿）、**「若水の話」**（草稿）、**「水の女」**（「民族」）、**「貴種誕生と産湯の信仰と」**（「國學院雑誌」）
一九二八	昭和三	四一	慶応義塾大学教授となり、芸能史を開講。大井町出石に転居（鈴木金太郎・藤井春洋同居）。花祭りを國學院大學で公開。雑誌「民俗芸術」創刊。	「翁の発生」（「民俗芸術」）「大嘗祭の本義」（草稿）
一九二九	昭和四	四二	國學院大學で赤塚の田遊びを公開。民俗学会を創立し、雑誌「民俗学」を創刊。	「常世及び『まれびと』」（「民族」）、『古代研究』民俗学篇1、国文学篇
一九三〇	昭和五	四三	万葉旅行開始。東北旅行。信州新野の民俗調査。藤井春洋・國學院大學卒業。	歌集『春のことぶれ』、『古代研究』民俗学篇2
一九三二	昭和七	四五	文学博士（「『古代研究』国文学篇の万葉集に関する研究」）。國學院大學神道部講師を兼務。民俗学会大会（東京大学）を開く。	「日本文学の唱導的発生」（「日本文学講座」）、「石に出で入るもの」（「郷土」）
一九三三	昭和八	四六	藤井春洋・國學院大學講師に就任。長野県内で盛んに講義・講演を行うようになる。	「大和時代　古代文学序説」（岩波講座日本文学）、**「皇子誕生の物語」**（「東京日日新聞」）
一九三四	昭和九	四七	鈴木金太郎が大阪に転勤。東北旅行をし、青森県出精村（現つがる市）で水虎像の模造を依頼。日本民俗協会	「民俗学」（「日本文学大辞典」）、「副詞表情の発生」（「国文学論究」）、**「上代葬儀の精神」**（「神

大正一〇年・茂吉送別会

昭和三年・郷土研究会

			が発足し、幹事となる。	葬研究」）
一九三五	昭和一〇	四八	雑誌「民間伝承」創刊。藤井春洋を伴い第三回の沖縄調査（一二月〜一月）。	「万葉集の民俗学的研究」（「上代文学」）、「地方に居て試みた民俗研究の方法」（「日本民俗研究」）
一九三七	昭和一二	四九	郷土研究会で沖縄のことを話す。	「琉球国王の出自」（「日本民俗」）
一九三八	昭和一三	五一	軽井沢滞在。叢隠居地鎮祭。	**「常世浪」**（「新日本」）
一九三九	昭和一四	五二	國學院大學学部に「民俗学」講座開設。箱根に叢隠居を竣工。京都大学で講義。	「死者の書」（「日本評論」）
一九四一	昭和一六	五四	花祭り、坂部の冬祭りなどを見学。中華民国への講演旅行。	『橘曙覧評伝』
一九四二	昭和一七	五五	日本文学報国会国文学部理事・短歌部会会員となる。	歌集『天地に宣る』、「日本文学の発生」（「日本評論」）
一九四三	昭和一八	五六	日本文学報国会理事会で久米正雄の「アラヒトガミ事件」が起きる。芸能学会発足し、会長となる。加藤守雄同居。学徒出陣壮行会で「学問の道」発表（高崎正秀代読）。	**『死者の書』**（青磁社）
一九四四	昭和一九	五七	春洋、硫黄島に着任。藤井春洋を養嗣子に入籍。	『日本芸能史六講』、「山越しの阿弥陀像の画因」（「八雲」）
一九四五	昭和二〇	五八	印刷中の『古代感愛集』が戦火で焼失。大阪の生家焼失。硫黄島全員玉砕発表。終戦の詔勅を聴いて、箱根叢隠居に籠もる。	『古代感愛集』（戦災で焼失）
一九四六	昭和二一	五九	國學院大學で「神道概論」開講。柳	春洋との共著『山の端』

昭和一一年・大阪

昭和一六年・石舞台

			田古稀記念日本民俗学講座で「先生の学問」講演。	
一九四七	昭和二二	六〇	岡野弘彦同居。箱根叢隠居に柳田國男を招く。神道宗教学会発会し、「神道の霊魂信仰」を講演。	『古代感愛集』、『日本文学の発生 序説』、『迢空歌選』、「女の香炉」(『沖縄文化叢説』)
一九四八	昭和二三	六一	詩集『古代感愛集』で芸術院賞受賞。第一回日本学術会議会員に選ばれる。	歌集『水の上』、『遠やまひこ』
一九四九	昭和二四	六二	日本民俗学会創立。能登・羽咋に春洋との父子墓建立。	柳田との対談「日本人の神と霊魂の観念そのほか」(『民族学研究』)、『恋の座』
一九五〇	昭和二五	六三	春洋の霊祭りの南島忌を初めて行う。柳田と伊勢・大和などを旅行。	柳田との対談「民俗学から民族学へ」(『民族学研究』)
一九五一	昭和二六	六四	國學院大學大学院開設・講座担当。源氏全講会を頻繁に開く。	座談会「神道の諸問題」(『神道宗教』)、**「霊魂」**(草稿)**「来世観」**(草稿)
一九五二	昭和二七	六五	硫黄島での春洋の考科表写真が読売新聞に載る。体調不良が何度も起きる。軽い脳溢血のような発作。	**「民族史観における他界観念」**(『古典の新研究』)
一九五三	昭和二八	六六	自歌自註の口述。箱根に滞在中、八月下旬に衰弱が進み、八月二九日帰京し、九月三日午後一時一一分永眠。茶毘に付され、神式で葬儀、國學院大學で追悼祭。一二月に能登一の宮の墓所に埋葬。大阪・願泉寺内の折口家累代の墓に分骨埋葬。	**「産霊の信仰」**(昭和二七年講義、二八年「研修」所収)、「新野雪祭」(『芸能復興』)、『かぶき讃』、『日本古代抒情詩集』

(折口自身による「自撰年譜」、新版『折口信夫全集』36所収「年譜」「著述総目録」などをもとに作成)

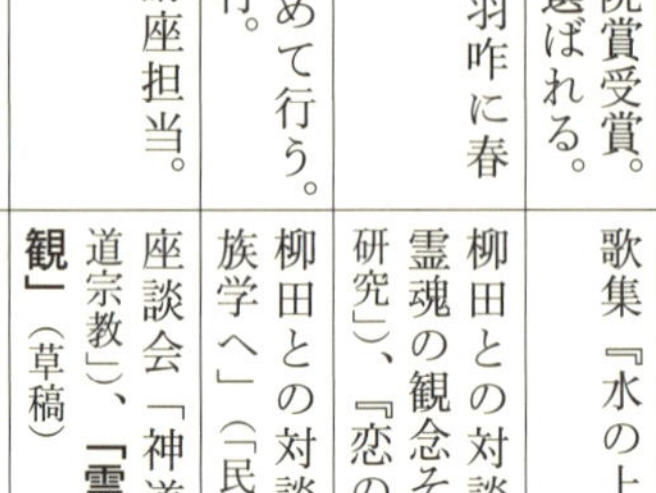

金田一京助と、昭和二七年五月

小川直之（おがわ・なおゆき）

1953年、神奈川県生まれ。國學院大學文学部文学科卒業。博士（民俗学）。現在、國學院大學・同大学院教授。南開大学（中国）客員教授。日本各地の伝承文化のフィールドワークと研究、中国の少数民族、台湾、インドなどの民族文化研究とともに、折口博士記念古代研究所（國學院大學）で折口信夫研究を進めている。

主な著書に、『地域民俗論の展開』、『摘田稲作の民俗学的研究』、『歴史民俗論ノート』（岩田書院）、『日本の歳時伝承』（アーツアンドクラフツ）、編著に、『折口信夫・釋迢空—その人と学問—』（おうふう）、『日本民俗選集』全20巻、『日本年中行事選集』全5巻、『日本民俗』（クレス出版）など。

やま かわ うみ 別冊

折口信夫《おりくちしのぶ》　死《し》と再生《さいせい》、そして常世《とこよ》・他界《たかい》

2018年4月15日　第1版第1刷発行

編　者◆小川直之《おがわなおゆき》

発行人◆小島　雄

発行所◆有限会社アーツアンドクラフツ

東京都千代田区神田神保町2-7-17

〒101-0051

TEL. 03-6272-5207　FAX. 03-6272-5208

http://www.webarts.co.jp/

印刷　シナノ書籍印刷株式会社

落丁・乱丁本はお取り替えいたします。

ISBN978-4-908028-27-4　C0039